新文科
毕业论文写作

XINWENKE BIYE
LUNWEN XIEZUO

主　编　张春梅　杨　晖
副主编　高　侠　韩宇瑄
参　编　(以姓氏笔画为序)
　　　　史永霞　朱　磊　华　枫
　　　　张喜贵　罗兴萍　俞敏武
　　　　徐　协　谢　坤　蔡华祥

南京大学出版社

图书在版编目(CIP)数据

新文科毕业论文写作 / 张春梅,杨晖主编. —南京：
南京大学出版社,2022.7(2025.1重印)
　ISBN 978-7-305-25847-3

　Ⅰ.①新… Ⅱ.①张… ②杨… Ⅲ.①文科(教育)－
毕业论文－写作－高等学校－教材　Ⅳ.①G642.477

中国版本图书馆CIP数据核字(2022)第092243号

出版发行　南京大学出版社
社　　址　南京市汉口路22号　　邮　编　210093
书　　名　**新文科毕业论文写作**
　　　　　XINWENKE BIYE LUNWEN XIEZUO
主　　编　张春梅　杨　晖
责任编辑　高　军　　　　　　　　编辑热线　025-83592123
照　　排　南京紫藤制版印务中心
印　　刷　江苏苏中印刷有限公司
开　　本　787 mm×1092 mm　1/16　印张 11.25　字数 280千
版　　次　2022年7月第1版　2025年1月第3次印刷
ISBN　978-7-305-25847-3
定　　价　35.00元

网　　址　http://www.njupco.com
官方微博　http://weibo.com/njupco
微信服务号　njuyuexue
销售咨询　(025)83594756

＊ 版权所有,侵权必究
＊ 凡购买南大版图书,如有印装质量问题,请与所购
　图书销售部门联系调换

目 录

导论　新文科建设背景下毕业论文写作的一些问题和思考 ……………… 001
　　一、新文科建设的时代意义与文科毕业论文教学面临的机遇与挑战 ……… 001
　　二、当前文科毕业论文教学面对的学生切身问题 ……………………… 002
　　三、作为当前文科学术研究主要背景的新文科 ………………………… 004
　　四、本教材的改革思路与特色创新 ……………………………………… 006

上编　文学艺术类毕业论文写作的一般原则与方法

第一章　文学艺术类毕业论文写作概述 ……………………………… 011
　　第一节　文学艺术学科基本概况 ………………………………………… 011
　　第二节　毕业论文的性质 ………………………………………………… 014
　　第三节　毕业论文的特点 ………………………………………………… 016
　　第四节　毕业论文的意义 ………………………………………………… 018

第二章　文学艺术类毕业论文的选题 ………………………………… 020
　　第一节　选题原则 ………………………………………………………… 021
　　第二节　选题策略 ………………………………………………………… 025
　　第三节　选题论证 ………………………………………………………… 027

第三章　文学艺术类毕业论文的研究 ………………………………… 032
　　第一节　资料的搜集与整理 ……………………………………………… 032
　　第二节　资料的分析与运用 ……………………………………………… 035
　　第三节　研究方法的选定 ………………………………………………… 039

第四章　文学艺术类毕业论文的撰写 ………………………………… 042
　　第一节　论文的框架结构 ………………………………………………… 042
　　第二节　论文的分析论证 ………………………………………………… 046
　　第三节　论文的语言表述 ………………………………………………… 049

第五章　文学艺术类毕业论文的学术规范 …………………………… 053
　　第一节　学术规范的基本内容 …………………………………………… 053
　　第二节　论文写作的格式规范 …………………………………………… 055
　　第三节　论文写作中的学术不端行为 …………………………………… 059

下编　相关方向毕业论文写作指导

第六章　文艺学毕业论文写作指导 …………………………………… 065
　　第一节　论文选题方向 …………………………………………………… 065

第二节　论文选题方向个案分析 …………………………………… 067
　　第三节　文学理论和文本分析结合 …………………………………… 072
第七章　中国古代文学毕业论文写作指导 …………………………………… 076
　　第一节　准确提炼论文选题 …………………………………… 076
　　第二节　查找相关文献 …………………………………… 079
　　第三节　避免毕业论文中的常见错误 …………………………………… 081
第八章　中国现当代文学毕业论文写作指导 …………………………………… 087
　　第一节　以小见大的选题 …………………………………… 087
　　第二节　现当代文学毕业论文的写作 …………………………………… 090
　　第三节　论文的"三轮修改法" …………………………………… 092
第九章　比较文学与世界文学毕业论文写作指导 …………………………………… 095
　　第一节　把握特质，优化选题 …………………………………… 095
　　第二节　甄选资料，革新方法 …………………………………… 098
　　第三节　规范写作，破解难点 …………………………………… 102
第十章　语言文字学毕业论文写作指导 …………………………………… 107
　　第一节　语言文字学毕业论文选题 …………………………………… 107
　　第二节　语言文字学研究方法 …………………………………… 110
　　第三节　语言文字学写作规范 …………………………………… 115
第十一章　新闻传播学毕业论文写作指导 …………………………………… 120
　　第一节　确立应用型选题 …………………………………… 120
　　第二节　选择合适的研究方法 …………………………………… 123
　　第三节　提纲和初稿拟写中的常见问题 …………………………………… 125
第十二章　戏剧影视文学毕业论文写作指导 …………………………………… 133
　　第一节　戏剧影视文学毕业论文普遍存在的问题 …………………………………… 133
　　第二节　戏剧影视文学毕业论文如何确定选题 …………………………………… 135
　　第三节　戏剧影视文学毕业论文写作路径 …………………………………… 140
第十三章　音乐与舞蹈学毕业论文写作指导 …………………………………… 147
　　第一节　基于理论思辨与实践意义的题目设计 …………………………………… 147
　　第二节　立足形式逻辑与艺术规律的前言设计 …………………………………… 148
　　第三节　兼具艺术本体与人文内涵的正文写作 …………………………………… 154

参考文献 …………………………………… 157
附录1　新文科毕业设计（论文）管理办法 …………………………………… 158
附录2　新文科毕业设计（论文）撰写规范 …………………………………… 164
附录3　高校优秀本科学位论文题目举例 …………………………………… 170
后记 …………………………………… 175

导 论

新文科建设背景下毕业论文写作的一些问题和思考

> 哲学社会科学是人们认识世界、改造世界的重要工具,是推动历史发展和社会进步的重要力量,其发展水平反映了一个民族的思维能力、精神品格、文明素质,体现了一个国家的综合国力和国际竞争力。
> ——习近平《在哲学社会科学工作座谈会上的讲话》

一、新文科建设的时代意义与文科毕业论文教学面临的机遇与挑战

新文科是习近平新时代中国特色社会主义思想指导下中国文科教育的主旋律,也是中国人文社科面对新时代下国内外形势的机遇与挑战做出的必然选择。2020年11月3日,新文科建设工作会议在山东大学(威海)召开,标志着新文科建设的正式启动。中国有着悠久的历史与文化,有着复杂的机遇与挑战,有着灿烂的前途与未来,文科发展恰逢其时、恰逢其世。文科教育是培养青年人自信心、自豪感、自主性,产生影响力、感召力、塑造力,形成国家民族文化自觉的主战场、主阵地、主渠道。新文科建设对于推动文科教育创新发展、构建以育人育才为中心的哲学社会科学发展新格局、加快培养新时代文科人才、提升国家文化软实力具有重要意义。

新文科的提出不仅是人文社会科学自身面对新时代升级换代的需要,更是新时代下中国学术面对"百年未有之大变局"做出的深刻回应。随着中国特色社会主义事业走向纵深,新文科建设必须统一到国家重大战略部署上来,与时代同向同行。习近平总书记指出:"'十四五'时期是我国全面建成小康社会、实现第一个百年奋斗目标之后,乘势而上开启全面建设社会主义现代化国家新征程、向第二个百年奋斗目标进军的第一个五年,我国将进入新发展阶段。""新发展阶段"的文化使命决定了拓展新时代文明实践中心建设的原则和方向,即统筹推进"五位一体"总体布局、协调推进"四个全面"战略布局,文化是重要内容;推动高质量发展,文化是重要支点;满足人民日益增长的美好生活需要,文化是重要因素;战胜前进道路上各种风险挑战,文化是重要力量源泉。面对新发展阶段,文科的教学与研究,必须做出相应回应。

"回归常识、回归本分、回归初心、回归梦想"是新时代高校教育教学的根本遵循。对于高校教育教学来说,毕业论文是体现学生四年来学习成绩的最终成果和学习能力的综合答卷。怎样写论文,怎么规划论文写作方向使之具有学术性,同时具有实践意义和社会价值,不同学科之间在论文写作上有何方法、观念上的交叉,这些问题关系着高等教育

成效与人的全面发展的落实程度和发展层次。毕业论文指导不仅包括传统意义上以导师/导师组为单位的个别辅导的师徒模式,也包括以论文指导课为主要形式的方法论课程模式。其中前者更多是根据学生的选题给以具体而有针对性的具体辅导,而后者则更多传授学科内具有普适性意义的原则与方法。可以说,前者更多依靠的是教师的个人经验,而后者更多依靠的是与时俱进的科学理论指导。在新文科背景下,文科毕业论文无疑也面临着更加深刻的挑战,这正是我们编纂本套教材的缘由和依据所在。

二、当前文科毕业论文教学面对的学生切身问题

分析既往相关教材,我们真切地发现以下问题:首先,当前论文写作指导教材繁多,但总体而言,大多为地方高校为满足自身课程建设而编写,印数与再版次数较少,不能为全国学子提供很好的指导与帮助;其次,目前发行量较大的教材,编写时间普遍在5年以前,不论在宏观思路还是具体指导方面,都难以适应目前飞速发展的人文学科前沿,更难以适应不断提升的高等学校文科学生水平;再次,目前的教材大多编写于全国思想政治教育工作会议前,贯彻"课程思政"不足,难以形成课上课下的"大思政"工作全局;最后,目前的教材大多编写于"新文科"理念提倡之前,新文科中学科会聚、学科交叉、信息化学习等重要理念,尚未贯穿到现有教材之中。

基于以上情况,我们首先对目前综合性高校论文写作存在的问题,在学生中进行了问卷调查,约300人参加了此次问卷调查活动。通过问卷,我们得以知晓新文科背景下,文科学生面对毕业论文的切实困惑。而这些困惑,恰恰是我们在新文科环境下,需要切实解决的问题。根据问卷,当前文科生面对毕业论文所反映出问题主要有:

毕业论文基础知识方面,比较突出的问题包括毕业论文的形式规范?毕业论文需要填补学术空白吗?如何安排毕业论文写作进程?为什么要写毕业论文?能否制作优秀线上课程,反复观看?毕业论文和学年论文、平时论文的区别?有13%的同学对于"如何安排毕业论文写作进程"具有疑问。这反映出在目前"一刀切"的毕业论文考核制度下,涉及系统的要求可能和学生学习实践实际脱节,学生常常会将精力放在如何满足系统时间需求上,这势必会带来应付差事的不良风气。而学术论文形式规范等内容在学年论文、课程论文写作阶段即已进入正式实践阶段,但仍有学生对其不甚明了,说明以教材的形式明确其内容是非常有必要的。"能制作线上课程"这一要求反映出如今的学生群体已经区别于十年前甚至五年前的学生群体,在他们身上带着鲜明的"网生代"印记,线上线下混合式教学甚至线上视频已成为他们获取知识的常用通道,如何以适合的方式、灵活机动的内容带动他们的论文写作,是亟须解决的难题。

毕业论文选题方面,比较突出的问题主要有:如何判断选题的可研究性?题目大小如何把握?如何恰当地运用文学理论,做好理论和文本的结合?在文学史上尚未占有地位的小作家值得研究吗?选题能否涉及文化研究?选题如何做到创新?毕业论文考察的重点是什么?是基础知识还是创新?等等。第一个问题"如何判断论文的可研究性"大约有32%同学有疑义。"可研究性"是一个随语境而变化的问题,当前学生主要采取文

献综述法做出判断,但很难将主体感知与当代文化带入进去,造成了写作行为与主体意志的脱节。这也引申出毕业论文的指导必须注重学生文化心理和当下文化需求与研究对象相结合的命题。学术倘若不能联系实际,只能是自说自话,距离新文科建设提出的"培养青年人自信心、自豪感、自主性,产生影响力、感召力、塑造力,形成国家民族文化自觉的主战场、主阵地、主渠道"定位尚远,这也是新编文科毕业论文写作指导教材时必须旗帜鲜明提出的问题和直面的现实。"题目大小"也有24%的同学存有疑问。在选题环节,导师推荐、学生自选是综合进行的,同时还有论文指导委员会在开题层面的把关,是论文写作进程中非常重要的一个环节。题目合适与否,决定学生后期持续研究的面与度,也就是深度和广度问题。在这方面,本教材首先强调论文写作的意义与价值、写作对象的对话现实能力,尤其要将题目选择与当下中国文化建设需求结合起来,要引导学生将读书与实践结合起来,不能死读书、读死书。还有13%的同学对如何在论文中将理论和文本相结合的问题存在疑惑。这是新编教材内容中重要一环。是否应用理论,是否将理论选择作为首要任务,然后以写作对象和材料印证理论,这些问题是过去20年中国学术界论文写作(不仅仅是毕业论文)的一大疑惑。西方理论影响尤其突出,并日益发展为学术界所习称的"强制阐释"冲动。学生在写作论文时有种潜在的以理论提升论文层次的意识,这无可厚非,但对论文写作对象和理论支撑之间的逻辑关系却不清楚,理论与论述对象显现出皮相之别。这是教材要给予引导的。35%的同学对论文如何创新提出疑问,在以往内容、方法、材料、角度等方面创新外,如何加强其实践意义和社会意义方面的创新是教材编写不能回避的问题。

毕业论文材料搜集方面,主要问题包括如何寻找搜集文献的渠道?古籍的搜集渠道?什么样的材料有用?如何搜集作家的生平资料、访谈录等周边材料?如何对待时间相对久远的文献?外文文献如何查找?这些问题涵盖了学生论文写作不同阶段的疑虑。另一些问题则是尚未进入论文写作阶段的焦虑,比如"不知什么材料有用",体现出对于研究目标和研究对象的模糊化认知。54%的同学对文献搜集渠道不太清楚,反映出学生在毕业论文写作进程前的学涯中,学术训练不足的问题。16%的同学问到外文文献问题,表明了新文科背景下,学术研究日益凸显的全球化、国际化趋势。而面对资料查询方面的疑虑,我们邀请图书馆信息部工作人员参与到本教材的写作中,相信会给予有针对性的指导。

毕业论文写作方面,问题主要集中在如何合理安排行文结构?前后各部分字数如何协调?毕业论文可以有批判性吗?如何开头和结尾?毕业论文应该如何选择语言风格?如何培养严密的逻辑思维?如何增强论文的思想性和理论性?毕业论文写作有无禁区,如何判断?19%的同学在如何安排行文结构上有疑问,其他问题也多与此相关。这关系着论文大纲和结构设计。论文的框架大纲是论文的骨架,也是论文论点的精确凝练,在资料分析整体基础上理出自己的思维线路图,是论文指导的重要内容,在本教材中,也非常注重学生逻辑意识和整体意识的培养。"学术论文写作是否有禁区"的问题,关涉选题的合理性,这需要导师帮助并结合研究对象性质做出判断,更需要学生在选题时便对选题的若干原则有所了解。

毕业论文相关规范方面，学生对字数标准、查重规则、示范样本、答辩流程和主要内容、参考文献规范等都有着较大关切。事实上，这些内容在学校发布的毕业论文写作管理办法中都有所提及，但综合性院校文法理工农医兼备而学科论文要求不能兼容的事实，对新文科建设存在着较大的制约。工科、医科、文科的论文写作范式是在长期学术发展中总结出来的，"一刀切"的对待只会影响学科建设和学科内在质的规定性体现。新文科建设要求打破单一的、封闭的文科限制，实现学科之间的联动，不仅选题方面要体现时代性、实践性和社会性，论文写作形式也要有所创新。这在教材编写时要重点考量。查重问题，是以往论文写作时未强调但越来越凸显的实际问题。重复率，不仅包括是否抄袭其他论文思路，还涉及论文引用率，文科论文写作的一大特征是以文本为研究对象，对文本的细读势必要有细节论证，如何处理文本材料和重复率之间的关系，目前还是一个值得讨论的话题。

调研的开展，不仅使我们意识到了学生面对文科毕业论文时的现实关切，其中反映出的问题也充分体现出新文科背景下毕业论文指导范式更新的必要性。而对这些问题做出符合新文科建设精神的回答，将是本书面临的挑战，也正是本书的创新性所在。

三、作为当前文科学术研究主要背景的新文科

摸清了上述问题，教材编写就能有的放矢，确定重点难点。学生们反映的问题多种多样，但事实上所有问题均与新文科导向与学科现实发展的张力密切相关。就目前"新文科"的研究情况看，高校教育工作者们做了很多工作。社会大变革的时代，一定是哲学社会科学大发展的时代。因此，对当前学术界有关新文科的研究与讨论进行梳理和检阅，无疑将启发我们认识本教材编写的指导思想与主导理论架构，照亮新时代、新文科背景下毕业论文指导之路。

中国建设新文科的核心要义是，顺应新科技革命和产业变革的大趋势，着眼实现传统文化的创造性转化、创新性发展的新任务，立足中国特色社会主义进入新时代的新节点，基于坚持推动构建人类命运共同体的新主张，促进文科发展的融合化、时代性、中国化、国际化，服务人的现代化目标。新文科建设的重点在于新专业或新方向、新模式、新课程、新理论的探索与实践。[①] 在新技术的推动、新需求的产生以及新国情的需要等时代背景下，我国新文科产生并具有一系列新特性：学科交叉、知识应用、适应国情。我国新文科源于新国情，适应新国情，从而具有区别于其他国家新文科的两大本质特征：一是它是一种自上而下、政府主导的国家工程；二是新文科建设强调对中国优秀传统文化的执着坚守和传承。新文科建设在人才培养方面应注重创新、适应与卓越，课程设置及教学手段等适应时代发展特征；在学术研究方面应注重技术化、跨学科性及应用性；在社会服务方面应顺应国家、社会需求；在管理方面应模糊学科界限，建设跨学科平台，扶持特

---

① 樊丽明：《"新文科"：时代需求与建设重点》，《中国大学教学》2020年第5期。

色、优势学科等。① "六卓越一拔尖"计划2.0意义下的新文科建设,对我国人文社会科学建设具有承前启后、继往开来的重要作用。在新文科建设中,必须坚持以资政育人、人文育人,积极为党和人民述学立论、建言献策,担负历史使命为主要价值取向与实践归宿。必须坚持理论与实践统一,守正与创新统一,阶级性与社会性统一,时代性与历史性统一,问题导向与经世致用统一。对数学与哲学在人文社会科学中的地位与作用,必须给予足够重视。新文科建设不能简单套用传统人文社会学科的评价体系。② 科学把握新文科的内涵、特点及建设路径是当前文科教育亟待破解的重大理论和实践问题。建设新文科必须直面传统文科教育的根本性问题,把"创新"作为根本导向,突出知识生产的原创性、强化对"人"认识的深刻性、体现中华文化的兼容性,推动构建中国特色哲学社会科学学科体系、学术体系和话语体系,增强中国文化软实力;把"融合"作为核心理念,对传统的学科发展路径、知识生产机制、人才培养模式等进行系统性变革,坚持问题导向,开展跨学科、超学科研究,优化课程体系,培养复合型创新性人才,完善协同创新机制,重塑学术生态体系,推动构建扎根中国、融通中外、立足时代、面向未来的新文科。人文社会科学发轫于近代民族国家的兴起之中,对于现代性的阐释与批判始终构成其经典传统,但同时,现代性无孔不入的渗透也使人文社会科学的发展面临着异化的危险。作为对现代社会科学之现代性的克服与超越,新文科是后工业时代基于知识高度综合化、信息化、数字化的一种文科知识生产与再生产的新形态,以交叉前沿、战略需求、现代技术、区域优势为建设动力,以专业及课程体系的构建、跨学科师资队伍的构建、教研评价标准的确立以及运行模式的形成为四大核心要素。在具体的建设实践中,探索国内外跨学科联合学位培养模式、建立以多学科集群为基础的现代书院制度、推动"新文科实验室"建设以及践行"传统文科+"可称为高校探索新文科建设的四种模式。③ 新文科的建设理念不能仅仅重提跨学科交叉或文理科交叉的旧话,而应该放在中国高等教育的内在要求中进行理解。新文科建设首先要直面改革开放以来中国所发生的巨大变化,在知识生产上寻求知识的增量建设,而不是知识的存量重组;新文科要在世界的视野中,重新观察与分析改革开放以来的中国现代化进程,提炼出有效解释中国现代化的知识话语。其次,新文科应该重新思考与探索人的培养,在立德树人上彰显新文科建设的中国文化内涵与路径。④

这些论文对新文科建设必要性、可能性和学科建设意义等做了深入阐释,为新文科背景下的毕业论文写作提供了有力的思想借鉴和理论指导。还有不少论文是以专业方向为主的新文科建设探索,目前尚未发现对毕业论文写作方面的研究。

段禹、崔延强《新文科建设的理论内涵与实践路向》将新文科的理论性和实践性结合起来探讨,对教材编写很有启发。文章指出,作为我国高等教育"质量革命"的重要一

---

① 黄启兵、田晓明:《"新文科"的来源、特性及建设路径》,《苏州大学学报》2020年第2期。
② 方延明:《"新文科"建设:何以必要及如何可能》,《江海学刊》2020年第5期。
③ 权培培、段禹、崔延强:《文科之"新"与文科之"道"——关于新文科建设的思考》,《重庆大学学报》2021年第1期。
④ 陈凡、何俊:《新文科:本质、内涵和建设思路》,《杭州师范大学学报》2020年第1期。

环,新文科建设根植于知识生产模式转变、世界范围内的产业革命、我国新时期面临的发展难题以及高等教育自身发展新趋势的时代背景中。在建设目标上,新文科建设强调从被动适应走向主动引领;在学科管理上,强调由学科专业目录导向转向现实需求导向;在人才培养模式上,由专业培养走向多学科、模块化、产学研一体化培养;在涉及领域上,包括传统文科的转型升级、国家战略发展、新科技革命与产业革命、社会进步与人民需求发展所产生的新兴文科四个方面。在实践中,新文科建设需要在凝聚共识的基础上,重拾人文社会学科的现实关怀与批判精神,创新多主体联动的动态专业设置与调整机制,分层次、分类别地深入推进一流文科专业建设,并建立价值多元、方法灵活的文科评价制度。[①] 王永《新文科建设的三个理论前提》指出,新文科建设应该就人文学科根本性理论问题先期探讨,以满足学科创新的更高要求。新文科建设需积极借助新兴科技手段,但也要强化学科自身问题意识,以学科自证不断重申技术的工具属性,并对新技术及其主导的产业变革予以人文批评。新文科应明确经典的现实意义、更新原则和生成机制,也要对经典之学进行反思和超越,从而解决经典失语和学术无根的状况。新文科应该担当起意识形态话语创新的培育功能,关注对"表达"的研究与训练,树立"大表达观"。[②] 这一研究阐明了新文科建设的前提是人文学科的根本问题,要将学科建设与"经典阐释"结合起来,要用"经典之学"来帮助解决现实问题。这其实也是论文写作的重要方向。

当然,伴随着新文科的理论与实践不断走向纵深,新文科研究方兴未艾。必将有更多研究如雨后春笋般涌现,汇入中国新文科建设的巨潮之中。但不论有关新文科的研究如何推进,我们相信,目前有关新文科建设基本原则和基本路径的认识是颠扑不破的,对于新文科光荣与梦想的追求是始终不渝的。而这些认识,不仅将对我国哲学社会科学研究产生巨大的主推力量和启示意义,也必将深刻改变毕业论文的指导范式和写作范式——毕竟,毕业论文本身,既是学生对自己研究能力的初步确证,也是他们开启学术研究生涯的起点。因此我们可以说,文科毕业论文的指导与写作,本身就是新文科事业的重要组成部分。

四、本教材的改革思路与特色创新

在统筹分析问卷中的问题和调研新文科研究现状的基础上,我们认为有必要在新时代新文科建设背景下重新勘定毕业论文写作这一环节的意义,立足学生实际、解决学生问题。

与文科的学科性质与学科特点相适应,论文是评价和检验人文学科学习成果最通常和有效的方式。目前,我国的人文学科人才培养中,普遍将毕业论文作为学生毕业的必修条件。但是,对于许多即将毕业的文科学生而言,论文写作仍然是一件颇为烦恼的事情。为此,在强烈的"问题导向"意识下,本教材形成了如下的改革思路。

---

① 段禹、崔延强:《新文科建设的理论内涵与实践路向》,《云南师范大学学报》2020年第2期。
② 王永:《新文科建设的三个理论前提》,《现代传播》2020年第5期。

教材编写与新文科建设发展需要相结合。通过问卷可以看出,目前学生毕业论文写作既呈现出新时代下的新问题,也有长期以来论文写作指向上的一些惯性问题,这些恰恰是新文科建设要解决的。学生是学校的主体,学生学了什么,学成什么,和教什么、怎么教息息相关。从毕业论文选择、到理论与文本的关系、研究的现实价值和社会意义等环节,均镜像般呈现出论文写作主体的能力、心力和智力。

写作理论与实际操作相结合。毫无疑问,论文写作指导属于写作学的范畴,但与重点传授文章写作技术的基础写作学、应用写作学不同,论文写作具有自己的特点。这种特点体现在写作的过程动作上,具体体现为对于写作动作的直接落实,即论文写作指导作为学生论文写作行为的先导,是要直接落实于论文写作实践的。本教材充分认识到论文写作指导的学术性,因而在理论指导方面精益求精,以先进的论文写作理论为先导;另一方面也充分认识到论文写作指导行为的实操性,在编写过程中注重实践导向,在最大程度上发挥理论对于实践的指导功能与意义。

学科前沿与学科基础相结合。文学艺术是颇具活力的学科,也是和社会实际联系广泛的学科,近些年来,伴随着社会的迅速发展,文学艺术研究的新方向、新方法、新视野频现,学科热点集束出现,学科前沿稳步推进。相关研究成为当前文学艺术类论文研究的重点,这些内容,在新编的教材中都应有所体现。但是,教材又必须充分考虑到学科基础知识的融入,使其中的内容符合学生的学习与接受水平。因此,本教材学科前沿与学科基础并举,既对学科发展的新趋向予以注目,又避免了刻意求新求快而忽视根本的问题。

学科聚焦与学科会聚相结合。文学艺术学科是一门"博雅之学",文史哲艺不分家。在学科与学科的边缘,往往绽开着绚丽的文学艺术花朵,体现出多科学会聚下,跨学科研究的广博视野;文学艺术学科又是一门"专门之学",一级学科之下内容纷呈,不同二级学科之间,也有着极大的区别,焕发着专业精神的光彩。本教材一方面注重学科的会聚与融合,发扬文学与艺术学水乳交融的亲缘本色,另一方面也注重不同专业方向之间的特殊性,使之具有相当的专业性。

在与新文科建设相匹配的改革思路下,本教材的编写依托多学科、多层次、梯度化、专业化的研究团队,以前期调研、集中研讨和理论研究作为教材编写的基础。在编写过程中,我们注重以下特色的形成与凝练:

问题导向。本教材注重问题导向,在前期就论文专业的相关问题向学生进行了问卷调查,根据真实问题反馈结构编写体例,使得对于学生论文的指导可以走向纵深。

文艺融合。将原本分离的中国语言文学和艺术学合二为一,体现出学科与学科之间的互学互鉴,既有中国语言文学的严谨翔实,又有艺术学的情感与感性,体现二者的融汇创新。这本是高校美育建设的重要环节,也是新文科建设的重要内容。

与时俱进。时代是所有学术研究得以存在的重要依据。本教材在新编过程中注重对当代重要理论概念的引用和贯彻,如"新文科""课程思政"等,体现出浓郁的与时俱进品格。

教材编写主体均是在高校有多年一线教学经验的教师,各章节的撰写均做到人员的跨学科搭配，在写作内容选择、题目现实价值、研究对象跨学科方面实现了跨界融通。教材编写目标既定，我们首先就国内现有教材进行集体审读把握，继而确定本教材编写的方向、重点、难点和创新点。同时，参考国内重点综合性高校优秀毕业论文写作案例，取其精华，结合写作实践，为我所用。本教材编写得到学校和学院大力支持，冀望能以老师们的集体力量对新文科背景下高校学生毕业论文写作能力的提升有所助益！

上　编
文学艺术类毕业论文写作的一般原则与方法

第一章
文学艺术类毕业论文写作概述

　　文学、艺术,从宏观上说都属于传统意义上的人文学科。一般来说,作为现代学科门类,人文学科具有根源性、历史性、差异性、综合性、经典性等诸多特点。与偏重思辨和理性的哲学、历史学不同,文学、艺术更加偏重于情感和想象,因而具有更强的相似性。"文史哲不分家"历来是认识世界、理解世界的传世之秘,也是系统学习人文学科不可缺少的知识储备和学术视野。新文科建设对学科之间联系性的强调,旨在打破学科界限,以宏阔的眼光,立足本土现实,融汇知识的"习得世界"。无论文学、艺术、哲学、历史还是新闻传播、戏剧影视,在论文写作的知识储备上都要有海纳百川的意识。本章主要对文学艺术类毕业论文写作进行概述,以期帮助同学们更好地认识自己所在学科的毕业论文写作行为。

第一节　文学艺术学科基本概况

　　在当下我国通行的学科门类划分中,文学与艺术并非属于同一门类。其中,文学属于"05 文学",而艺术学属于"13 艺术学"。在实际语用中,却常常将"文学艺术"以"文艺"合称。例如"文艺青年""文艺工作者""中国文学艺术界联合会""《在延安文艺座谈会上的讲话》"等,又从侧面说明了文学和艺术之间确实存在着密切的联系。而在新文科"学科交融、学科会聚"的大背景下,文学学科与艺术学科产生了更为紧密的联系。在同学们的学习生涯将近尾声,即将走进毕业论文写作实践之前,对于文学艺术学科进行一个总体上的宏观把握,是非常有必要的。

一、文学学科基本概况

　　文学学科,在专业上亦称为文学类专业,由中国语言文学类、外国语言文学类、新闻传播学类组成。
　　其中,中国语言文学是大多数高校普遍设置的专业。除少数专门类的理、工、农、医高校外,大多数高校普遍设置中文系,或隶属于文学院,或隶属于人文学院,有时也会隶属于文学与新闻传播学院、文法学院等建制。中国语言文学专业培养具有汉语言文学基本理论、基础知识和基本技能,能够在高等和中等学校进行汉语言文学教学和研究的教师、教学研究人员及其他教育工作者,有着相对广阔的就业前景。在学科建制上,中国语言文学可分为语言和文学两个大的专业。按照教育部对学科门类的划分,它主要包括语言学及应用语言学、汉语言文字学、对外汉语、文艺学、中国古典文献学、中国古代文学、中国现当代文学、中国少数民族语言文学、比较文学与世界文学等二级学科。从学科特点上来说,中国语言文学具有以下特点:

广博的学科视野。有学者曾用"杂学"概括中国语言文学的特点。"杂"可作两解,从积极的方面来看,中国语言文学的涉及面颇为广博,仅专业核心课程就包括语言学概论、现代汉语、古代汉语、中国汉字学、音韵学、训诂学、中外语言学史、中国古代文学、中国现代文学、中国当代文学、外国文学、民间文学、比较文学、中国文化概论、中国古典文献学、文学概论、马克思主义文论、写作、文艺心理学、中国文学批评史等科目,如此取向广泛的专业核心课程,在当代大学教育中并不多见。广博的修养使得中国语言文学专业学生得以获得广阔的知识面,古今中外,文史哲艺,皆有涉猎。但从消极的方面来说,如果相关同学在学习过程中不能融会贯通,很好地把握学科的主脉主线,不能对自己感兴趣的问题做深做透,也很容易使自己的知识体系杂而不精。正如诗人李亚伟在其诗作《中文系》中曾表示的:"中文系是一条洒满钓饵的大河",其广博的视野和丰富的内蕴,确实与浩瀚而神秘的大河相类。

艺术的审美情怀。文学是审美的意识形态,马克思在充分揭示文学的意识形态属性的同时,肯定了文学的审美属性。在《巴黎手稿》中,马克思更是指出文学具有和经济基础和时代发展并不同步的特殊性。这种特殊性归结起来,便是文学本身独具的审美性。在中国语言文学学科中,文学和语言学二分天下,事实上,即使是在语言学的范畴中,相当多的语料、语篇、文选等,也和文学密不可分,具有强烈的审美属性。这种审美属性曾被概括为一种和"启蒙现代性"不同的"审美现代性"。鲁迅曾说:"但我以为一切文艺固是宣传,而一切宣传却并非全是文艺,这正如一切花皆有色(我将白也算作色),而凡颜色未必都是花一样。"审美性是决定文学作品之为文学作品的关键。如果没有审美性,那么文学作品不过是普通的语篇,与应用文无异。正是因为有了艺术的审美情怀,文学才被注入了美的灵魂,才被赋予了别致的气质。苏轼曾说"腹有诗书气自华",其中之"华"指的正是语言文学的审美情怀。

明晰的现实关切。尽管有着强烈的审美需求,但是文学仍然具有相当强烈的现实关切。尤其是中国语言文学,儒家将"温柔敦厚""兴观群怨""文以载道"等思想植入其肌体之中,使其面对当下、面对现实、面对实践发出自己的声音,以求"文以载道"。而近现代以来,文学更被赋予改造国民性、实现现代化的"不可思议之力",不论在改良的尝试中,还是在革命的浪潮中,文学始终发挥着重要的作用,被毛泽东赞誉为"文的军队"。在中国语言文学的学习中,我们时常能够感受到强烈的人间意识,感受到文学对于人间疾苦的深切同情,感受到文学对于真善美的热切呼唤。"世上疮痍,诗中圣哲;民间疾苦,笔底波澜",不仅是对杜甫一人的赞语,也是对所有能够打动人心的语言文学作品的概括。

广泛的就业取向。纵观中国语言文学专业学生在就业市场上的表现，便可发现其就业取向与就业面呈现出愈加广阔的特点。不论是传统的企事业单位，还是高科技制造业，抑或是风头正劲的互联网行业，都可见到中文学子的身影。而中文系学生拥有如此广泛的就业去向的原因，一方面是其在知识取向上的"宽底盘"，使得写作能力、阅读能力、表达能力、理解能力成为其行远致善的"压舱石"；另一方面则是其独具的悲悯情怀和现实介入意识使其在处理现实问题时往往能以人为中心，将人放在一切序列中的优先位置，实现个人价值与现代化总价值目标的统一。

因此，中国语言文学是一门历史悠久、积淀深厚，又颇具潜力、活力无限的学科。

除了中国语言文学专业，我们对文学学科的另外两个学科也略作介绍：

外国语言文学是文学门类下的一级学科，一般设置于各高校的外国语学院中。专业设有英语语言文学、俄语语言文学、法语语言文学、德语语言文学、日语语言文学、印度语言文学、西班牙语语言文学、阿拉伯语语言文学、欧洲语言文学、亚非语言文学、外国语言学及应用语言学11个二级学科专业。毕业生主要到外事、经贸、文化、新闻出版、教育、科研、旅游等部门从事翻译、研究、教学、管理工作。

新闻传播学也是文学门类下的一级学科，一般设置于高校的新闻学院、传媒学院，由于其早期与中国语言文学的深厚关系，有时也与中文系设置在一起，组成文学与新闻传播学院，或设置为中国语言文学下的方向。新闻传播学是研究执政党的新闻活动、传播活动及其他各类信息传播现象的学科。涉及的领域为互联网与新媒体。该学科下设广告学、网络与新媒体、新闻学、传播学、广播电视学、编辑出版学、国际新闻、数字出版等专业。毕业生对口从事新闻媒体相关工作。

就本书而言，中国语言文学是讨论的主体。

二、艺术学科基本概况

所谓艺术学，通常意义上是指研究艺术整体的学科，即系统地研究关于艺术的各种问题的学科。

2011年4月召开的国务院学位委员会新年会议一致通过，将艺术学科独立作为艺术学门类，原属文学门类的艺术学科独立出来，成为新的第十三个学科门类，即艺术学门类。艺术学门类下设五个一级学科：艺术学理论（1301）、音乐与舞蹈学（1302）、戏剧与影视学（1303）、美术学（1304）和设计学（1305，可授艺术学、工学学位）。

长期以来，艺术学作为文学门类下的一级学科，艺术界人士戏称"艺术是文学的儿子"。艺术教育专家们普遍认为，艺术学从文学门类中分离，标志着艺术学已成为与自然科学学科互补共进的人文学科的重要组成部分，是对我国艺术学科发展成绩的肯定。艺术学门类的设置为我国学科专业设置和人才培养提供了更大的空间和自主性，同时也带来了新的思考和挑战。

第二节 毕业论文的性质

毕业论文是高等学校学生在教师指导下,综合运用在校期间所学的知识,针对特定选题展开深入研究,并将其发现以学术论文形式呈现出来的特定文体。

目前,毕业论文的分类标准多种多样,按照学科分类,从宏观角度上可以分为自然科学毕业论文和社会科学毕业论文,如果进一步细分还可以分为人文学科毕业论文、社会科学毕业论文、自然科学毕业论文、工程科学毕业论文、信息科学毕业论文、农业科学毕业论文、医药科学毕业论文、军事科学毕业论文等。在新文科背景下,还产生了交叉学科毕业论文;按照论证立场分,可分为阐述某种观点的立论类毕业论文和批驳某种观点的驳论类毕业论文;按照写作角度分,可分为面面俱到、体量宏大的综论性毕业论文和具体而微、聚焦问题的专题性毕业论文;按照培养阶段分,还可分为本科毕业论文、硕士毕业论文、博士毕业论文等。分类标准的多元性,恰恰证明了毕业论文本身的丰富性。伴随着学科范式的不断调整,毕业论文写作的自由度和自主性不断加大,毕业论文的种类还会随着中国特色哲学社会科学的大发展、大繁荣而不断增加。

考察目前各高等学校的毕业论文写作政策,可以发现毕业论文具有以下限定性性质:

一、毕业论文是对学生学术能力的综合考查

作为当前我国学术体制中关于学位授予工作的纲领性文件,《中华人民共和国学位条例》规定,高等学校本科毕业生完成教学计划的各项要求,经审核准予毕业,其课程学习和毕业论文成绩良好,表明已较好地掌握本门学科的基础理论、基本技能和专门知识,并且有从事科学研究工作或承担专门技术工作的初步能力的,授予学士学位。从这样的表述中,我们可以看出,毕业论文已经成为目前我国本科毕业生取得学位,获得双证必不可少的环节。毕业论文为何如此重要,又为何为教育界如此看重?答案是毕业论文是对学生学术能力的综合考查。对于本科生而言,除个别专业的学制为五年外,绝大多数专业的学制都是四年。在四年中的前三年,同学们尽管不乏论文的学术训练,但是这种训练终究是片段式的(课程论文),或是不完全的(学年论文),其牵涉的学生精力与指导教师投入的时间远远不能与毕业论文相比。而一般的高等学校通常在9—10月份进行开题答辩,在次年的5—6月份举行毕业答辩,也就是说,在现行学制下,毕业论文的写作时间几乎是一学年。在一学年的过程中,同学们完整地经历着选题—研究—写作的全过程。为了选出既有价值又适合自己的题目,同学们必须将自己前三年所学课程知识进行回顾和梳理,从中选出自己最为擅长又最感兴趣的课题,其过程不啻为一次对于过往知识的"总复习";在研究阶段,对于选题的深度挖掘和研究,不仅考查了同学们搜集文献的能力,更考查了同学们将文献转化为生产力的能力。而论文的写作,则更是对同学们写

作能力的展示——尤其是对于汉语言文学专业的学生,毕业论文的写作考验的正是其"看家本领"。因此,毕业论文作为成果,只是薄薄一沓,但其中蕴含的学生的心血和付出,使之成为对学生学术能力的综合考查。

二、毕业论文写作是培养学生学术道德的契机

在大学前三年的学习中,同学们都或多或少地听说过有关学术道德的讨论,或是在"思想道德与法律基础"的课堂上,或是在层出不穷的有关学术道德问题的新闻里。同学们往往会对一些有违学术道德的事件议论纷纷,却终归是人云亦云,对于学术道德为何,不甚了了。而高校学生真正切身地直面学术道德,正是在毕业论文写作期间。毫无疑问,毕业论文写作是同学们在学习阶段最具有挑战性和创造性的工作。许多同学都将面临学术道德的切实拷问与检验,或许会做出有违学术道德的举动。对学术道德的违背,有的是非主动的,例如,对参考文献格式不了解,造成引用失范;由于懒惰,在引用过程中采用转引,被原文献中的学术不规范连带;而更多的则是在特定情况下,对学术道德标准的突破与违背。例如,在论文写作的过程中,大幅"翻写"和"改写"他人既有论文;在进行外文翻译时,为图方便直接使用机器翻译软件;更有甚者,在网上买卖论文,进行毕业论文答辩。而这些行为,一旦被发现,将面临非常严厉的处罚。因此,在毕业论文撰写过程中加强同学们的学术道德教育,不仅可以使同学们真正意识到学术失范原来距离自己并不远,并且可以更加入脑入心,让学生切实体验学术道德的神圣约束力。在并求"课程思政"的今天,作为高校学生踏入社会之前的最后一门必修课,毕业论文有必要承担起培养学生学术道德的职责。

三、毕业论文是学生学校链接社会的重要桥梁

在完成毕业论文后,同学们的大学生活即将面临分流与抉择。相处四年的同学一朝分别,即将踏上全然不同的人生路途。对于一些在国内、国外继续攻读研究生的同学而言,毕业论文的写作无疑对于自己今后的学术道路有着非常大的锻炼作用和指导意义。事实上,对于那些直接工作的同学而言,毕业论文也有相当重要的作用。目前,尽管中国语言文学专业的学生毕业后的职业取向越发多元,但文字类的工作仍然是大多数同学毕业后的首选。对于文字类的工作而言,毕业论文的写作不仅可以有效地锻炼同学们的文笔,提高同学们的书面表达能力,而且可以有效地提升同学们的逻辑思维能力与框架构建能力,而这两种能力,在现代管理科学理念下,对于每个人而言都是至关重要的。此外,毕业论文的材料搜集与分析过程,也有效地锻炼了同学们的资料搜集与分析能力,这种搜集与分析能力在提高决策能力方面无疑有着极为重要的作用。更重要的是,毕业论文的答辩环节,往往是很多同学第一次穿着正装,面对尊长进行报告,考验学生的心理承受能力与语言表达能力,无疑可以让同学们获益终身。因此,不论未来是否继续深造,是否从事学术研究,毕业论文的写作都将极大地提升同学们适应社会的能力。

第三节　毕业论文的特点

从写作学的角度考察，毕业论文与基础写作和应用写作都有着较大的区别。与基础写作相比，毕业论文力求严谨，其语言风格简洁整饬、论证逻辑条理清晰、精神基调稳健理性，与文学艺术追求的天马行空的想象和动人心魄的感染力有着很大的出入。但与应用写作相比，毕业论文又不是单纯为了完成某种事务而撰写的公文，尤其是对于文科毕业论文而言，它有自己的价值追求，有自己的人文情怀，甚至寄托着作者面对现实的某种怀抱，这与应用写作的工具性有很大的不同。把握毕业论文的性质，是我们正确认识毕业论文的关键。本书认为，毕业论文有以下几个特点：

一、学术性

毕业论文首先是学术论文。所谓学术论文，是某一学术课题在实验性、理论性或预测性上具有的新的科学研究成果或创新见解和知识的科学记录，或是某种已知原理应用于实践取得的新进展的科学总结，用以在学术会议上宣读、交流、讨论或在学术刊物上发表，或有其他用途的书面文件。从外在形式上讲，毕业论文必须符合学术论文的文体要求，由标题、摘要、关键词、目录、主体、注释、参考文献、附录等构成，甚至比一般的学术论文要求更加烦琐；从内在内容上讲，毕业论文必须围绕一个问题发表论点、进行论证、给出论据、得出结论，而这一问题必须是具有一定学术价值的。这种学术价值不仅体现在它可以被置于现行学术研究体制内，是指向真理性追求的"真问题"，也体现在其面对已有的研究，要提出创见或辨伪，或多或少突破学术现状，体现出一定的创新性。求真性和创新性一起构成了毕业论文的学术性。

二、规范性

作为一种资格获得性文书，毕业论文对规范性有着较高的要求。这种规范性不仅体现在外部规范上：毕业论文必须依据国家标准和学校给定的格式，按照学校规定的时间表按部就班地进行，每一步骤所要完成的任务、所要达成的目标、所要提交的材料都有着清晰而严格的规定，如果不遵守相关规定，那么就可能面临不能按时毕业的风险。这种规范性同样体现在内部规范上，近年来，伴随着学术的不断发展和进步，国家对毕业论文的学术规范提出了越来越高的要求，不仅建立起毕业论文的普遍查重制度，将查重的范围由抽查扩大到普查，不通过查重者无法进入答辩环节，并且在学术道德上提出了"一票否决制"，对于不遵守学术道德和规范的文章实行"零容忍"。内外双管齐下，共同提高毕业论文的规范性，不仅有效提升了毕业论文的质量，也提升了毕业论文在学生培养过程中的可信度。毕业论文真正成为考查学生就学期间学习成果的有效利器。

三、阶段性

对于同学们而言,毕业论文无疑有着较高的要求。但是,这种高要求绝非脱离学习实际的"揠苗助长",而是"跳一跳,够得到"的成长激励。事实上,对于本科毕业生而言,学术论文的训练早在一年级就已开始。伴随着教学体制的创新与改革,更多的课程开始使用课程论文的形式检验学生的学习成果。课程论文上手之初,同学们的反应无疑是恐惧的,压力也是较大的,但伴随着学习的不断深入,论文写作经验的不断积累,课程论文开始越写越好,甚至一些同学的文章已经达到了发表的水平。这时,学年论文的写作又开始了,学年论文是大学高年级学生利用所学知识,进行科学研究的初步尝试,其不论在要求的深度,还是广度方面,都比课程论文更胜一筹。也正是在学年论文中,很多同学才第一次接触到什么叫综述,什么叫注释,什么叫参考文献,也是在学年论文中,同学们学会了与指导教师充分沟通,将指导教师作为自己的研究伙伴。在学年论文撰写完成后,同学们在论文的撰写能力上有了充分的提高,学校此时又会安排相关课程,在同学们进入毕业论文撰写工作之前传授给同学们具有普适性的方法论,以切实提高同学们对毕业论文写作行为的认识。这一个接一个的环节恰似一个又一个山峰,同学们在实践中不懈攀登,最终达到写作毕业论文的水准。因此,毕业论文的写作也是需要学习的,绝非一蹴而就,更不能操之过急,有充足的耐心和毅力方能致远。

四、检验性

当下,高等学校普遍将毕业论文作为培养计划的一部分,视作必修课。如果不能通过毕业论文答辩,则不能修完学分,也不能获取学位。这样的设置,突出了毕业论文的检验性。毕业论文设置的初衷,是以论文写作为契机,促使同学们在导师的指导下,相对独立地设置科研计划,开展科学研究。而科学研究作为一项综合性的社会实践活动,无疑需要调动同学们在高等学校学习期间所获取的各项技术和能力。为了写好毕业论文,同学们在写作过程中,不仅需要对已学知识进行有效的复习和挖掘,还需要对其进行扩展,在问题意识下将其纳入学术视野。这种对同学们综合能力的呼唤无疑检验了同学们的思维能力。而毕业论文的写作涉及复杂的学术表达,则有效地检验了同学们的写作能力。毕业论文的答辩,也是对论文写作综合能力的考察。在答辩中,同学们不仅需要对自己所写论文的知识予以充分掌握,并且还需要对答辩委员会老师提出的问题进行准确的解答,这也是对同学们研究成果的确证和检验。正是因为毕业论文写作行为本身就具有较强的检验性,所以毕业论文才成为目前几乎所有大学文科学生获得学位的"规定动作"。

总之,毕业论文的写作既是一项严谨的工作,又是一项有意义的挑战。毕业论文的性质决定其特点,而其特点则共通昭示着毕业论文写作的价值所在。

第四节　毕业论文的意义

对于刚刚接触毕业论文的同学而言,毕业论文的写作无疑会带给大家较大的心理压力。面对这种心理压力,一味地畏难、怕苦是没用的,而应树立起充分的自信心,进行有效的心理建设。面对毕业论文,最有效的心理建设途径,就是充分知晓并了解毕业论文的意义,在毕业论文写作过程中充分认识到自己所从事的是一件非常有意义的事业。唯有如此,才能在毕业论文写作的长途跋涉中获得进步。

一、写好毕业论文是文科学生的基本素质和能力

学习理工科的同学常说:"学好数理化,走遍天下都不怕。"这句话背后隐藏的含义是,数理化学科带给他们的运算能力和逻辑思维能力,是他们安身立命之本。而对于文科学生而言,核心竞争力千差万别,归根结底不外乎是写作能力。作为文科学生,同学们或许在本科前三年已经写过不少诗歌、散文甚至是小说、戏剧,但是这些写作属于文艺创作,学生的应用写作能力还有待提高;也有同学在学生会、社团起草过不少报告、通知、会议记录,但往往是"照猫画虎",并未真正形成公文写作能力。而能够同时有效地锻炼同学们的文学写作能力和应用写作能力的,非毕业论文莫属。首先,在毕业论文中,尤其是对于选择了文学方向的同学而言,往往会涉及大量的文本分析。根据读者反应批评理论,文本的赏析与接受事实上也是文学创作中非常重要的一环。对于研究对象的文本赏析与研究,本身就可视为文学写作的一部分,并且这种文学写作还结合了理性的观照与分析,既入乎其中,又出乎其外,对于同学们文学写作能力的提升无疑大有裨益。在应用写作方面,毕业论文是一种非常注重逻辑性和框架性的文体,而逻辑性和框架性正是写好应用文的"骨"和"神"。事实上,很多机关办事人员反映,在撰写机关材料等公文时,其中所使用的写作方法和写作技巧,与毕业论文的写作往往异曲同工。因此,对于文科同学而言,写好毕业论文,也是在锻炼自己的核心竞争力,是个人长远发展的奠基之举。对毕业论文写作给予充分重视,就是对自己未来的有效投资,必将取得意料之外的回报。

二、写好毕业论文是对自己四年大学学习生涯的总结

毕业时,有的同学会互相签赠毕业纪念册,也有同学选择使用毕业照记录自己的青春,可是,有什么比一篇优秀的毕业论文更值得赠予自己的青春呢?毕业论文写作虽然只有不到一个学年的时间,但是这不到一个学年的时光值得同学们深深铭记。毕业论文的纸页上,不仅记录着你每一个苦思冥想、奋笔疾书的夜晚,也灌注着指导老师对你的谆谆教诲、拳拳心语,更有可能记录着同学之间互相帮助、其乐融融的动人情谊。而将视域放大到整个大学期间,毕业论文更是对自己四年大学学习水平和能力的有效检验,是每

一门课程所学知识的总结升华。不论是选题阶段的左右为难，还是研究阶段的上下求索，抑或是写作阶段的挑灯夜战，都是自己大学生活的珍贵纪念，是自己所学所知所用的最终结果。对于一个文科毕业生而言，没有什么比送给自己一篇优秀的毕业论文更值得纪念的了，毕业论文写作的点点滴滴值得我们用心体验、对待。

三、写好毕业论文是新文科建设的需要

"新文科"是当前中国哲学社会科学建设的主潮。新文科之"新"，并非仅仅是"新旧"之"新"，更是"创新"之"新"。"新文科"就是文科教育的创新发展，它力图培养知中国、爱中国、堪当民族复兴大任的新时代文科人才；力图培育新时代的社会科学家；力图构建哲学社会科学中国学派；力图创造光耀时代、光耀世界的中华文化。在当下，推进新文科建设要遵循守正创新、价值引领、分类推进"三个基本原则"。而这三条原则，无疑与毕业论文的写作有着密切的联系。首先，在守正创新方面，在毕业论文的写作过程中，我们无疑要努力做到创新，但这种创新，绝非是为"新"而"新"，更非是剑走偏锋的"偏颇之新"，这种创新，是要以守正为基础的。而所谓的"正"，就是守卫马克思主义在哲学社会科学领域的指导地位。对于人文社会科学而言，如果偏离了马克思主义这个"正"，一切的"新"都可能是歪理邪说；如果偏离了中国特色社会主义建设实际，一切的"新"都可以说是一文不值，因此，守正创新，就是提醒我们在写作毕业论文时，要紧绷马克思主义之弦，坚决避免"西化""分化"思想侵入毕业论文肌体。其次，在价值引领方面，毕业论文的写作要坚持马克思主义的价值引领。具体而言，就是坚持辩证唯物主义和历史唯物主义在论文写作中的统一。在相当长的时间中，哲学社会科学都是国外对我国进行意识形态渗透的"重灾区"，在历史虚无主义的作恶下，产生了一批伪史料、伪理论。这些伪史料、伪理论影响相当深广，即使是在今天，我们仍然能发现其藏身之所。本科毕业生往往社会阅历还不丰富，思辨和斗争意识还不够强烈，不经意间，便可能被错误观点影响，或被伪史料"带偏"。这种情况下，价值引领就变得非常重要。在本科毕业论文写作中，不论是指导教师、评阅教师，还是答辩委员会，都要把好价值引领这一关，以马克思主义观点检查史料史观，弘扬正气，去伪存真。最后，在分类推进方面，分类的目的是彰显专业性，有的放矢。在毕业论文的写作过程中，也要注重专业性，一方面，使用专业的语言表达和研究范式，表达专业的思考；另一方面，注重学术水平的与时俱进，不能用十年前的水平要求当下的自己，努力提高毕业论文的质与量，在专业方面"给自己定一个小目标"，入门须正，立志须高，切实提高自己的研究水平与研究能力。

总之，毕业论文不仅是一篇学术作品，更是同学们向自己、向母校、向国家、向时代交上的答卷。让我们在新文科精神的指引下，向着具有中国特色、中国气派的哲学社会科学进发吧！

第二章
文学艺术类毕业论文的选题

选题是所有即将开始进行毕业论文写作的同学遇到的第一个问题。作为毕业论文写作的基础性工作，毕业论文选题不仅精确地聚焦"写什么"，也在一定程度上对于"怎么写"进行着规约。选题工作看似简单，在毕业论文的写作中却非常重要。

所谓选题，简单来讲，就是为即将撰写的论文确定研究畛域。作为学术文体的一种，论文与散文不同，不可随写作者兴之所至，随意裁度，而是要围绕一个焦点，提出自己的观点，并以论据佐证之，使论文成为一种自洽、自足的学术论说。在这一过程中，对每一历时性的环节和共时性的部分形成统摄的，唯有论题。论题决定了论文的论域和视域，也决定了论文的技术路线与研究方法，正如爱因斯坦所说："提出问题往往比解决问题更重要。"作为论文写作过程中"提出问题"的关键一步，论题的选择至关重要。

首先，选题对于毕业论文的形态有着决定性的影响。选题看似只是对毕业论文的设想，但事实上，作为科学研究行为，选题框定了学术论文的研究对象，并关联研究方法、研究视域，对毕业论文的写作过程有着决定性的作用。如果我们将毕业论文比作一间房屋，那么选题就像是它的图纸，在建设的过程中，不仅框架结构、思想观点、逻辑理路要按照选题所确定的技术路线一一执行，而且资料的搜集、调研的开展也不能逾越选题所划定的范围。因此，就像绘制图纸一样，毕业论文的选题也绝非"拍脑袋决定"，而是一个系统的创造性思维过程。正如张世英所说，"能提出像样的问题，不是一件容易的事……却是一件很重要的事……问题提得像样了，这篇论文的内容与价值也就很有几分了"[①]。选题不仅是为毕业论文确定题目和写作范围，在这一过程中通过反复思索、琢磨、考量、择取，也初步形成了论文写作的大致轮廓。有好的论题不一定能形成优秀的毕业论文，但没有好的论题一定无法形成优秀的毕业论文。因此，在选题阶段能否发现一个兼具理论性、实践性、创新性的好论题，几乎决定着毕业论文写作的成败。

其次，选题对于毕业论文的形态有着聚焦的作用。毕业论文是高等学校学生培养的重要环节，也是对学生高等教育阶段学习成果总的检验。因此很多学生面对毕业论文，往往贪大求全，希望处理宏大、重要问题，以证明自己的学习能力。然而，现代化的进程带来了科学技术的快速发展，也使得以认识世界、解释世界为目标的人文社会科学在世界观和方法论上产生飞跃。在丰富的理论资源与骤变的现实存在下，社会科学理论迅速发展、人文学科经验加剧更新，知识以爆炸般的数量级生发。而"新文科"理念更强调研

---

① 张世英：《张世英讲演录》，长春出版社2011年版，第18页。

究者的学科交叉能力。面对错综复杂的知识,作为新入门径的研究者,想要对其进行大而全的把握,是不切实际的。合适的选题,不仅对毕业论文的论点有聚焦作用,使之鲜明、集中、富有穿透力和创新性,而且对于毕业论文论据的搜集也具有收束性。在确定选题后学生便可按图索骥,以有限的时间面对无限的知识空间,以特定的目标在知识的原野中"跑马圈地";而在进行论证的准备工作时,也可根据论题本身的特性选择合适的研究方法,避免智力资源和时间资源的浪费。在选题的聚焦作用下,毕业论文的写作事半功倍。

最后,选题也决定着毕业论文的写作姿态。在毕业论文的写作过程中,常有学生因为自己的论文选题过大,而无法对论文形成有效聚焦,手忙脚乱之中无法按时完成写作任务;也常有学生因为自己的论文选题过小,发现论据不够充分,难以对论点形成支撑,最终因体量过小,无法达到毕业论文基本的字数要求;还常有学生因为自己的论文选题过难,学力水平无法应付艰深论点,也难以发现新质,最终无法较好地完成毕业论文写作。这些发生在毕业论文写作进程中的问题看似属于研究环节,但在选题阶段便已埋下隐患。就写作而言,只有论域恰切、难度适中的选题,学生才能妥善把握,确定合理的毕业论文写作进路,调动起写作的积极性与能动性,排除不利于论文写作的种种阻碍。

总而言之,作为毕业论文写作的第一个"关口",选题的意义切不可小觑。它不仅是整个毕业论文写作的起点,更是毕业论文写作活动的基础。学生应当高度重视选题,在与指导教师沟通的基础上,立足客观情况,充分发挥主观能动性,为自己的毕业论文找到合适的选题。

第一节 选题原则

作为毕业论文写作的起始性工作,选题工作意义重大。面对如此艰巨而有意义的工作,毫无创见的因循守旧和放飞自我的随心所欲都是不可取的。要想选到具有客观上的学术性、创新性,又体现主观上的兴趣与能力的选题,总有一些共通原则需要遵循。

一、创新创见原则

创新性是学术研究的生命,更是学术论文的价值所在。尤其是对于历史悠久、积淀深厚的人文学科而言,一些研究已经持续上百年乃至数千年,已经有相当深厚的积淀与积累。如果仍然因循守旧,不思创新,势必导致学科生命力的萎缩与影响力的消减。正如胡适在《文学改良刍议》中所说的"务去滥调套语"。目前,人文社科领域是当之无愧的"论文大国"。据统计,仅 2019 年一年,我国 CSSCI 核心期刊上发表的论文就有 78641 篇。如此庞大的论文数量,佐证着我国哲学社会科学事业繁荣的同时,也对后来者在创新性的向度上提出更大的挑战。

毕业论文作为学位论文的一种,其对于创新性的要求固然不像走在学术前沿的期刊论文那么强烈。但是,这并不意味着毕业论文可以不要创新创见,更不意味着创新创见在毕业论文的写作中不再重要。相反,创新性仍然是学位论文评价中最重要的标准。高校多要求毕业论文具有一定的创新性,或具有一定的学术水平和独到见解。近年来高校在毕业论文评价中更加重视论文的查重工作,一再降低论文的重复比例,也是对论文创新创见原则的一种守护。

在进行毕业论文选题的过程中,由于学生初入学术研究领域,对于学科的范式、方法和发展前沿还不够熟悉,对前人的研究成果进行学习与参考,不仅是合理的,也是必要的。然而,既有的成果不应成为阻碍,既成的理论也不应成为束缚。在毕业论文中,学生应尽可能立足于既有成果,发现新观点、新见解。具体而言,应努力做到以下几方面:一是选题本身应当具有一定的学术深度,打通现实世界与学术世界间的壁垒,从而为毕业论文的写作拓展广阔的资源空间。在相对广阔的学术领域中,学生的学术潜力得以被更好挖掘,其视野的广阔度也被大大扩展,这对于论文形成创新创见无疑有着极大的帮助。二是妥善处理与前人既有成果的关系。牛顿曾说:"我之所以能取得今天的成就,那是因为我站在巨人的肩膀上。"对于学术研究而言,前人的研究成果是后人开展研究的不竭财富。创新并非是抛弃前人的观念另起炉灶,而是在对前人的观念有了更深的了解后,做出的改进与提升。因此,学生应充分做好文献综述,广泛搜集选题范围内的前人研究成果,认真体会,努力思索,从前人的努力与智慧中获得提升。三是要善于查漏补缺,敏锐发现学科领域中存在的空白区域。这就需要学生树立充分的学科体系化意识,站在相当的高度,观察既有研究,从中找到疏漏与薄弱环节,发现问题,实现创新。

当然,对于初涉研究的学生而言,创新性虽然重要,但也不宜做出过高要求。温儒敏曾提出"守正创新"的创新理路,指出创新固然可贵,但不宜脱离实际。胡适曾说:"明知道真理无穷,进一寸有一寸的欢喜。"因此,教师应该从学生的实际接受基础和接受程度出发,引导学生从小处着手,从细节入手,在充分观察、阅读、思考的基础上实现创新。

二、价值统一原则

习近平总书记曾说:"哲学社会科学是人们认识世界、改造世界的重要工具,是推动历史发展和社会进步的重要力量,其发展水平反映了一个民族的思维能力、精神品格、文明素质,体现了一个国家的综合国力和国际竞争力。"毕业论文写作,作为文科研究的重要组成部分,也应具有较高的价值属性。而毕业论文的价值,很大程度上就是由选题决定的。

作为研究人与社会的学科,相对于自然科学、工程科学而言,人文社会科学牵涉的价值相对比较广泛,也比较复杂。这使得与之相关的文科论文,一方面承载着与学科本身相关联的学术价值,另一方面也承载着与社会现实相关联的实用价值。毕业论文作为联结学生、校园与社会的载体,比一般的文科学术论文更需要体现这样的价值。

首先是学术价值。所谓学术,是指系统专门的学问,泛指高等教育和研究,是对存在物及其规律的学科化。作为科学理性在人文社科领域的集中体现,论文的学术性要求论文的写作者必须使用规范化的学术语言形式,表达学术化的观点,得出学术化的结论。这就要求学生的选题应当尽可能具有一定的学术性,能够为学术体系所容纳。例如,在进行作家研究时,论题应与作家的创作、思想、文学史意义等方面相关联,而非关注作家的婚恋、家庭、逸闻等。在进行大众文化研究时,论题应与大众文化现象的理论、实践、启示性意义相关联,而非关注大众文化本身可能包括的八卦、争议等社会新闻。而在不同学科的视域下,学术价值的侧重点可能有所不同。例如,对于鲁迅研究的相关选题来说,文学学科更加关注其文学作品的内容、形式、思想、艺术等;出版学科更加关注其参与主办的刊物、出版的著作、参编的文集的发行与传播状况等;艺术学科更加关注鲁迅在木刻、书法、碑帖等领域的收藏与创作等。学生在评判选题的学术价值时,也要充分考虑自己所立足的学科情况,做出客观的评判。

其次是应用价值。与自然科学、工程科学相比,文科在传统意义上常被认为是"自由而无用"的,文科学生也常自嘲自己的专业是"无用之大用"。然而,在"新文科"背景下,文科越来越被认为应承载更大的应用性使命。在选题的过程中,学生应充分考虑相关研究的现实指涉与意义,尽可能选择现实指涉性强、社会启示意义大、与社会发展热点和重点相关的题目。例如,2012年莫言获得诺贝尔文学奖,与莫言、诺奖相关的毕业论文选题数量激增;2019年,第十届茅盾文学奖揭晓,梁晓声、徐怀中、徐则臣、陈彦、李洱获奖,他们的作品成为当年毕业论文选题的热点;2021年是中国共产党建党一百周年,"红色经典"又成为当年毕业论文的选题热点。这也启示学生在进行毕业论文选题时,应注意联系社会实际和重大时事,立足学术,面向应用,翻出新意。

总之,一篇优秀的毕业论文,应该是学术价值与应用价值的统一。正如刘勰在《文心雕龙》中所说的"文变染乎世情,兴废系乎时序"。

三、专业具体原则

学科、专业是高等教育体制中的基础性要素。伴随着现代高等教育体制在中国生根发芽,专业意识也在高等教育体系中逐渐生发出来。"闻道有先后,术业有专攻",在进行毕业论文选题的同时,应遵循专业具体原则,在本专业内进行选题。

首先,坚持专业具体原则可以保证学生具备充分的知识储备。当前,在我国的高等教育体制下,不同专业执行不同的培养方案,这使得不同专业的学生在主体知识结构和知识储备方面有着较大的差异。学生只有在专业领域范围内撰写论文,才具有相对专业的知识结构,以及相应的知识储备,可以令人信服地分析和阐释毕业论文的选题。而对于那些二级学科分支较多的一级学科,在毕业论文选题时不仅应要求学生在一级学科范围内进行选题,而且应尽量限制在二级学科范围内。此外,毕业论文写作作为获得学位的必修环节,也是对专业学习成果的总的检验。如果选择那些非本专业领域的论题,那么就无法达到检验学习成果的目的。当然,在"新文科"趋势下,不排除学生可能选择一些跨学科的论题。但是,即使研究出现融汇交叉,在现行的学科制度下仍然有其立足的主体学科。跨学科论文的论题也应立足于该论文送审和答辩的专业框架,否则,将对论文的评定造成一定的困难。

其次,坚持专业具体原则可以保证教师指导的顺畅与到位。在毕业论文的撰写过程中,指导教师发挥着非常重要的作用。然而,在现行的学术体制之下,指导教师大多也是有着专门研究领域的学者,有着自己相对"窄而精"的研究领域。一旦选题超出专业所限,那么指导教师也无力进行指导。在这种情况下,学生无法得到有效的论文指导,论文的质量也就无从保证。因此,学生在进行毕业论文选题时,也要充分考虑指导教师的研究领域和学术专长,以便能与指导教师互动,完成毕业论文的选题。这样一来,毕业论文指导教师才有可能对论文进行有效的过程管理,从而保证论文的质量达到一定水准。

可见,毕业论文的选题应在专业的范畴内进行,以确保毕业论文的学业检查功能得到良好的发挥、毕业论文的写作得到充分的指导与把关。

四、成长量力原则

近年来,随着我国综合国力的增强,哲学社会科学的研究水平也日益迈向新台阶。发表在核心刊物上的学术论文,不论在思想的创新性上,还是史料的扎实度上,都日益与国际学界接轨,预示着"中国学派"的形成。在毕业论文的选题阶段,很多学生在查阅资料时,看到知名期刊上发表的论文,常常在选题问题上会产生两种倾向:一是被高层次学术期刊上的优秀论文选题所折服,立志与之看齐,在选题上一味求大、求新;二是在高层次学术期刊论文"珠玉在前"的认识下,产生压力,进而产生畏难情绪,认为自己无力完成这样优秀的论文。这两种想法,都是对毕业论文写作的成长量力原则缺乏认识所致。毕业论文作为学术论文中特殊的一类,既有与学术论文趋同的"大特性",也有与学术论文趋异的"小特性"。而成长量力原则正是毕业论文"小特性"的具体体现。

与学术论文旨在探寻学术真理,将对学术的认识向前推进不同,毕业论文是一种带有检测性质的论文体式。在学生的培养计划中,毕业论文往往被安排为一门课程,与专业必修课无异。因此,毕业论文的选题本身就具有成长性的特色。毕业论文的写作,并非是要求学生在某一学术领域获得空前的新发现,而是希望通过写作论文的方式,调动学生已有的知识与能力,培养他们发现问题、解决问题的"问题意识",并在论文的写作中获得进步与成长。因此,毕业论文在选题时要抓住成长性的原则,将重点放在对学生主体能力的培养上,而非学生科研能力的提升上。揠苗助长、好高骛远绝非毕业论文选题的应有姿态,而循序渐进、老实务实、抓点击破才是毕业论文选题的正道。

与此同时,学术论文的写作还要注意量力性。毕业论文选题的选择,不能仅仅考虑论题本身的学术价值,还要考虑主客观是否具备完成这一论文的条件。在主观方面,自己的知识结构、专业特长、研究能力、兴趣爱好都是完成毕业论文需要考虑的条件。例如,有同学想要撰写有关网络文学的论文,而自己又没有修习过有关网络文学的课程,也较少阅读相关学术论著,那么,仅凭一腔热情想把论文写好是不可能的。又如,有同学想要撰写有关甲骨文方面的论文,但是自己的古代汉语成绩一般,又没有修习古文字学的选修课程,那么想要写好这样的论文,显然是事倍功半的。而在客观方面,所在学校学科的研究水平、资料的占有程度、指导老师的学术专长也会对毕业论文的选题产生制约。例如,少数民族语言文学是中国语言文学的二级学科,但是开设相关学科的学校较少,如果在一所没有相关学科的学校,想要写出一篇优秀的少数民族文学论文,显然是比较困难的。反之,在一些有自己特定学科专长的学校,很多该校学生都会结合母校专业的特定情况,选取母校的优势学科方向作为毕业论文的选题。例如,浙江师范大学学生多选儿童文学题材,华侨大学学生多选海外华文文学题材,福建师范大学学生多选散文题材等,这些都是相关学校学生结合客观条件进行论文选题的体现。毕业论文的选题看似自由,实则受到主客观条件的规约,因此,立足现实、找准切口、顺应时势,才能在毕业论文选题方面达到事半功倍的良好效果。

第二节 选题策略

面对毕业论文的选题,常有一些学生产生"选择恐惧症",在各色选题之间左右为难,迟迟无法敲定选题,开题时间一拖再拖。毕业论文选题看似浩如烟海,但事实上存在着一些带有普适性质的选题方法和策略。在选题时,同学们一方面要立足主客观实际,因地制宜、因时制宜,客观评判论文写作的主观条件与客观环境;另一方面以选题的策略和方法为指引,迅速确定选题,开启毕业论文写作之旅。

一、导向阅读,大浪淘沙

"知己知彼,百战不殆",要想选择合适的毕业论文题目,就需要充分了解目前国内学界动向,并对一定范围内的毕业论文选题情况有所了解。在确定了可以细化为二级学科的论文题目后,毕业论文的撰写者便可对这一方向的最新研究成果进行一番浏览性质的通读,总结出这一、二级学科当前比较热门的一些话题点,并分门别类,制成初步的目录。再从中选择自己感兴趣的一组,认真阅读其中的观点,提炼出当前有关这一问题的聚焦点和空白点,选择空白点较多的一组,认真考虑选择其作为选题的可行性,如可行,便可初步确定毕业论文的选题。例如,W同学在开始构思毕业论文题目时,根据主客观条件将自己研究的二级学科定位于汉语言文学下的中国现当代文学上,开始广泛浏览当时中国现当代文学界的研究热点。2018年正逢沈从文逝世30周年,学术界有关沈从文的研究较多,且多从新方法、新史料入手,研究以往沈从文研究中被忽略的一些边缘领域(如其古代服饰研究、其城市题材小说、其在新中国成立后的几次写作冲动等)。在这些边缘领域中,W同学选择了沈从文未被人广泛关注的新诗作为自己的毕业论文选题,最终毕业论文因选题新颖、创新性强而收获好评。值得注意的是,这种选题策略看起来相对自由,在选题过程中颇有大海捞针之感,实则要求学生在选题过程中始终保持对于学术热点和学术前沿的敏锐感知能力,能够在浩如烟海的大量相关论文中发现问题,提炼选题。由于涉及面较大,信息较多,因此在进行材料通读的过程中一定要及时记录,及时总结,及时从材料中提取自己体会深刻、启示较深的信息,之后经过与指导教师的充分沟通与打磨,凝练出自己的选题。

二、圈定范围，一一排除

这一策略适用于在学习过程中已经初步找到自己的研究兴趣，但又一时没有形成具体选题的学生。在这一方法下，毕业论文选题的初步方向已经确定，学生已经找到了自己的兴趣点，这个兴趣点或是一部作品，或是一位作家，抑或是一个思潮、一个社团、一个流派，学生对于相关领域，已经有了较为深入的涉足与挖掘，有了相对丰厚的知识储备，在相关的研究中也已经积累了一些心得。然而，由于没有找到自己已有的知识储备和当前学界热点的结合点，对于学术研究主潮把握不足，因此尚未形成有效的选题。该方法的操作方式，就是首先尽可能全面地搜寻有关这一选题范围的研究成果，对之进行整理、凝练，形成若干候选论题，随后在这些候选论题中，依据自身的主客观条件筛选，并与指导教师共同协商，最终确定理想的选题。例如，有学生对鲁迅特别感兴趣，并将毕业论文的选题范围初步定为鲁迅研究，那么就需要认真搜索近三年来国内外有关鲁迅研究的最新成果，对之进行归并、分类，凝练出若干个代表当前鲁迅研究总体趋势的选题，之后再在这些选题之中根据自己的学术兴趣与知识积累，并结合客观条件，排除干扰项，直接获得优质选题。又如，有学生对《红楼梦》较感兴趣，有一定的阅读感悟，那么，就需要理性思考，自己对于《红楼梦》的知识和兴趣，是偏重于文本解读、形象分析、情节阐释，还是偏重于思想文化内涵研究。通过大量搜索近年来的既有研究成果，对于近年来《红楼梦》研究的基本情况产生一定的认识。最终考量个人兴趣、研究态势、主客观条件等综合因素，确定毕业论文选题。这样的方法，由于带有一定的前期思考，因而能在资料搜集与阅读的过程中有的放矢。在排除的过程中，一旦在一个领域没有找到合适的选题，马上就可以转换至下一个领域，再确定选题，不至于付出过大的代价。因而，这样的选题策略应该更能为广大学生所接受。

三、积累会聚，聚沙成塔

对于一些平时学习较为认真，较早确定学术旨趣的同学来说，积累会聚的选题策略有着较强的适用性。与知识面相对集中的理工科不同，文科的知识相对分散，知识体系也相对庞大，如果想要在选题时"临时抱佛脚"，很快找出一个适合自己的题目，这无异于大海捞针。因此，一些有心人便会在日常学习过程中留意知识火花，勤于思考琢磨，产生若干真知灼见。这些真知灼见往往会成为日后学术生活的"种子"，在学生的勤奋努力与教师的谆谆教诲下成长为知识体系的参天大树。待到选题时，只需从日常的积累中略加撷取，并在此基础上加以思考和研究，便可产生适合自己的成熟优质的选题。这样的选题方式看似顺理成章，但事实上考验学生的日常积累与思考的积极性。对于大学生而言，最大的挑战往往不在于新知的获取，而在于持续获取新知的能力。这就要求学生在日常的学习过程中，对待知识不仅仅是被动地接受，还要有主观能动的思考，并且将这些思考及时落笔成文，以书面形式记录下来。唯有克服了自身的倦怠和懒惰，这样的方式才能真正展示出其效果和魅力。例如，对于很多本科同学而言，毕业论文的写作是一项需要投入大量时间、精力的事业，甚至会与自己的实习、就业、升学安排产生冲突。但是有一部分同学，在平时发表论文时，便初具问题意识，善于将日常思考偶得的"小问题"，放在更加宏观的"大问题"中加以考量，久而久之，当"小问题"逐渐汇聚成"大问题"，毕业论文的选题也就呼之欲出了。而日常发表的小论文，正可以充当毕业论文的相关章节，从而大大地缓解了毕业论文的写作压力。因此，养成良好的学习习惯，聚沙成塔，不仅可以帮助学生将学业的压力均衡分布到平时，使日常学习更有针对性，而且还可以很好地会聚问题、凝聚思路，使毕业论文的选题在日常的学习中逐渐浮现。

四、兴趣导向，深入挖掘

爱因斯坦曾说："兴趣是最好的老师。"一些学生充分热爱自己所学的专业，有着明确的学科意识与学业规划，这使得他们较早形成了明确的学术兴趣。而这种兴趣往往成为毕业论文选题的重要导向和契机。循着这种兴趣，辅以良好的学科意识和学习习惯，这些由感性生发的审美兴趣与文化兴趣极有可能成长为理性的研究兴趣。在研究兴趣的导引下，学生得以对相关问题产生关注，深入探究，产生一系列理性的思辨成果，而这些成果成为学生进一步探究的台阶，最终一步一步将学生引向"兴趣—选题"之路。这主要是针对学科自觉意识较强、基础较好的学生而言的。值得指出的是，并不是所有的兴趣，都能够"健康成长"成为选题的，这样的选题过程离不开指导教师的帮助与引导。就学生而言，在发现自己有较为明确的兴趣后，应及时与指导教师进行沟通，共同探讨对之进行科学研究和理性认识的路径；指导教师应关心学生，了解学生的学习兴趣所在，并加以正确引导，使学生的兴趣得以在科学的引导下转换成合适的毕业论文选题。

总之，在选题的过程中，既要注重客观的"原则性"，如对学术规范的坚守，对知识真理的探求，对创新的追求等；又要注重主观的"策略性"，如对自身兴趣的挖掘，对阅读经验的借鉴，对主体知识掌握水平的考量等。选题本身或许有优劣之分，但并无高下之别，最适合自己的选题就是好选题。那么，如何确定选题是否既符合规范，又适合自己呢？这就需要通过选题论证来加以实现。

第三节　选题论证

很多同学认为选题就是简单地对论文题目的拟定，题目一旦定下，便皆大欢喜，可以热火朝天地进入论文的构思撰写过程。这样的认识，将选题在毕业论文写作中的基础性作用简单地等同于起始性作用，非常容易对日后毕业论文的写作工作造成困难和阻碍。事实上，在毕业论文的选题确定后，我们还要撰写开题报告，对毕业论文的选题进行充分论证，并在开题答辩后进行充分的修改。这样的过程，我们统称为选题论证。

对于毕业论文的写作，不同学校有着不同的规定，但开题报告总是不可或缺的一环。

不论是本科生还是研究生，在确定毕业论文的选题之后，就要进行开题，撰写材料，对论文选题的可行性进行论证。开题报告经毕业论文指导委员会投票通过后方得开题，选题的工作才算真正完成。而用以论证选题的材料，便是开题报告。

虽然不同学校的毕业论文开题报告各有自己的规定格式，但万变不离其宗，基本包括以下几个方面：封面、题目、选题意义、选题研究现状、论文基本框架、研究方法与研究思路、研究的创新点与重难点、研究进程和参考文献。有的学校开题报告格式要求比较严格，要求按照格式，分步撰写。也有的学校开题报告格式要求相对宽松，可以根据具体情况省略和归并一些内容。

一、开题报告的背景部分

开题报告的背景部分主要包括题目、选题意义、研究现状三个部分，其中，题目是范围框定，选题意义是理由阐发，研究现状则是客观梳理，三者共同构成选题的基本依据，为选题提供学理上的合法性支持。

（一）题目

题目是毕业论文的名字，是对毕业论文选题的高度凝练，也是毕业论文给人的"第一印象"。毕业论文的题目需尽力概括论文的基本观点，表现论文论述的基本内容，反映作者的价值倾向。与文学作品的题目不同，毕业论文的题目不求文艺、华丽，但求直白、清晰，务必一目了然、客观准确。

一般而言，毕业论文的题目不超过20个字，但可使用副标题。副标题应是对主标题内容的进一步说明，与主标题的取向保持一致。单一标题的，如《论王小波杂文自由理性观及其时代价值》《论陈彦小说中的底层叙事》《论铁凝小说的重复叙事》；复合标题的，有用于解释主标题含义的，如《林莽茁长的喃喃之声——痖弦的诗艺探索》《记忆与理想之处——苏童与格非南方书写比较》；也有用于框定主标题范围的，如《王度庐武侠小说的悲剧意识探析——以"鹤-铁"系列为中心》《自然主义视域下的李娟散文研究——以〈羊道〉系列为例》。

作为选题的集中体现，题目的撰写应慎重推敲。标题既不能过于宏大，而失之于空泛；又不宜过于狭小，而失之于细琐。因此，题目的撰写，实质上是一个处理选题聚焦的"大"与"小"的问题。在"大"与"小"之间，不同的学生可能会有自己的选择，但总体而言，需要做到重点突出、角度明确、论旨具体，不然极有可能成为泛泛之论。例如，有同学将题目定为《论鲁迅笔下的青年形象》，就过于空泛、陈旧；也有同学将题目定为《论冰心〈超人〉中的母爱主题》，就过于狭小、具体，因为冰心的《超人》本身只是一篇极短的短篇小说，无力支撑起宏大的毕业论文主题。

（二）选题意义

选题意义，就是说明自己为什么选择了这样的论题。如前所述，毕业论文的选题是一项充分发挥主体主观能动性的工作,因此,写作者必须充分明晰自己为什么将这一选题作为自己的论题。具体而言,选题意义可以从以下几个方面进行概括:

学理基础:所选论题,在学科的整体体系中占有怎样的地位,体现出怎样的生成逻辑?

实践基础:所选选题基于怎样的社会调研或实验数据?能够填补社会实践哪些方面的缺失?

理论价值:所选论题对目前研究进行了怎样的推动?填补了哪些空白?改变了哪些认识?综合了哪些方面?

实用价值:所选论题,对于现实有怎样的启示价值?体现出怎样的发展性意义?

(三)研究现状

研究现状,即通常所说的文献综述,是对所选选题已有的代表性成果的述评。撰写研究现状的基础是资料的搜集,即尽可能多地搜集和选题相关的既有研究成果;又不仅仅是单纯的资料搜集,也包括对既有研究的择取、概括与评价。总体而言,研究现状的述评应注意以下几点:

选取有代表性的研究成果。当前,人文社会科学研究成果丰硕、浩如烟海,在进行研究成果选取时,应尽可能选择发表在高水平期刊,出版于高水准出版社的学术成果。一般来说,既有研究成果的来源越高端,则越具有代表性与影响力。

对既有研究成果进行概述。提取既有研究成果中的主要观点,进行概括,特别突出这一成果相对于以往研究成果的突破性与创新性。

对未来研究趋向进行展望。站在充分总结概括既有研究成果的基础上,客观评价以往研究取得的成绩与不足。对本研究未来应努力的方向进行展望,应努力方向要与本研究选题具有一定的关联性。

二、开题报告的主体部分

研究框架和研究的创新点、重难点构成开题报告的主体部分,也是答辩委员会最为关注的部分。作为选题的具体展开,该部分是对毕业论文写作的初步规划,也是对选题的亮点和难点的自我认识。主体部分字数不多,但地位重要,在开题报告论证时应予以充分重视。

(一)研究框架

研究框架,即毕业论文的大纲。一般来说,对于一篇论文而言,如果在无法保证充分阅读时间的情况下对其进行评判,那么最为快捷有效的评判方式就是看其框架是否清晰、严密、富有逻辑。因此,研究框架的重要性不言而喻。

在框架的撰写方面,一般对学生提出两方面的要求:一是用语的清晰性,框架一般也是即将撰写的毕业论文的章节标题,作为对大段文字提纲挈领式的把握,框架的用语一定要清晰、明了，直击主题，让答辩委员会一目了然，很快明白其提领章节的主要意义。因此，似是而非的、过于情感化、审美化的表述尽量不要出现在提纲之中，以免令读者在面对大段文字时感到迷惑。二是逻辑的整饬性。一般而言，研究框架的章与章之间，节与节之间要构成一定的逻辑，逻辑关系一般有两种，一是并列，二是递进，二者不得混用，其内部也不得"交叉"误用。在构成并列的同层次章节中，其范畴各自独立，绝不能构成交集关系；在构成递进的同层次章节中，各章节范畴也应具有梯度，不得时而平行，时而进退。

在研究框架的撰写方法上，一般有两种策略：一种是单句式提纲，即仅将章节名称列出，或以简要文字在章节下概括章节写作计划，这种单句式提纲结构清晰，一目了然，便于直观考察文章结构；另一种则是摘要提纲，用简约的语言概括每一章节大意，再用一定的语言描述各章节之间的关系。这种摘要式提纲比较考验学生的语言表达能力，但有助于章节之间关系的阐释与梳理，也有助于论文指导教师更加详细地了解学生在每章节想要表达的具体意思，以有的放矢地进行指导。

伴随着学生计算机水平的普遍提高，目前越来越多的学生在研究框架后附上思维导图，对文章的写作思路做进一步的说明。制作精良、清晰的导图不失为一种有效的辅助性图表，但导图的制作，建议简洁明了，切勿颜色交杂、线索纵横，以免显得研究框架结构杂乱。

（二）研究的创新点及重难点

在选题阶段，经过与既有研究成果和研究理路的比对，学生已经初步了解了学界有关这一问题的研究水平，也对自己的选题相对于前人的创新之处有了一定的想法。学生应将本研究相对于既有研究的创新之处分点列出，使答辩委员会充分了解本研究的独创性。这种创新点可能是对以往研究中争议点的辨识，也有可能是对既往研究中错误观点的辩驳与纠正，还有可能是对既往研究空白的填补，抑或是对既往散乱研究的整理与综合。总之，选题人要对自己研究的创新点做到心中有数，方能在毕业论文中将创新落到实处。

在毕业论文选题的过程中，学生也应充分考虑自身选题的挑战性，对选题的难点予以充分重视，并在开题报告中做出说明。指出难点绝非"自曝家丑"，而是对研究主客观方面可能遇到的问题的理性呈现与表达。列出相关问题，也是一种与指导教师沟通的方式，可以在答辩过程中群策群力，多方听取指导教师的意见，以期至善。

三、开题报告的附录部分

与论文背景和主体部分相比，附录部分并没有那么高的重要性，却考察论文写作者的实操水平。研究进程是毕业论文写作的"时间表"，是对为期近一年的毕业论文写作进程的初步规划；参考文献则是毕业论文写作的"弹药库"，也是毕业论文写作值得注意的学术规范。附录部分绝非是开题报告论证中可有可无的部分，只要在撰写过程中科学安排、理性认识、严格遵循,便可使毕业论文写作事半功倍。

(一)研究进程

研究进程是论文写作时间进程的合理规划。作为大学学业的阶段性总结,毕业论文的撰写绝非一蹴而就的,而是伴随着相对漫长的时间。如何合理安排论文写作进程,尽可能合理地利用时间,这是在开题报告中应当做出说明的。

具体而言,研究进程可以分为以下几个阶段:准备阶段(论文相关资料的查阅、综述的撰写)、写作阶段(包括初稿、二稿、终稿的写作)、修改阶段(根据指导教师意见与外审意见进行修改)、定稿阶段(论文文本的最终敲定)。学生应根据个人实际情况,对于不同研究阶段赋予不同时间量,以确保毕业论文撰写任务的如期完成。

(二)参考文献

作为学术规范与学术伦理的集中体现,毕业论文开题报告要求列出论文写作可能使用到的参考文献。参考文献所标示的,不仅是学生为准备这一选题做出的前期努力,更印证着学生对于既有研究成果和方向的把握程度。一般来说,在参考文献的开列符合学术规范的情况下,参考文献越多,说明选题的基础越丰实,学生的文献综述越全面。

关于参考文献的标准,不同学校有着细微的差别,但基本是在国家标准《文后参考文献著录规则(GB/T 7714—2005)》的框架下进行部分增减。学生应根据学校有关参考文献的要求进行编辑,以免造成不必要的时间浪费。

在完成开题报告后,学生向毕业论文答辩委员会提交开题报告,答辩委员会择期组织开题报告会。对那些合乎毕业论文规范、有较强选题价值的选题予以开题;对那些存在问题的选题提出意见,要求其修改;对那些不符合毕业论文规范、价值较低的选题予以驳回。选题的论证是毕业论文选题的重要环节,对于毕业论文工作的顺利开展和高效运行有着重要的作用。

第三章
文学艺术类毕业论文的研究

在选题经开题答辩正式确定后,毕业论文的写作工作正式拉开帷幕。但毕业论文的写作不是文学创作,可以提笔千言,畅所欲言;也不是日常的课程论文,可以在进行相对简单的文献准备后便下笔千言。毕业论文的写作是一项系统性的工程,在正式的写作开始之前,学生有必要先对相关问题进行研究,作为毕业论文撰写的准备工作。

第一节 资料的搜集与整理

作为科学研究的一种,毕业论文的写作应当建立在充分尊重科学事实的掌握基础之上。尽管在选题阶段,学生已经对所选题目进行过初步的文献综述,但仍与毕业论文撰写的实际要求差距较大。"兵马未动,粮草先行",撰写毕业论文往往需要更多资料的支撑。对于文科毕业论文而言,文献资料与理工科的实验数据一样重要。因此,资料的搜集与整理是毕业论文写作中非常重要的环节。

一、资料搜集的标准与要求

对于以人为指向的人文学科与以社会为指向的社会科学而言,资料的范围往往非常宽泛。在互联网时代下,信息的数量呈几何式增长,人们往往因信息过多而陷于信息的海洋之中,无法披沙拣金、大浪淘沙,获得真正有效的信息。因此,明确资料的搜集标准,清楚在资料搜集阶段的基本任务,对于增强资料搜集的针对性、更好地完成资料搜集工作不无裨益。

1. 明确的目的性

信息海洋,浩瀚无垠,在资料搜集的过程中,如果没有明确的目的性,就很容易被大量的信息所迷惑,晕头转向,患得患失。因此,学生在进行资料搜集时,一定要有明确的目的性,而这一目的性的指向,便是毕业论文的选题。在资料搜集的过程中,学生不妨从选题中提炼若干关键词,按图索骥,分块、分系列地搜寻相关信息。比如,有学生将毕业论文的选题定为《论张炜儿童文学中的动物书写》,那么从选题中便可提炼出"张炜""儿童文学""动物书写"三个关键词。由此,资料搜集便以三个向度为重点向前推进,即"张炜研究""张炜儿童文学研究"("儿童文学"则过于宽泛)"动物书写研究"。三个关键词为资料的搜集提供了明确的目的性,大大提升了学生搜集毕业论文资料的效率。

2. 严谨的真实性

学术论文的写作是求真的过程。因此,毕业论文的材料也应尽可能真实、可靠。这就需要学生在进行毕业论文材料搜集时,尽力去伪存真。对于人文社会科学而言,这里的"伪"主要分为两种,一种是时代以及资料撰写主体的原因,造成的客观之"伪"。例如,许广平的《鲁迅回忆录》曾长期被视为鲁迅研究的重要文献,事实上这一文献是在特定的历史环境下,为适应"神化鲁迅"的需要而"命题"创制的违心之作,其中的若干历史细节都曾被人为更改,其中的不实之处也为新时期以来的鲁迅研究界所公认,因而不能被认为是严谨真实的资料;另一种则是资料的撰写者主观作伪,使得资料成为"伪史料"。例如,在晚清史研究中,曾有一段李鸿章和伊藤博文的"联对轶事"为部分学者津津乐道。该史料说,1895 年,日本首相伊藤博文在马关出了一副对联:"内无相,外无将,不得已玉帛将相",李鸿章对曰:"天难度,地难量,这才是帝王度量。"这段史料对于革命史观下李鸿章在《马关条约》签订过程中的形象加以颠覆,将其塑造成一位勇于维护国家尊严,争取国家利益的历史人物。事实上,这段史料的出处乃是徐珂《清稗类钞》、况周颐《眉庐丛话》,二人在政治立场上偏于保守,均对李鸿章的遭遇深表同情。经后人考证,《马关条约》签订期间,李鸿章和伊藤博文并没有进行如上对话,该联语当是当时民间同情李鸿章者杜撰的,并无严谨出处。以此伪史料为李鸿章辩护,恰恰是两位作者借李鸿章之口,抒发己见。一些大学生在引用资料,尤其是在引用网上资料时,往往不加考辨地轻信一些材料,而这些材料本身,恰恰是相当可疑的。因此,学生在搜索材料时应尽可能引用权威的、正规渠道的材料,以保证其严谨性与真实性。

3. 趋近的时效性

人文社科研究虽然不像自然科学、工程科学伴随科学技术的发展迭代升级迅速,但总体而言还是有其时效性的。尤其是对于一些和时代联系相对紧密的学科,其研究前沿必然与时代风习密切相关。因此,在材料的搜集过程中,应将重点放在那些相对新颖、体现最新研究路径的研究成果上。例如,20 世纪 80 年代,有关格非的文学研究大多是从先锋文学、现代主义文学角度切入,这与彼时格非在创作上确实服膺于先锋文学有关。而 21 世纪以来,尤其是"江南三部曲"出版后,已经很少有人将格非单纯作为先锋文学作家加以看待了。如果这时我们还使用当年的老材料,将格非继续定义为先锋文学作家,显然是不合时宜的。当然,材料搜索的时效性并不是说轻视老材料,在一些学科中,经时间积淀的旧材料、老材料往往也是经典材料,具有不可比拟的价值;也有一些老材料本身固然包含着一些不合时宜的表述,但只要运用得法,仍然可以从中翻出新意,给人以新的启发。

4. 高度的权威性

不论毕业论文的篇幅如何长于一般的课程论文,其长度终究是有限的,而学生投入的精力也终究是有限的,因此,在材料的搜集过程中,应将重心放在那些具有学术史价值和权威性的材料上。尤其是在相关领域的学术史发展进程中,一些具有里程碑意义的作品,应该高度重视。例如,如果有学生研究中国现代文学史的书写问题,那么王瑶的《中国新文学史稿》一定是不能被忽略的一部文献,其作为材料的典型性,要大于蔡仪的《中国新文学史讲话》、丁易的《中国现代文学史略》、张毕来的《新文学史纲》、刘绶松的《中国新文学史初稿》,因为前者是中国现代文学史书写体制的奠基之作,而后几部则是沿着王瑶开辟的道路有所开掘和发展,其学术史的价值不同。再比如,如果是在论文中引述鲁迅的著作,那么由人民文学出版社出版的 2005 年版《鲁迅全集》的权威性就要高于其他版本的鲁迅作品选本;如果是在论文中引述《红楼梦》,那么由人民文学出版社出版的前 80 回庚辰本(以甲戌本等其他抄本参校补充)+后 40 回程甲本的版本的典型性就要高于其他版本的《红楼梦》。在毕业论文的写作中,使用具有权威性的参考文献,可以有效提升论文的整体品质,也可以使学生在资料的阅读与整理过程中获益更大。

二、资料的类型

对于毕业论文而言,"资料"并非是一个笼统抽象的概念。资料在性质、特征等方面存在差异,在毕业论文的写作过程中扮演着不同的角色,发挥着不同的作用。资料主要可分为三类。

1. 研究成果

研究成果是与毕业论文选题相关的既往研究著述,主要包括已出版的著作和发表的论文两类。著作是指由正规出版社出版,带有 ISBN 号的出版物,一般的纸质图书可在学校图书馆、公共图书馆借阅,也可通过超星、读秀等平台合法获取电子图书。论文是指发表在合法出版的、有 ISSN 号的学术期刊上的成果。既有研究成果的搜集对于毕业论文的写作意义重大,它不仅能够使学生切实了解所选题目在当前学术界研究中已经达到的水准和动态,避免了重复研究,明确了研究方向,而且对于毕业论文的撰写会产生实际的启发意义。值得注意的是,当前的学术研究产量巨大、鱼龙混杂,一些选题本身就是学术界的研究热点,研究成果较多,同学们应尽量选择高级别出版社出版的著作、高水平学术期刊发表的论文。这些成果往往具有较高水平,可以有效避免阅读重复、低质研究成果带来的时间、精力的浪费。

2. 理论著作

列宁说:"没有革命的理论,就不会有革命的运动。"因此,合适的理论指导对于毕业论文的写作意义巨大。尤其是人文社科类的毕业论文写作,更离不开科学理论的指导。一般来说,人文社科类毕业论文必须遵循马克思主义理论的指导,践行历史唯物主义和辩证唯物主义。而在具体的理论资源的运用上,则需博采众长、为我所用。例如,研究古代文学作品,往往需要用到古代文论典籍;研究现当代文学作品,往往要用到文学理论资源;研究语言学,往往也要受到具体的语言学学派的影响。理论著作区别于学术著作,往往表现出更为强大的阐释力,因此应选择权威的版本、译本,以确保资料的准确和权威性。

3. 周边和原始资料

除了研究性的资料以外,在很多与社会文化距离较近的学科的研究中,还需要搜集相关的周边和原始资料。例如文学学科的作品、访谈,作家的书信、日记;历史学科的图文史料;传媒学科的新闻、数据分析;艺术学科的影像、绘画、雕塑作品等。这些资料虽然本身并不具有学术性,却是人文社科研究的重要对象。如果没有这些资料,相关研究就会成为无源之水、无本之木。近年来,中国现当代文学发生"史料化转向",而史料化转向的基础,正是对于周边和原始资料的推重。

总而言之,资料搜集作为毕业论文写作中非常重要的一步,为论文的写作提供了基础性的资源。同学们积累了丰富的资料以后,毕业论文的写作将缓缓拉开帷幕。

第二节　资料的分析与运用

资料的搜集与整理是论文写作的基础,但有了资料并不一定能够写出优秀的论文,因此有了"米",还需要"巧妇"的妙手,方能烹饪出佳肴来,"烹饪"就类似于论文写作中资料的分析与运用。资料的分析与运用是论文写作工作的开端。在论文撰写的不同阶段,针对不同的资料,在具体的应用策略上也会有所差异。

一、资料的研读

人文社科类论文的资料大多以文字的方式呈现。这就决定了学生在获取资料后的首要任务,便是对资料进行认真研读。在一些人的观念里,经常将研读等同于阅读,事实上这是不确切的。所谓研读,研在读前,有助于研究,是研读活动的出发点和落脚点。而面对类型各异的毕业论文资料,我们在进行资料研读的过程中,也应采取不同的策略。

1. 理论性资料研读

这类资料往往具有较强的思辨性,涉及诸多的名词与概念,并以较强的逻辑联系在一起。然而,在实际的论文写作过程中,经常有学生反映理论难读、难懂、难用。这种现象与理论研读本身的特性有关,理论研读是一个循序渐进的过程,学生的阅读能力需要不断培养。同时,目前我国人文社科领域国外理论较多,而国外理论的翻译状况往往不尽如人意。因此,研读理论性的材料应注意两点:第一,不应在匆匆浏览一遍后,便将理论条块分割,将其强塞在论文的各缝隙处,将理论作为论文的一种"花边"和"点缀",而应当真正地领会理论背后的原意与内涵,在彻底吃透理论材料的前提下,对理论进行化用,使理论真正进入文章写作的系统性工程之中,成为文章之骨,以避免"皮相分离"问题的产生。第二,在进行理论阅读时,由于其本身难度较大,建议撰写读书笔记,将自己的实际阅读体验整理成札记或读后感作为进一步的材料,原来理论中难以把握的部分便在具体的解析中得到了分解,从而大大降低了理论理解的难度。当然,正如陆游所说:"工夫在诗外",有关理论的研读,不能完全指望撰写毕业论文时"临时抱佛脚",而更应在日常的学习中养成读理论、学理论、用理论的良好习惯。

2. 作品性资料研读

在人文社科领域,尤其是文学领域,论文的论述常常围绕一部作品或一组作品展开。即使是偏重于理论性的文艺学、比较文学论文,其立论也需要建立在对作品的审美分析基础上。因此,对作品的分析与鉴赏在毕业论文资料的选择中占有非常重要的地位。面对作品性的资料,应同时具备两种视野:一种是文学审美的视野,即从文学的审美性出发,考察文学的艺术性。在这一视域下,阅读者的主观能动性极为重要,阅读者对于作品的阅读感受,成为写作论文的重要依据。另一种是文学史的视野,即将文学作品放置在文学史的源流中,通过其与出现在其前后的文学作品、文学思潮、文学事件的联系,从独创性、思想性等方面考察文学作品的价值。相对而言,前者更多体现为一种感性认识,而后者则体现为一种理性认识。文学是审美的意识形态,其审美性决定着前者的不可或缺,而其意识形态性又决定着后者的极端重要。因此,对于毕业论文的撰写者而言,两者几乎同等重要。例如,对于当今的读者而言,胡适的《尝试集》显得粗糙幼稚,缺乏诗的美感,其审美性是相对较低的,但是,如果从文学史角度来看,它作为中国新诗的发端之作具有较高的文学史价值,而其中也呈现出许多中国新诗发端时期的历史信息,甚至可以找出中国新诗后续发展的历史线索。因此,并不能因其较低的文学审美价值而等闲视之。同样,南朝的宫体诗在艺术审美层面上极尽奢华,成为中国文学一时之主流,但是,其不论在诗格、诗体层面,还是在思想、观念层面,都未能给文学史带来更多的新质,因此,其文学史评价相对较低。所以,在对作品进行阅读时,我们既要依据文学史知识,对作品的价值意义做出合理的认定,也要尊重审美艺术感觉,认真、细腻地体察作品,以个人阅读实感为基础,对作品价值做出合理的认定。

3. 史料性资料研读

史料性资料的价值往往难以被一眼认出,因此,作者对它的分析与利用便成为为之赋予价值的主要通道。在接触史料时,首先应注意史料的代表性,有关历史的言说往往众说纷纭,对于同一事件,持不同立场的人也会做出不同的评价。因此,在接触史料性资料时,应注重从史料中提炼出符合历史实际的、具有代表性的元素,而不应该被非主流的声音淹没,陷入历史虚无主义和价值虚无主义。其次应注重史料的真实性。很多散见于各处的史料并不真实,也有一些不同时代人基于不同目的创造的伪史料,这些伪史料干扰视听,混淆事实。例如,《新文学史料》1982年第4期公布了18封郭沫若写给青年陈明远的信件,在学术界引起巨大反响。然而,这批信件引起了学术界的广泛质疑,尽管目前这批信件的真伪在学术界仍有争议,但目前的郭沫若研究界,这批史料已被搁置,无法再被作为"信史"采用。又如《全唐诗》卷四六七收牟融诗一卷六十九首,但经当代学者陶敏、刘再华考辨,唐代并没有牟融其人,其名下诗歌也多为明代人伪造,如不细加考辨,盲目采信,则难免铸成大错。因此,对于史料性的资料,一定要以历史唯物主义为指导,认真甄别,求质求真,论从史出,避免以论代史,造成史料的误用。

二、资料的运用

在初步搜集获得资料后,学生需要结合论题对搜寻来的资料进行分析运用,以形成论点、组织论据、完成论证,因此,在资料的运用方面,毕业论文的撰写者也应讲方法、讲策略。

1. 归纳概括

对于人文社科领域而言,海量的资料往往使研究具有一定的难度。因此,面对搜集而来的诸多资料,学生应首先对资料的基本内涵进行概括,再以"归并同类项"的原则对一些主旨、类型相近的资料进行合并,这将考查学生对研究资料的阅读浏览能力。面对海量的阅读资料,学生应培养快速发现文章主旨的能力,准确把握和概括那些具有突破性意义的创新点。例如,汪晖的《反抗绝望——鲁迅及其文学世界》一书长达462页,31万余字,但研究者只需要把握该书对鲁迅"中间物"意识进行的深度阐发与创新。又如,黄修己主编的《中国现代文学研究通史》五卷本,字数上百万,但研究者只需了解该书是目前对中国现代文学研究史梳理最为详尽、细致的一套即可。归纳能力在进行材料处理时也很重要,对于材料的分门别类,可以有效地厘清学术史脉络,并对学术研究前沿的形成产生更为清晰的认识。例如,目前学术界的鲁迅传主要有以下几种,许寿裳《鲁迅传》,朱正《鲁迅传》,林非、刘再复《鲁迅传》,张梦阳《鲁迅全传》,朱正《一个人的呐喊:鲁迅(1881—1936)》,王晓明《无法直面的人生——鲁迅传》等,那么在鲁迅研究的相关论文中,这些传记就可以被合并在一起,构成一个研究的系列,并梳理出中国鲁迅研究从封闭向开放、由一元走向多元的历程。归纳和概括,使得研究者得以更好地面对海量研究成果,获得理性认识。

2. 分析探究

学术研究是对学术材料进行理性把握的过程,因此面对学术材料,分析和探究是必须具备的能力。所谓分析,就是对对象条分缕析,考察"来龙去脉",不仅"知其然",更要知其"所以然",始终保持问题意识。例如,在题为《记忆与理想之处——苏童与格非南方书写比较》的毕业论文中,作者通过阅读大量文献资料,敏锐地感知到在苏童和格非两位作家笔下,都有着大量的江南意象书写,尤其是苏童的《黄雀记》和格非的《江南三部曲》出版以来,两位作家对江南/南方的书写更是跃上了一个新台阶。在这一现象的基础上,作者开始从作家生活经历、时代审美风尚、文化话语权变化等"外部研究"层面和文学形象塑造、文学环境渲染、文学意象选择等"内部研究"层面,探寻两位作家"南方书写"的成因,以翔实的资料和精彩的论证,对两位作家的南方书写进行了比较和研究。这种由表及里,由浅入深的分析意识与问题意识,正是对资料进行分析探究的实际需要。在分析探究的思维下,原先零散的、表面的、片面的、感性的材料,经由逻辑得以重组,显现出理论化、学术化、研究化的思维理路。

3. 提炼观点

对于毕业论文的写作而言,搜集大量材料的目的并非是进行文献的综述,更非仅做学术史的梳理,而是直接指向观点的提炼。学术论文作为最具学术性、理论性的文体,观点在其中居于主导地位。而观点往往来源于对材料的分析探究。在本科毕业论文观点的提炼方面,主要有以下策略可供借鉴:① 归并显像。在阅读材料的过程中,将同类的材料进行进一步的细致归类,当归类细化到一定程度时,一些具有共性的、本质性的观点就会自动显现出来,自然而然地成为论文的主要观点。② 正向比较。在一些材料中,单纯地就主题本身观察,可能难以形成特别明确和突出的观点,这就需要我们跳出对象本体,寻找相关而差异化的参照系,在不同对象的参照中,发现特点,凝练观点。例如,有学生研究郭小川政治抒情诗的情感表现特点,但翻来覆去,其观点也无法超越既有教科书提供的结论。而当引入贺敬之这一同样在二十世纪五六十年代长于政治抒情诗的诗人后,郭小川的独特性就在比较中显现出来,成为作者提炼的观点。③ 逆向思维。还有一些材料,在单纯对其进行正向理解时,难以从中提炼出具有独创意义的观点,而对原有的观点进行逆向反推,反而得以产生有价值的观点。例如,有同学研究晚年郭沫若在创作风格与创作姿态方面何以发生巨大变化这一问题,难以取得突破,但如果将这一问题进行反向推导,思考郭沫若的主体人格,在当时的环境下,其创作风格和创作姿态是否可能不发生变化?这样一来,便可充分意识到郭沫若的创作在后期发生"转向"有其必然性,是郭沫若人格主体遇到特定的时代背景所必然产生的结果。如果有这样的逆向思维,对郭沫若创作"转向"问题的认识,便可臻于深刻了。

4. 选择角度

在对毕业论文材料进行分析和运用的过程中,还存在着切入问题的角度问题。角度,用学术的语言来说,就是视域。同样的材料,放置在不同视域下予以观照,便会产生不同的效果。尤其是对于那些思想含量较大,解读空间较为广阔的材料而言,角度的选择更决定了主体可以读出的信息。例如,对于莫言的小说《蛙》来说,如果以文体论的角度予以考察,则可将关注点放在作品中不同文体的交织互文上;如果从艺术论角度予以考察,则可将关注点放在莫言汪洋恣肆的语言特征上;如果从思潮论角度予以考察,则可联系作品产生的时代背景及社会思潮;如果从女性主义视角予以考察,则可分析作品中"姑姑"形象性别观和生育观变迁背后所体现出的主体性生成与体认。而从不同的角度出发,就是同一材料体现出的重要性也是不同的。例如,对于郭沫若的《蔡文姬》,如果从文学角度予以考察,其作为郭沫若后期历史剧创作的代表作,具有比较重要的参考价值,体现出郭沫若历史剧创作"实事求似"的追求;但如果从历史学的角度予以考察,则郭沫若对蔡文姬形象的塑造,掺入了较强的主观色彩,因而导致其在历史真实性方面有所欠缺。在不同的视角下,同样的材料呈现出不同的光谱,也从侧面印证了研究角度的选择对于毕业论文写作的重要意义。

总之,资料的研读与运用是对毕业论文材料的"再解读"与"深加工",是材料由客体转换为毕业论文主体组成部分的重要环节，也是毕业论文观点形成的重要渠道，在论文的写作过程中具有承上启下的重要意义。

第三节　研究方法的选定

在对资料进行了充分的分析解读后，毕业论文研究的最后一个步骤是研究方法的选定。自20世纪80年代以来，伴随着思想解放，中西方文化思想交流日益密切，在中西思想的互动与启发下，形成了强劲的"理论热"潮流，各种文学与文化理论陆续在中国的文化场域内出现、扎根，至今方兴未艾。

研究方法的具体分类很多，从历时性的角度来看，可分为传统方法与现代方法。一般而言，传统方法指20世纪前的研究方法，主要指考证、点评等传统的人文学术方法，以及经典的马克思主义文论批评方法。而现代方法则更加精彩纷呈，主要有社会-历史批评、审美批评、传记研究、精神分析批评、原型批评、形式主义批评、接受美学批评、比较文学批评、女性主义批评、文化批评等研究方法，它们共同点亮了具有现代性意义的理论天空，使得20世纪成为学术史上习称的"理论的世纪"。每一种理论的背后，都有若干理论家、理论著作的支撑，想要获得既适合于研究对象，又适合于主体研究兴趣和思维方式的理论，就必须在日常学习中尽可能阅读更多的理论著作，对于不同种类的研究方法产生理性深入的认识，才可能在论文写作过程中更加恰当地使理论与研究对象"水乳交融"，发挥其方法论的指导意义。

而对中观层面而言，毕业论文在研究方法方面也体现出若干技术路线。不同的材料、不同的问题，适用于以不同的研究方法进行分析和阐释。具体而言，从技术路线上来看，毕业论文的研究方法主要可以分为以下几种：

一、文献研究法

文献研究是所有文科研究的基础性方法。对于文科尤其是人文学科这样的理论学科而言，所有研究的基础都来源于对文献的分析与阐释，而学科的进步也来源于对既有研究文献基础的进一步阐释。可以说，文献研究法是所有研究方法中最古老也是最基础的。文献研究法讲求"论从史出"，"有一分史料说一分话"，"无一字无出处"，试图通过文献史料最大程度还原历史现场。文献研究法主要可以分为两种向度：一种向度是对新史料的发掘，即通过报纸、刊物、口述等多种方式，发现之前因种种原因未被收入作家全集的文献，从未见文献中发现新问题，如《陈衡哲佚文〈冬假杂记〉》《陆侃如集外佚文书信辑考》等；另一种是从老文献中发现新问题，其中有的是对于旧文献的重新解读，如《跨进"新生"的"第一步"——重读〈伤逝〉》《重读贾平凹的〈废都〉——"一本写无聊的大书"》等，有一些是对于既往史料的综合化与历史化，如《〈黄河大合唱〉演出史述略（1939—2019）》《传播学视域下〈阿Q正传〉在法国的译介与接受》等。文献研究法的优势正是通过大量真实可感的文献,为论文构筑起信度较高的历史场域,使文章显得厚重、可靠。

二、文本细读法

文本细读是一种以文本为中心的研究方法,旨在改变以往研究中经常出现的"以论代史"问题造成的空疏无凭,通过中微观的个案分析、文本分析,获得宏观视野下无法精深入微获取的新信息。文本细读的研究方法,在文学研究中被广泛使用,在毕业论文中,也常被一些微观研究使用,作为其主要的研究方法。相关论文选题往往围绕一部或几部具体文本,文章的主要观点皆出自对于具体文本的分析阐释,因而呈现出"低视点""细立论""小切口"等微观研究特点。文本细读法的适用选题一般呈现出三种模式:一是直接以某部作品为中心,向外辐射,展开论述,发掘这一作品在某些方面的特点,如《传统与现代共舞:论〈台北人〉的叙事特征》;二是以一部作品作为案例,考察和论述学术史上的某些大问题,如《论迟子建小说中的城市书写——以〈烟火漫卷〉为例》;三是选择一组具有共性的文本进行集群化阅读,发现其中所反映出的共同特质,为文章论点提供佐证,如《林语堂长篇小说的家族叙事——以〈京华烟云〉〈风声鹤唳〉〈朱门〉为例》。文本细读法要求论文的作者沉浸于作品的艺术叙述之中,发现作品独特的艺术魅力与艺术特点,行文往往细腻灵动,具有艺术的美感,是一种被广泛使用的研究方法。

三、综合分析法

伴随着人文社科研究的不断深入,人文社科研究涉及的问题也日趋复杂,面对复杂问题时,单一的研究方法和研究向度恐难奏效,因此往往需要将研究对象作为一个立体的事物,从不同角度综合切入,进行研究。这一研究法适用于对背景和现象成因的研究中。在论文《白马湖作家群散文中的江南书写》中,白马湖作家群的生成背景构成了研究的重要组成部分,作者从白马湖地理、文化、传统等客观条件方面和文学思潮、文化背景、作家创作观念等主观条件方面分析了白马湖作家群的成因,并突出江南地域和江南文化在这一创作群体生成过程中所起的主导性作用,为全文的展开提供了广阔背景。又如,在论文《清初江南诗学思想研究》中,作者从传承脉络、兴起背景、理论特质、历史地位和当代价值等方面,从历时性和共时性的交织中挖掘了江南诗学思想的特征与价值。在运用综合分析法时,有两点需要注意:一是逻辑,即分析切入的各方面之间要有内在的逻辑脉络;二是全面,既然决定对一个现象进行立体的考察和解析,就要尽量考虑到其背后的各个方面,不可偏废。而事实上,逻辑和全面也是密切联系的,全面的前提是有逻辑,有逻辑的分析也更加全面,二者共同支撑着这一研究方法的综合性。

四、比较研究法

如果说综合分析法增加的是毕业论文分析阐释的深度，那么比较研究法增加的便是毕业论文分析阐释的广度。在对文献的分析过程中，往往会经历一个"看山是山"的瓶颈期，不论如何对之进行"格物"，也无法达到"致知"的效果。因此，要想在纷繁复杂的材料中获取真知，还必须跳出材料本身看材料，以比较的视野对之进行互参，达到"看山不是山""看山还是山"的更高境界。例如，有同学将选题定为山药蛋派研究后，遍览相关作品，亦无法发现更多新意。而当跳出山药蛋派本身，将之与当时盛行于文坛的荷花淀派、茶子花派进行对比时，其本身的创作特质便凸显出来，比较的视野为山药蛋派的研究本身注入了新质。再如有同学将选题定为郁达夫研究，难以发现新意，但如果将郁达夫置于比较视野之中，与同属创造社的郭沫若、成仿吾等人进行比较，郁达夫的特殊性便显示出来了。当然，值得注意的是，比较研究不是随意的"乱比"，而是有章法、有依据、有理路的具体比对，因此，在进行比较时，还是应当注意比较的合理性，注重"可比性"，方能使比较双方或多方形成有效比对。

当然，正如人文社科的研究是无止境的，方法的探寻与路径也是无止境的。伴随着人文社科研究的深入，会有更多的新方法出现，为人文社科研究注入新质。作为人文社科专业的学生，在"新文科"背景下，唯有使自己保持旺盛的求知欲和创新的主动性，方能在知识的升级换代中收获成长与真知。

第四章
文学艺术类毕业论文的撰写

经过选题调研、确定论题并基本形成研究思路之后便进入毕业论文的撰写阶段。前期资料收集得再翔实充分、研究工作开展得再细致深入,如果落实不到纸面都是白做功。本章讨论如何写出一篇立论明确、思路清晰,框架结构合理、语言表达清晰,符合学术规范的毕业论文。

第一节 论文的框架结构

毕业论文首先是一篇文章,自然要遵循篇章架构的一般原理,好文章必须做到主旨鲜明、思路脉络清晰、篇章布局合理。毕业论文的专业性使其又有别于一般议论文,特别讲求论证说理的专业性、学理性。如果将一篇论文比作一个人,那么主题是头脑,框架是骨骼,论证材料则是血肉。若是没有完整的骨骼,或骨骼不够强健,头脑无法获得有力支撑,血肉也就无所依附,论文框架结构的重要性不言而喻。

一、论文框架的基本形式

先来谈谈格式框架。按照格式规范,毕业论文可以分为前置、主体与后置三个部分。前置部分包括题目、摘要、关键词;主体部分包括绪论(引言)、正文、结论(结语);后置部分包括注释、参考文献、致谢及附录等。这三部分构成要素的具体格式规范在第五章第二小节详细展开。

学术界从医学论文中推演出论文的 AIMRAD 结构法,也称"沙漏式"。其中,引言(绪论)为正沙漏,内容为提出论题、进行研究综述,明确研究思路和技术路线。因为要交代相关研究背景、对象、思路及预期目标,引言(绪论)开口要大一些,以便多方面入手。讨论则为反沙漏,开口要小,立足研究结果开展充分的讨论延伸,以彰显研究发现,使之更具说服力。摘要、方法及结果为垂直结构,意为内容必须紧扣主题,逻辑严整,方能使论证结实有效。五个部分各司其职,构建成一个规则严谨又形态完美的"沙漏"结构,成为学术论文通行的一般结构范式。

这里着重谈谈论文主体的内容框架。主体部分的正文,是作者研究课题内容及成果的具体反映和表述,内容框架则是论文观点与论证材料的有机组织和安排,通常有总—

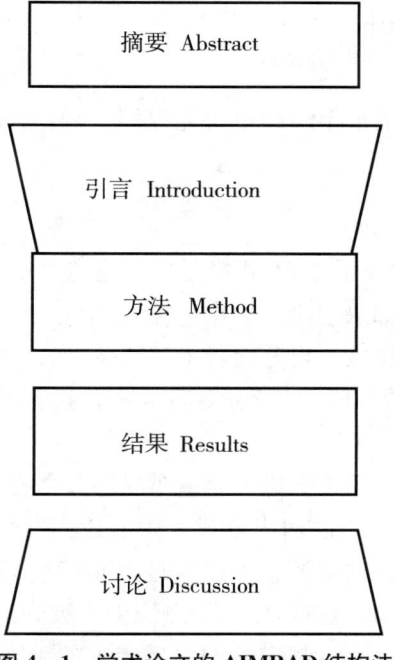

图 4-1　学术论文的 AIMRAD 结构法

分、分—总及总—分—总三种形式。

(1) 总—分式。先总提观点 A，然后分层论述 A1、A2、A3⋯

$$A\begin{cases}A1\\A2\\A3\end{cases}$$

(2) 分—总式。先分层论述 A1、A2、A3⋯然后总述 A。

$$\left.\begin{matrix}A1\\A2\\A3\end{matrix}\right\}A$$

(3) 总—分—总式。先总提观点 A，然后分层论述 A1、A2、A3⋯ 再总述 A。

$$A\begin{cases}A1\\A2\\A3\end{cases}A$$

一篇毕业论文，正文内容框架就是由主题生发出的多层级观点按照一定的逻辑关系搭建而成的。这里特别要注意的是，层级分论点之间的逻辑关系只有两种，并列（归纳论证）或递进（演绎论证），且同一层级的分论点之间的逻辑关系要么并列，要么递进，应力求同一。

二、论文框架的结构原则

文似看山不喜平,论文的框架结构也讲究谋篇布局,各章节段落比例匀称中又有所变化。结构原则如下。

1. 主旨统帅

研究发现无疑是一篇论文的主旨,也就是中心论点。中心论点是全文逻辑结构的原点,层级分论点由此生发。如果把论文比作一棵树,中心论点便是粗壮的主干,其上伸展出几根粗枝(一级分论点),粗枝上再分出若干条细枝(二、三级分论点)。若要这棵"论文树"枝繁叶茂,开繁花,结硕果,则主干必须深深扎根。换言之,一个精练确切的中心论点方能统帅全文。

按照学术研究的逻辑,一篇论文进入谋篇布局环节之前,通过选题调研、资料收集整理及分析思考等前期工作,应当已初步形成了中心论点。落笔成文则犹如做数学证明题,对一个明确的结论进行反向推演。可以通过拟制精细提纲,将中心论点拆解成若干层级分论点,分步骤进行证明。这样,中心论点统摄一级分论点,一级分论点统摄二级分论点,以此类推,不论是哪一层级,都应遵循主旨统帅的原则,紧扣论点,引证材料,展开分析论证。

需要注意的是,中心论点不是中心论题,更不是对研究对象的描述,而是对论题的明确解答。新文科论文的中心论点应当立足研究对象的实际,就论题核心概念的特征性意涵做出精准概括,语言形式为一句或一段阐释性的陈述句。这句或这段能发挥主旨统帅作用的中心论点,是一篇论文的"干货""精华",会以不同措辞形式反复出现在摘要、绪论、正文及结论中,因此,如果没有想清楚中心论点,最好不要轻易动手撰写论文。

2. 层次分明

一篇万字篇幅的毕业论文,除绪论、结论之外,正文通常可以分解成3—4章,每一章分解成2—3个层次,每个层次再进一步划分段落。无论是大的章节,还是小的层次段落,各层级单元的内容都必须遵循立论—引证—分析—结论的论证逻辑,也就是传统作文章法所谓的"起(立论)承(引证)转(分析)合(结论)"。只有这样,才能确保论证思路清晰。

一篇论文的结构要做到层次分明,**首先**要从论题所涉核心概念的界定入手。因为从立论到论证过程,概念界定是下判断、做推理的前提。如果将写论文比作建房子,这一核心概念就是奠基石。核心概念的界定犹如打桩基,桩基若不稳,建基其上的房屋框架也定会七歪八倒,摇摇欲坠,根本无法建起稳固漂亮的房子。同样的道理,如果无法厘清核心概念的内涵与外延,中心论点的提炼便失去了支点,分论点的划分也没有了依凭,因为分论点往往提炼自核心概念的下位概念。

其次,各章节层次之间的逻辑关联要清楚。拿到一篇论文,很有经验的评审专家会特别仔细看其"转弯抹角"处,也就是各章节层次的开头和结尾,因为它们除了立论及结论外还有重要的承接转换功能,应交代清楚本单元分论点与中心论点,以及前后分论点之间的逻辑关系。

3. 详略得当

传统作文法在谋篇布局上讲求"凤头、猪肚、豹尾"。迁移到论文的内容结构上来，"凤头"指开头立论要鲜明，"猪肚"指论证中材料引证及其分析阐发要充实，"豹尾"则指结论要凝练有力。这一法则不仅适用于论文的整体架构，也适用于各篇章层次，乃至段落的内容安排。

以一篇一万字的毕业论文为例，就整体架构比例而言，绪论为开头立论，文字篇幅可控制在一成，一千字左右；正文各篇章为论证主体，应充分展开，文字篇幅可占到八成，也就是八千字左右；结论（结语）收束全文并加以适当概括升华，文字篇幅对应绪论，可占到一成，约一千字为宜。就篇章层次架构比例而言，若正文有三章，每章又分三个层次，层次采用常规三段论式，则篇幅也在一千字左右，每个自然段以三四百字为宜。若再进一步落实到单个自然段内的字数分配，则开头的立论句和结尾的结论句约占一至二成，分析句约占六至八成。

总之，论文的谋篇布局应力求做到以下三点：一是观点主次有序，突出主旨论点；二是要精心挑选引证材料，并根据对中心论点的支撑度做恰当剪裁；三是对材料的分析讨论要有详有略，越是抵近契合中心论点的例证，阐发越是要细致充分，而那种"黏性"不高，只起间接证明作用的例证材料，则可一笔带过。这样，方能成就一篇观点鲜明有力，论证脉络清晰，结构和谐匀称的论文。

三、论文框架结构的常见问题及对策

毕业论文是对学生本科阶段专业基础知识、基本理论、基本技能的一次综合性检验，也是学生进行系统科学研究的起步，对写作者的专业素养及逻辑思维能力有较高要求。缺乏经验的初学者对毕业论文架构的搭建，难免会无从入手，或根本把握不住。结构框架方面常常出现两种问题：一是分论点之间逻辑关系混乱，二是谋篇布局不当。

先来看前者。如前所述，一篇论文中，同层级的分论点之间无外乎两种逻辑关系——并列或递进，而无论是并列关系的归纳论证，还是递进关系的演绎论证，各分论点的列举必须出自同一逻辑起点。以下是一篇中文专业毕业论文中某一章的层级标题：

对人性完整性的渴求 { 1 情欲的丧失与追求
2 女性的觉醒与反抗
3 人性的沉沦与丧失

我们看到，此章分论点的核心概念是"人性"，其下一层次分论点应由"人性"这个上位概念分化出来，为"人性"的不同层次（内涵）或侧面（外延），也就是说章总论点与层次分论点的核心概念应该是种属关系。此例中，只有分论点1的"情欲"符合要求，而分论

点3中直接出现了种概念"人性",分论点2的"女性"则并非"人性"的属概念。三个分论点之间,"女性""情欲""人性"等概念完全不在同一层面上,逻辑关系十分混乱。

再来看后者。材料剪裁、论证主次安排不合理等造成的谋篇布局不当表现为长文、戏文两种形式。长文指篇幅过长的论文。新文科论文写作十分依赖文献。在论证中,作者往往舍不得丢弃费心收集的材料,材料分析又生发观点,这样一来便越写越多,枝蔓横生,导致章节层次之间关系松散,甚而失去严整的逻辑关联。戏文指那种虎头蛇尾、头脚比例失调的论文。因为新文科论文多为理论阐发型,作者常常急于证明自己研究发现的重要价值,前面立论部分便密集抛出见解,声势夺人,可越往后,亮眼的观点越少,最终草草收尾。当然,也有倒过来的情况,作者将最精彩的创见一直保留到最后一章,甚至藏到结论才发布,给人以尾重头轻的印象。

要解决论文结构方面的问题,一份逻辑严整的内容框架提纲十分必要。作者可以由拟制正文精细提纲入手,理清思路,避免上述谋篇布局毛病的产生。一份精细的正文提纲包括题目、论题概要、中心论点、大项目(上位论点,大段论旨)、中项目(下位论点,段旨)、小项目(段中一个个论据材料)。新文科论文可以采用项目式提纲(图4-2),按照层次关系排列主论点与分论点,并在分论点后标注拟采用的例证材料和方法。

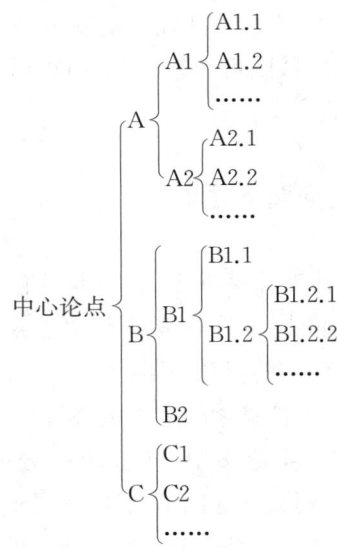

图4-2 论文内容结构图(项目式)

第二节 论文的分析论证

论文写作成功与否很大程度上取决于作者逻辑思维能力的强弱。逻辑思维是指借助于概念、判断、推理进行有序的思维活动,运用比较、分析、综合、抽象、概括等科学方法揭示事物的本质。合乎逻辑的论文框架结构确立之后,写作就进入实质内容——分析论证环节,也就是作者针对所研究的问题,运用逻辑思维对论据材料进行讨论辨析以求证明论点,并最终得出明确结论。

一、论证的基本原则

众所周知,议论文的三要素是论点、论据和论证,其中论证是连接论点与论据材料的中间环节。以下我们围绕这三个要素来分析论证的基本原则:

1. 论点提炼准确有力,力求新意

中心论点无疑是一篇毕业论文的灵魂,是作者研究发现、独立见解的结晶,具有高度概括性。前文已谈及核心概念界定对于论文整体架构的支点意义,清晰厘定核心概念的内涵和外延是确保中心论点概括提炼准确有力的前提。在此基础上,从中心论点到层级分论点,论点提炼一要确保独立性,二要力求创新性。

论点提炼的独立性是指绝不可简单袭用或拼凑他人观点。对于大多数高校学生而言,毕业论文写作是第一次进行专业系统的课题研究,从选题、文献调研到收集整理材料、构思撰写,必然要学习、借鉴大量相关研究成果。这也符合学术写作的一般规律,因为学术研究总是建立在已有的研究基石之上的。新手若做不到观点见解的独出心裁,至少也应用自己的语言加以重新组织及表述。

论点的提炼还应力求创新。创新是学术论文的价值所在,对于研究已经较为充分的课题,文科专业学生可立足当下的社会文化语境,努力寻求立论的新颖角度,或拓展论题的意蕴空间,或细心查阅文献寻找可资佐证课题的新材料,或尝试借助新的研究方法和途径来思考课题,凝练出有新意的中心论点。

2. 论据材料充分翔实

论点需要论据的支撑才能成立,就新文科毕业论文而言,论证材料包括现实材料(作品案例内容)、历史材料(相关文献)及理论材料(学科专门的理论方法)。作者在选题调研阶段一般会尽可能多地收集材料,但并非所有材料都适合充当论据,要根据对论点的支撑强度进行精心挑选。

首先,就论据的质而言,要挑选那些与论点契合紧密的材料。论据材料的使用切不可"捡到篮里都是菜",如果围绕一个论点有多个材料可用,则要选择其中最契合论点的那一个做核心论据,加以充分展开分析,其他材料只需适当辅助。对于挑选出来的核心材料,也要做一番剪裁,拎出其紧扣论点的成分,进一步提高论据材料的黏性,使两者榫卯相合,无缝衔接。

其次,就论据的量来说,要根据论点的主次安排使用论据材料。犹如射击,目标越大就越需要更多、杀伤力更强的子弹,同样的道理,越是层级高的主要论点,就越需要多方面的论据材料来证明支持。而低层级的次要分论点,就只需要少量精当材料说明一下即可。做到以上两点,方能确保论据材料对论点形成精准有效的支撑。

3. 分析逻辑清晰严密

有了鲜明的论点、充足的材料，论文就能水到渠成了吗？答案是否定的。因为，若不围绕论题对材料展开一番有效的讨论说明，材料就只能是材料，而根本无法成为证据。换言之，材料只是水，要靠论证来修一条渠，使之抵达论点。而这条水渠是否能够让材料直截了当抵达论点，还是十分考验作者的逻辑思维能力的。

论证可以有多种途径，比如，用正面材料加以证明，或拿反面材料做反向推证，还可以运用相关理论材料做直接阐发。依据论证需要，作者可以灵活使用具体材料与综合材料、现实材料与历史材料，以及高度抽象概括的理论材料，进行分析综合，得出论点。论证过程中，一方面务求局部细节的扎实，定义要精准，判断要明晰，推理要合乎形式逻辑；另一方面还要注意整篇论文各个论据之间的相互勾连支持，尽力做到错落有致，不枝不蔓。

这里特别值得一提的是，对于以定性研究为主的新文科论文而言，比较论证是一种行之有效的材料分析方法。以中文专业毕业论文选题最常见的作家作品研究为例，这类选题的论证目标通常是通过作品分析概括特定作家创作的风格特色。要达成这一目标，单纯分析该作家的作品显然不够，可以选择其他作家题材内容相近的作品进行比较分析，其个性特色便很容易得到彰显。

二、论证分析中的常见问题及对策

如前所述，论证分析是一篇毕业论文的内容主体，是论文之躯上的血肉，如果血肉不够丰满，那么躯体也会有气无力。对于学术写作经验不足的学生来说，论证分析环节容易出现以下几方面问题：

1. 观点陈旧，缺乏新意

创新性是学术论文的首要特征。有些毕业论文，看上去中心论点明确，结构四平八稳，论据材料也能对应论点，但因为缺少创见，既没有就所研究的问题提出新思路，也没有拿出新材料，结论也不过是老生常谈。这样的论文即使写得再规范，也只是平庸的凡文。比如，中文专业不少研究经典作家、作品的论文，尽管作者立论明确，框架结构清晰合理，表达也无可挑剔，但由于前人研究已十分充分，文章内容没有任何亮眼之处，最终还是无法被评定为优秀论文。

2. 论点提炼不够精准有力

做定性研究，但无法精准概括研究对象的个性特征。比如，有论文研讨汪曾祺的创作风格，指出他是"一个具有中庸性格的儒家知识分子"，这个观点很难说有何不妥，因为中国知识分子几乎都不可避免地受到儒家思想文化体系的影响。但是，若以此推论汪曾祺的创作思想个性则肯定无法到位，因为它虽然陈述了事实，但模糊了这个事实在当事人身上的独特性质，即未能揭示出儒家中庸思想在汪曾祺身上的个性化体现。

3. 论点与论据之间的逻辑联系不够紧密，以描述替代论证

这是新文科毕业论文论证分析中最为常见的问题。比如，不少中文专业的学生在引用叙事性文本材料做论据时，大段摘引原文，过多复述故事情节，却缺乏对相关分论点的分析，大量描述性语句使论证浮于表面，难以深入，自然更谈不上论证的力度。比如，《论王安忆〈天香〉的女性书写》一文分析希昭这个重点女性形象时，作者用了三段文字，前两段大篇幅平铺直叙其成长经历，然后在第三段概括其性格特征，"大概是因为和观世音菩萨同一天生辰，希昭的身上总是带着一种仙气。……她是高雅的，是蕙质兰心的，是无论发生何事都能淡定相对的，有着超然世外的情怀与心态"。这样连作者自己都不确定的"大概"式归因推导，缺乏实质性的分析过程，得出的结论犹如蜻蜓点水，论证隔靴搔痒，效度自然十分低弱。

4. 方法理论运用不当，分析理论色彩不足

采用有关理论方法来解析论据材料是提高论证分析效度的常规做法。不过，理论方法可不是一贴就灵的"万能药"，需要慎重选择及合理运用。要特别注意选用的理论方法与论题的贴合程度，避免将理论方法简单套用在研究对象上，造成理论方法与对象内容格格不入的现象。比如，有作者运用弗洛伊德精神分析理论研讨朱自清散文名作《荷塘月色》，认为其主题乃是抒发"被压抑"的"爱欲"。用精神分析理论剖析作家复杂隐秘的创作心理本无可厚非，但作者硬是将作家月下荷塘散步的现实经历解读成一场想象中的"白日梦"就未免牵强附会了。

从论点提炼到论据材料与观点的契合，再到理论方法的运用，论证分析环节问题的症结在于学生逻辑思维能力和专业理论功底的薄弱，短期内难以彻底解决。不过，在具体论述过程中，作者可以强化问题求证意识，像做数学证明题那样，由低层级分论点证明做起，分步骤循序推进。每一个步骤，作者都要问自己，论点是什么？材料如何说明论点？该分论点又如何支撑上级论点？每个问题都要有言简意赅的解答，以此来理清思路，使论证分析层层深入，高效而缜密。同时，文科论文进行论证分析还要特别注意所采用理论方法的学科专业性，切不可如同上文《荷塘月色》主题解读例子那样生搬硬套。

第三节 论文的语言表述

语言是文章的物质载体，正如马克思指出的，"语言是思想的直接现实"[①]。就学术论文而言，独到的研究发现、逻辑严密的论证，都必须落实为清楚晓畅的字词句段，后者是论文内容品质的形式呈现，语言表述决定论文的外在品相。不同于一般文章，学术论

[①] 马克思、恩格斯：《德意志意识形态》，《马克思恩格斯全集》（第3卷），人民出版社1960年版，第525页。

文的语言表述要具备真理性的气度和逻辑性的力量[①]，以此为前提，还要力求简明洗练的美学风度。

一、真理性气度

文章的语言表述必须合乎文体要求。毕业论文是作者运用所学学科知识、理论和方法解决专业问题的成果，是学术论文的一种类型。作为研究人文社会科学和自然科学领域中的现象和问题、探讨其本质特征及其发展规律等的理论文章，科学性及专业性是学术论文最突出的文体特征。毕业论文的论点不同于一般议论文的观点见解，它是经过系统专业研讨、有科学依据的研究发现，具有一定的普遍性。因此，论文的语言表述首先要求作者要有充分的自信，行文有底气，具备一种宣示真理的气度。

作为初出茅庐的新手，学生撰写毕业论文时，常常不够自信，拟制标题时，冠以"浅谈""小议""初论"之类的字眼，以示自己人微言轻。然而，即使研究的问题再微观，一篇万字规模的毕业论文，怎么也算得上"大议""详论"了。

有的学生在提炼观点和做出判断时，生怕概括不够全面，总想留有余地，为了避免偏误，使用"大概""几乎""或许"之类的词语，措辞含含糊糊，这样的表述自然降低了论点的概括力和论证的说服力。更有甚者，有过于谦虚的学生，洋洋洒洒万言得出结论后，总是不忘来上一句"此乃一己之见，不到之处，还请方家指教"，又或者"本人才疏学浅，功力不够，某某观点可能有失偏颇"云云，自我否定。如果连自己都认为论证有不周之处，又如何使人信服？更别谈论文的学术价值了。

虽然从一般文体分类的角度来说，论文归属于议论文，但是从表述角度来看，论文的语言偏向说明文语体，以准确传达经过证实的真理性知识为目标，说明研究对象的状态、性质、功能及价值等相关信息。因此，论文的语言表述来不得一丝含糊，只要课题研究的问题求真务实，论证思路清晰、内容扎实，那么，对研究发现的解释说明也应当自信满满，理直气壮。

二、逻辑性力量

学术论文的理论性也使其区别于一般议论文、说明文。前文反复强调，论文写作凭借的是逻辑思维，一篇毕业论文，其研究发现建立在对大量事实、材料分析研究的基础上，落实到具体论述层面，绝不是论题相关事实、材料的简单罗列，而必须建立起一个自足的理论系统，使感性认识上升为理性认识。因此，论文的语言表述要具有逻辑性力量。

首先，论文的语言表述要尽可能使用第三人称。叙述论据事实和材料时，特别是下判断、做推理时，应避免使用第一人称"我"（"我们""笔者"）做主语。因为，第一人称带有强烈的主观色彩，会大幅降低陈述内容的客观性、普遍性。如果行文中过多出现"我认

[①] 朱寿桐：《学术论文的内在品相》，《文艺争鸣》2016年第9期。

为""我们以为",或者"笔者如何如何"这样的句子,则难免给人如此印象:这篇论文的研究结论不过是作者的个人见解,一家之言,不具有逻辑说服力。

其次,学科专有名词术语是论文专业性的集中体现。术语是行业内对一些特定事物的统一称谓,论述中要特别注意专业名词术语的规范使用。一要弄清该名词术语的确切定义,明确适用范围。比如,文学理论术语"典型",指"个别与一般相统一的艺术形象"。"典型"首先是一个鲜明的个体形象,如鲁迅笔下小镇未庄的流浪雇农阿Q,但中国社会各阶层都能从他身上看到自己的影子,其核心性格——以"精神胜利法"为标志的"奴性"已成为国民劣根性的结晶。学生分析作品中的人物形象时,就要对照"个性反映共性"这个标准严格区分"典型"与"非典型",不可随意称普通的人物形象为"典型"。二要谨慎使用术语的简称或缩略语。一篇毕业论文中,专有名词务必要写全称。比如,"文学研究会"是中国现代文学史上影响力最大的社团之一,近年来,学界有人简称之为"文研会"。但是,相对于"左联"(中国左翼作家联盟)这样经过长时间锤炼而约定俗成的缩略语,"文研会"显然尚未完全定型而成为一个书面专有名词。因此,当它出现在一篇毕业论文中,还是应当写全称,以确保概念的清晰、论述的严肃。类似情况还包括外国作家的姓名,至少行文中首次出现时应当写清全名,后文为简便可以只写姓氏。如果外国作家姓名有两种或以上的音译汉字,则要尽量使用通行的音译,并保持文内的统一。

再次,论证表述中,定义要独立精准,判断、推理要符合形式逻辑。立论的基础是论题核心概念的界定,新手作者写绪论时,往往到词典或相关文献中寻找现成的概念定义。以中文专业毕业论文为例,碰到如"人性""悲剧"这样有多种、多重定义的复杂概念,作者若随意找一个现成定义来用,而不是从自己的研究论题的实际内容出发,用精准的措辞厘清其内涵和外延,则定会对后续论证的判断、推理造成阻碍。判断是推理的前提,推理则是为了得出新的判断,二者循环演进构成具体的论述过程。判断,有实然判断与或然判断两种形式,或然判断适用于前期资料筛选,而到了正式行文时则只能做直接清晰的实然判断。推理有归纳、演绎和类比三种形式,可以围绕论点交叉灵活使用。不过,如果要使论证更有层次、更有深度,则应尽可能使用演绎论证。总之,落实到语言层面,要写出一篇高质量的毕业论文,应尽量减少平面化的材料描述,以精准的定义牵头,以清晰的判断及严密的推理来充实内容。

三、简明洗练的美学风度

虽说我们反复强调毕业论文的科学性、专业性及理论性,但它说到底是一篇文章,不论内容如何新颖充实,都必须通过语言符号形式来外显。也就是说,优质的内容必须配以优美的形式,方能文质彬彬。在加强论文语言表述的逻辑性力量的同时,还应自觉追求简明洗练的美学风度。

论文遣词造句的首要原则是清楚明白。具体而言,造句用词要准确,句式结构要简单直接,以主谓式简单句为主,去除不必要的修饰成分,尽量避免过长、过于繁复的句式。以下是一篇中文专业毕业论文绪论中关于研究思路的说明:

本篇论文从李锐小说的困境主题切入，在已有的研究成果上尝试发现新的分析角度，对现有的研究成果进行一定的补充，丰富学界对李锐小说的研究。本文的研究对象囊括了李锐从早期到最新出版的所有小说作品，将系统地对李锐小说的困境主题展开分析论证。//与此同时，笔者也将借助现有的研究成果，通过大量的文献阅读，从侧面辅助完成本文的研究。在研究阶段，笔者将从多个角度分析李锐在作品中对困境的表达，包括李锐小说困境主题的类型呈现、对困境主题的艺术表达以及思想意蕴的提升三个方面。//具体的论述中，笔者还将结合存在主义、身份、女性主义等文学理论探讨李锐作品的文学表现，也将通过叙事学的相关理论来对李锐小说的艺术表达进行分析；在文学价值方面，还将从社会学、哲学以及启蒙等角度去观察李锐小说的普世价值。

这段说明可以分为三个层次（以"//"为标识）。第一层介绍论题（研究对象、切入角度、主题及方法途径），作者用了两句话，句式冗长，分句结构复杂，意思累赘重复，其实只用一个简单句便足以说明，"本文研究李锐小说的困境主题，主要采用文献研究法进行研讨"；第二层介绍论证框架，句式也可进一步简化，尽量不要用"对……"介词结构的嵌套，以避免语法错误；第三层次介绍研究的理论背景，其中概念使用多有偏差，前一分句中的"身份"与"存在主义""女性主义"，后一分句中的"启蒙"与"社会学""哲学"都难以构成并列关系，而"普世价值"一般指"思想价值"，并非以审美为核心的"文学价值"。此外，这段文字还频频采用第一人称叙述，以及"笔者将……"的未来时态，都有损表述的科学性。

论文的语言表述十分考验作者的语文基本功。新课改以来，中小学语文淡化语法教学，导致不少学生未能很好地掌握句法结构，其中，结构助词"的""地""得"混用现象十分普遍。这三个助词本为定语、状语和补语的标志，学生写论文时，要么不做严格区分，要么图省事，用"的"取代"地"和"得"，一"的"到底，给人以措辞粗糙、不够精致的印象，难免影响论证的逻辑严密性。

遣词造句简洁明了之外，论文的语言表述还要力求文风严肃，谨慎使用俗语、网络流行语。比之一般文章，论文写作使用的书面语更为规范，行文中要避免使用俗语及松散随意的口语句式。信息爆炸时代，一方面阅读和写作碎片化现象突出，另一方面流量为王，求快求奇，各种网络流行语对青年学生影响很大。写毕业论文时，他们有时会不自觉地使用"喜大普奔""凡尔赛"之类的网络词汇，或者某些网络通行的句式，对此，除非专门研究网络现象或网络语言，否则行文中应当杜绝这种情况的发生。

第五章
文学艺术类毕业论文的学术规范

毕业论文又称学位论文,是作者为了取得高等学校及科研院所的相应学位,通过专门学习、从事科学研究取得具有创造性的认识、观点,并以此为内容撰写而成、作为提出申请授予相应学位时评审用的论文,是严格意义上的学术论文,从写作态度到课题内容,再到具体行文的版式都必须符合学术规范。本章讨论毕业论文学术规范的标准及要求。

第一节 学术规范的基本内容

学术规范是从事学术研究工作的基本规范,是学术共同体成员必须遵守的行为准则,是保证学术共同体科学、高效、公正运行的条件。毕业论文写作是高等学校学生学术研究工作的起步,作者理应具有学术道德伦理意识,严守学术规范。依据教育部2004年发布的《高等学校哲学社会科学研究学术规范》,学术规范主要包括政治思想、科学精神、学术道德等方面内容。

一、政治思想方面

哲学社会科学是以人的社会存在为研究对象,以揭示人的本质和人类社会发展规律为目的的科学。其中,哲学、文学、史学及艺术等传统人文学科,更是关于人的本身的学说或者理论体系,特别是对人的存在、本质、价值和发展等问题,人的精神生活与精神世界进行探究的学问。与自然科学相比,价值关联性是文科学术研究的突出特征。习近平总书记指出:"任何哲学社会科学背后都映射着特定的利益关系、价值关系、文化关系等复杂关系,一定程度上都预设了特定的阶级立场与价值前提。"因此,文科学术研究必须树立正确的思想价值观,以马克思主义观点、立场和方法为指导。

"马克思主义作为我国哲学社会科学之魂,源于历史逻辑、理论逻辑与实践逻辑的深刻统一。"[①]《高等学校哲学社会科学研究学术规范》要求"高校哲学社会科学研究应以马克思列宁主义、毛泽东思想、邓小平理论和'三个代表'重要思想为指导,遵循解放思想、实事求是、与时俱进的思想路线,贯彻'百花齐放、百家争鸣'的方针,不断推动学术进

---

① 张占斌:《马克思主义是我国哲学社会科学之魂》,《学习时报》2021年第3期。

步","应以推动社会主义物质文明、政治文明和精神文明建设为己任,具有强烈的历史使命感和社会责任感,勇于学术创新,努力创造先进文化,积极弘扬科学精神、人文精神与民族精神"。

二、科学精神方面

学术研究要坚持实事求是的科学精神。实事求是马克思主义的精髓,学术研究中坚持实事求是的工作态度正是科学精神的集中体现。教育部 2009 年发布的《高等学校科学技术学术规范指南》中,基本准则第一条就是"遵纪守法,弘扬科学精神",要求科研工作者"应积极弘扬科学精神、传播科学思想和科学方法,正确对待各种自然想象,不得参与、支持任何形式的伪科学"。这条准则同样适用于文科学术研究。面对人类社会发展进程中错综复杂的现象和问题,文科学术研究者必须保持理智清醒的头脑,运用马克思主义历史唯物观来辨析形形色色的歪理邪说,拨云见日,去伪存真,勇于追求真理。

科学精神还体现在学术研究严谨求实的工作作风上。《高等学校科学技术学术规范指南》基本准则规定:"科技工作者应坚持严肃、严格、严密的科学态度,要忠于真理、探求真知,自觉维护学术尊严和学者的信誉,不得虚报教学科研成果,反对投机取巧、粗制滥造、低水平重复等盲目追求数量不顾质量的浮躁作风和行为。"该条准则也同样适用于文科学术研究,由于文科学术研究难以避免的价值关联性,研究者更应以学术创新为己任,本着客观严谨的态度,与时俱进,研究人类社会历史发展进程中的"真问题"。开展调查研究,要力求采集研究对象的第一手资料数据,而不是满足于二手文献资料,从书本到书本,做低水平的重复研究。

三、学术道德方面

学者应当恪守学术伦理道德,本着公开、公正、公平原则开展学术研究活动。学者要有明晰的知识产权意识,课题研究及撰写论文发表成果时,要确保原创性,不得以任何方式抄袭、剽窃或侵吞他人学术成果。研究中应充分尊重他人成果的知识产权,评议、评价时,应坚守客观标准,力求公允正确,借鉴、引用时,应寻求第一手文献资料,并在行文中注明原始出处。同时,充分尊重合作者及提供支持者,对于合作者,要尊重其义务、能力、贡献及价值取向;对于提供帮助者,也应在致谢中说明其支持的项目及具体内容,并适当表达谢意。研究成果不得一稿多投,重复使用。

发扬学术民主精神,学者应允许他人对自己研究成果进行合理合规的检验、证实和质疑、辩驳。开展学术竞争,按照《高等学校科学技术学术规范指南》的规定,"不得以各种不道德和非法手段阻碍竞争对手的科研工作,包括毁坏竞争对手的研究设备或实验结果,故意延误考察和评审时间,利用职权将未公开的科研成果和信息转告他人等","在各种学术评价活动中,要认真履行职责,发扬学术民主,实事求是,客观公正、不徇私情,自觉抵制不良社会风气的影响,杜绝权学、钱学交易等腐败行为"。以上准则虽然是针对自然科学学术研究,但也同样值得新文科学者借鉴,特别是在新文科学术研究的科学化趋势下。

第二节　论文写作的格式规范

一篇文科毕业论文由前置、主体、后置三部分构成：前置部分包括标题、摘要、关键词，主体部分包括正文、注释，后置部分包括参考文献、附录、致谢。从字面意义上看，论文的格式规范首先体现为文字格式，其封面、目录页及各部分的分页方式、字号、字体、行距、页眉、脚注、页码都必须服从学位授予单位的统一规定。而从内容层面看，前置、主体及后置三部分各要件都有一定的结构程式及写作规范。

一、前置部分（标题、摘要、关键词）

1. 标题

标题是一篇文章的眼睛，内容精华的凝练。学术论文标题的语言形式一般为名词或名词性短语，由一个或几个名词加前置或后置定语构成。学术论文的标题拟制，首先要求准确得体，即论文题目要能准确表达论文的内容，并恰当反映所研究课题的范围和深度。其次要简短精练，题目字数尽可能少，一般不超过20个字，用词精当，尽可能从汉语主题词表中选择，内涵和外延恰如其分。

如果简短题名不足以显示论文内容或反映出系列研究的性质，则可用主副标题的方法加以解决。当然，论文标题拟制应本着经济原则，一般不提倡使用主副标题。在新文科论文写作中，以下情况可以考虑添加副标题：一是突出新颖论点，例如《中间状态的文学之盟——浅草—沉钟社研究》，主标题"中间状态"的对象定性颇为新颖，副标题则明确对象；二是主标题内容涵盖面较大，需要副标题加以具体化，例如，《文学是战斗的——论左翼文学的理论创新》，战斗性是左翼文学的核心观念，副标题则限定讨论其"理论创新"方面的内容。

严格控制标题长短之外，还要避免题目过大、过虚等问题。以中文专业新闻传播方向毕业论文标题为例，前者如《文化全球化对中国文化传播的影响及启示》，"文化"这个概念本来就很大，再加上"全球化""传播"，内容显然过于庞杂，难以彰显论文核心内容。后者如《从过去到未来》，这篇论文是讨论都市报纸时政板块的主流发展趋势的，可是，从标题中无论如何也看不出来。而且，这一标题是动词性短语结构的，也不符合标题为名词或名词性短语的格式要求。

2. 摘要

按照国际标准ISO214—1976(E)的定义，摘要是"对原文献内容准确、扼要而不附加解释或评论的简略表述"。学术论文的摘要可分为报道型与指示型两种。报道型摘要的内容要素包括：① 从事这一研究的目的和重要性；② 研究的主要内容；③ 获得的基本结论和研究成果,突出论文的新见解;④ 结论或结果的意义。指示型摘要着重说明撰写目的,适用于基础学科的论文、管理论文、专题论述、综述等。新文科毕业论文的摘要以报道型为主,是论题、中心论点及主要分论点的概括性陈述,篇幅应当控制在全文字数的5%,一篇一万字左右的毕业论文,摘要控制在450字左右为妥。

需要特别指出的是,文科论文的摘要应当是一篇完整的短文,并符合"独立性""自含性"两条基本原则。"独立性"要求摘要必须是第三人称的客观叙述,避免"本文认为……"之类的主观陈述;"自含性"要求摘要突出精要论点,可以"对……研究"来明确论题,以"得出……结论"来直接叙述论点内容。

要写好论文摘要,需要作者有较强的抽象概括能力及语言表达能力。毕业论文摘要写作中,语言表述最常见的是以"本文"做主语的陈述句,内容方面的问题摘要主要有"开头式""分解式""评论式"等。"开头式",用论文"提出论题"的开头段作为摘要,只见问题不见观点;"分解式","一、二、三"分条目罗列主要分论点,语意不连贯,不成一篇独立的短文;"评论式",或多或少涉及研究价值意义的呈现。以上几种类型的问题摘要均不符合格式规范,需要修正。

3. 关键词

关键词是指从论文的题目、正文和摘要中抽选出来,能提示(或表达)论文主题内容特征,具有实质意义和未经规范处理的自然语言词汇。关键词亦称说明词或索引术语,主要用于编制索引或帮助读者检索文献,也用于计算机情报检索和其他二次文献检索。

一篇毕业论文一般可选取3—5个词作为关键词,词与词之间以分号间隔。关键词包括叙词和自由词。叙词,指收入如美国的 *Subject Headings for Enginering* (SHE)和中国的《汉语主题词表》等词表中可用于标引文献主题概念的、经过规范化的词或词组。主题词是指以概念的特性关系来区分事物,用自然语言来表达,并且具有组配功能,用以准确显示词与词之间的语义概念关系的词或词组。自由词,反映该论文主题中新技术、新学科尚未被主题词表收录的新产生的名词术语或在主题词表中找不到的词,也可看成是标示文献关键主题内容,但未经规范处理的主题词。

关键词可以是名词、动词或词组。标引关键词应遵循两个基本原则:一是专指性原则,即一个词只能表达一个主题概念;二是组配原则,即参与组配的叙词必须是与文献主题概念关系最密切、最邻近的叙词,应避免越级组配,组配结果要求所表达的概念清楚、确切,只能表达一个单一的概念,如果无法用组配方法表达主题概念时,可选最直接的上位词或相关叙词标引。

新文科毕业论文的关键词标示的常见做法是从标题用词中直接截取,但需要注意的是,为了突出新颖见解,文科论文标题会选择富有概括力及表现力的语词,其内涵有时会大于论证主题,这种语词最好不要直接拿来做关键词。比如,《文学是战斗的——论左翼文学的理论创新》,主标题用词"文学""战斗"都不适合直接用来做关键词,而副标题中的"左翼文学""理论创新"则直接说明论题内容,可以提取用作关键词。

二、主体部分(绪论、正文、结论)

论文主体部分包括正文及注释。第四章已详述正文的结构范式及写作要求,这里只谈绪论、结语的格式规范及写作要求。

1. 绪论

绪论,或称引言,是一篇毕业论文的开端,主要概述课题研究的背景、目的、思路、理论依据等。绪论一般可以分为三个层次来写:第一层次提出问题,交代研究背景,说明问题的来源,以及解决问题的目的和意义;第二层次进行研究综述,梳理课题相关的文献资料,分析研究现状,找出有待修正或拓展的研究空间;第三层次说明研究思路,明确课题内容,界定核心概念,交代拟采用的理论方法,说明技术路线。

绪论写作的原则是开门见山,简要、清楚,切忌空话、套话。提出论题要明确,针对研究对象实际。研究综述的历史回溯要适当,精心选择代表性文献,以免牵涉面过宽,难以把握。梳理分析文献,站位要高,力求全面而切中要害。至于研究思路,从何角度入手,采用哪些材料,运用什么理论和方法,预期达到怎样的目标,这些都要说清楚。

需要注意的是,绪论的功能是立论,不要上来就亮出核心观点或结论,也不要为了凸显论题的价值而做出"填补空白"之类的夸张评判,综述文献力求客观、公允,一般概念性解释和常识不要出现。

2. 结论

结论是一篇论文最终的、总体的论断。换句话说,结论应是论文的总的研究成果,而不是某一局部问题或某一分支问题的结论,也不是正文中各段的小结的简单重复。结论应当体现作者对课题更深层的认识,且是从全篇论文的全部材料出发,经过推理、判断、归纳等逻辑分析过程而得到的新的学术总观念、总见解。结论应该准确、完整、明确、精练。该部分的写作内容一般应包括以下几个方面:① 本文研究结果说明了什么问题;② 对前人有关的看法做了哪些修正、补充、发展、证实或否定;③ 本文研究的不足之处或遗留未予解决的问题,以及解决这些问题可能的关键点和方向。

文章的结尾当如"豹尾",论文的结论尤其要精练有力。在新文科毕业论文写作中,学生常因问题意识或理论概括能力不足,而不能得出一个言简意赅的结论。或者,虽然能简单归纳中心论点及主要分论点得出结论,但不能就结论做进一步的理论拓展与升华,进而阐明论证主题的价值和意义,更难以省察到自己研究的不足和偏颇。针对这种情形,结论可以对照绪论所提出的问题及研究目标分为两个层次来写,先总结全文,然后谋求理论提升。以中文专业研究作家作品的论文为例,首先概括全文论点,对该作家作品的特征给予定性描述,进而就其文学史定位及其价值贡献做出明确判断。

三、后置部分(参考文献、附录、致谢)

1. 参考文献

参考文献是体现学术论文独创性、科学性及专业性的重要标识,通常以条目形式开列在正文之后。其目的有三:① 反映出真实的科学依据;② 体现严肃的科学态度,分清是自己的观点或成果还是别人的观点或成果;③ 对前人的科学成果表示尊重,同时指明引用资料出处,便于检索。

一篇文科毕业论文写作过程中所参考的文献分为两种形式加以标注,一种是注释,另一种是参考文献。注释指对书籍、文章中词语、引文出处等所做的解释和说明,比如,"'江南'的概念有从狭义到广义的多种界定,广义的'江南'指……中义的'江南'指……狭义的'江南'指……本文中的'江南'概念选用李伯重提出的'八府一州'说,即'苏、松、常、镇、宁(应)、杭、嘉、湖及太仓州所构成的经济区'为江南"。参考文献指"为撰写或编辑论著而引用的有关图书资料"。这里的引用可以是直接引用,也可以是间接引用,即虽未直接引用,但借鉴吸收其思想、观点。参考文献置于正文之后,作为附属部分补充说明,一般为作者直接阅读过的、与论文相关最主要的、发表在正式出版物上的文献。

根据《高等学校科学技术学术规范指南》的规定,注释标注可分为夹注、脚注和尾注三种方式。夹注是在正文或图释中注释,即要在注释的字词后面加上括号,在括号内写明注文。夹注又可分为四种情形:一是直接引文,在引文后注明出处;二是间接引文,在引文后注明他人的姓名及发表见解的年份;三是对文中某个字词进行简单说明或标出另一种提法;四是引文为短语,后面直接注明某某语。脚注,也叫页下注,指将需要注释之处以①②之类标示,并把注释内容置于当页底端;尾注即把注释集中在全文末尾。

根据国家标准GB7714—87"文后参考文献著录规则",参考文献的标注方式有两种:① 顺序编码制,序号/著者/文献题名/文献标识/出处文献(卷次、篇名、部类名)/版本(刊期)/页码。例如学位论文"[1]孙莹.叶兆言小说创作中的南京想象[D].河南大学,2019:32—34.";② 著者-出版年制,序号/著者/发表时间/文献题名/出处文献名称/版本(刊期)/页码。例如,"[1]刘湘生,1980,关于我国主题法和分类法检索体系标准化的浅见,北图通讯,(2)19—23"。目前文科毕业论文参考文献著录主要采用前一种顺序编码制。

参考文献为论证提供科学依据,引用参考文献的首要原则是版本信息准确。文科毕业论文引用文献应为第一手资料,如果引文来自二手资料,那么应按图索骥找到其原始出处。如若找不到引文的最初版本,则需慎重考虑是否引用,最好放弃,以尽可能避免断章取义、以讹传讹。需要注意的是,参考文献应以文字材料出版物为主,尽量避免引用网络资料,因为不少网文存在更新的问题,缺乏稳定性,会给检索求证造成障碍,影响论文的可靠性。引用外文文献时,同样要求使用未经中文翻译的外文原版。如果该文献已有中文译本,则应核查其外文原文,看看译文有没有错误,然后再加以引用,并标注其外文原版出处。

此外，依照专业文献的种类，还有更为细致的标注规范。比如，中文古代文学方向的毕业论文，引用的古代典籍，就版本而言可分为抄本、刻本，就编目方式而言，又分为有篇目卷次与无篇目卷次两种，标注参考文献时，除规定项目信息外，还应予以加注。例如① 无篇目卷次："[1] 姚际恒.古今伪书考[M].苏州：苏州图书馆,光绪三年苏州文学山房活字本,1877." ② 有篇目卷次："[1] 陆陇其.三鱼堂文集外集.卷五.申直隶学院文[M].同治七年(1868)刊本."

总之，一篇毕业论文品质的高低很大程度上取决于参考文献标注的规范程度，它是衡量毕业论文科学性、专业性的重要指标。因此，作者要高度重视，开列参考文献的过程中，从引文内容到标注格式都来不得一丝马虎，特别是行文中带双引号的直接引文，更要反复校核，确保分毫不差。

2. 附录

需要收录于毕业论文中且又不适合书写于正文中的附加数据、资料、详细公式推导等有特色的内容，可作为附录排写，序号采用"附录1""附录2"等。一篇新文科毕业论文的附录主要有两项内容，一是重要调研资料原始数据，如作家创作年谱、调查问卷、访谈记录等，二是作者攻读学位期间发表的论文。附录所提供的重要调研资料数据务求真实准确详尽，攻读学位期间发表的论文可参照参考文献的格式进行目录索引标注。

3. 致谢

毕业论文是高校学生专业学习的综合成果，毕业论文写作对于绝大多数学生而言都是第一次进行系统学术写作的训练。从选题调研到立论构思、撰写成文，离不开专业老师的精心指导，也离不开其他师长、同学、亲友提供的专业帮助和情感支持，正文后专设致谢部分，用以表达作者对帮助论文写作人员的尊敬和感谢。

相对于毕业论文其他各部分，致谢部分的语言可以不必那么规范严谨，允许个性化的多样表达，可以是书面色彩浓厚的文言，也可以是生动活泼的口语，语气或庄重严肃，或平实朴素，或风趣调侃……不论何种文风，致谢部分的书写都要怀揣真诚之心，充分表达对指导老师及提供帮助者的尊敬之意和感激之情。有的学生，致谢写作态度不够端正，敷衍了事，甚至图省事照搬他人的文字，仅仅更换导师及提供帮助者的姓名，结果论文查重时，致谢部分的文字重复率很高，直接影响到论文的整体文字复制比。这样的拷贝式致谢，已不仅仅是文品问题，而是违背学术道德的人品问题了。

第三节　论文写作中的学术不端行为

毕业论文是高校学生专业学习的最终成果，它能够全面反映学生对系统专业知识的掌握及其能力发展的情况，是学士学位评定授予的重要依据。因此，所有作者都必须严肃认真对待毕业论文写作，严守学术伦理道德规范，杜绝抄袭、剽窃及造假等学术不端行为。

一、抄袭与剽窃

抄袭，是毕业论文写作中最为常见的学术不端行为。一般而言，新文科学术研究高度依赖文献，特别是传统的文史哲等学科，从研究的对象内容到论据材料均是文献，所采用的研究方法也主要是文本分析，因而有"天下文章一大抄"的说法。

在 2001 年修订的《中华人民共和国著作权法》中，抄袭和剽窃本质上属于同一范畴，即"将他人作品或作品的实质内容窃为己有"，是侵犯知识产权的行为，必须承担相应的法律后果。相对而言，抄写与剽窃还是有侵权方式及程度的区别的。《高等学校科学技术学术规范指南》将抄袭界定为"行为人不适当引用他人作品以自己的名义发表的行为"。换言之，抄袭是公开的照搬照抄。

文科毕业论文写作中，抄袭可分为以下几种形式：① 使用他人的独创性概念、观点而不加说明；② 大篇幅照搬他人文章内容；③ 照抄自己已发表文章的内容等等。第一种情形。学术论文品质的首要特征是独创性，如果连核心概念和观点都不是自己的，那又何谈论证内容的独立呢？作为新手，学生写毕业论文，哪怕提不出创新性的见解，至少也要做到针对论题实际界定核心概念，独立提炼中心论点及主要分论点，并用自己的语言进行表述。他人的观点、结论再精彩，也只能作为论证的材料加以使用。《高等学校科学技术学术规范指南》对引文的实质做了明确规定："作者利用另一部作品中所反映的主题、题材、观点、思想等再进行新的发展，是新作品区别于原作品，而且原作品的思想、观点不占新作品的主要部分或实质部分，这在法律上是允许的。"第二种情形。引用他人文章的内容，将篇幅控制在多少比例为合适呢？我国《图书期刊保护试行条例实施细则》第十五条明确规定："引用非诗词类作品不得超过 2500 字或被引用作品的十分之一"；"凡引用一人或多人的作品，所引用的总量不得超过本人创作作品总量的十分之一"。以江南大学本科毕业论文写作规范为例，文字复制比一般要求控制在 20% 以内，优秀论文要求更高，在 15% 以内，如果大篇幅引用很容易突破上限。因此，一篇文科毕业论文，应当严格控制以双引号为标识的直接引文，只引最关键、最重要的句子。对于必要的引文，可以采用间接引用方式，即对引文内容用自己的语言加以"重组"，或加以解释说明，增加分析成分。第三种情形。有的学生可能认为引用自己的文章内容很合理，可是，只要被引用的文章已公开发表在期刊上，或被学术会议采用，就受到《著作权法》的保护，这样的自我引用也被视为重复，计入文字复制比。所以，哪怕是引用自己的文章，也应该尽可能不要原文照搬，而是进行"重新叙述"做间接引用。

剽窃，《高等学校科学技术学术规范指南》将之界定为"行为人通过删节、补充等隐蔽手段将他人作品改头换面而没有改变原有作品的实质性内容，或窃取他人的创作（学术）思想或未发表成果作为自己的作品发表"。与公开的抄袭行为相比，剽窃行为的性质更为恶劣，复制他人文章内容而刻意隐藏来源，是彻头彻尾的盗窃行径。

在新文科毕业论文写作过程中，剽窃行为可分为以下情形：①"抄袭他人受著作权保护作品中的论点、观点、结论,而不在参考文献中列出,让读者误以为观点是作者自己的";② 通过简单增删或替换引导语、连接词等方式,将他人文章部分内容"改头换面"变成自己的;③ 全文照抄,或通过调整结构,增添一些常识性的知识,简括删减内容等方式对原文进行"重装组合",化为自己的;④ 盗用他人尚未公开发表的学术成果,归为己有;⑤ 故意隐匿重要文献信息,刻意回避文献出处,让人分不清论文内容哪些是作者新的学术创造,哪些是他人已有的学术成果。以上种种论文写作中的剽窃行为,都具有明显的主观动机,不仅从根本上违背学术道德,让学术研究失去诚信,而且已构成违法,依据《著作权法》,"应当根据情况,承担停止侵害、消除影响、赔礼道歉、赔偿损失等民事责任"。

对于一篇毕业论文的作者而言,无论是公开的抄袭还是隐藏的剽窃,要防范和杜绝这两种行为,首先必须端正写作态度,遵守学术道德规范。其次,论述行文中要正确使用参考文献,"引文应以原始文献和第一手资料为原则。凡引用他人观点、方案、资料、数据等,无论曾否发表,无论是纸质或电子版,均应详加注释。凡转引文献资料,应如实说明"。

二、伪造与篡改

与以定性研究为主的人文学科不同,自然科学研究中,定量研究是基础性的研究方法,无论是理论分析、数值模拟,还是试验研究,都必须基于真实有效的数据材料,且推导过程可以重复,得出的结论经得起检验。在整个过程中,任何环节都不能作假,反之则构成伪造与篡改的学术不端行为。近年来,人文社会科学研究科学化趋势明显,定性研究与定量研究相结合的实证方法正在被越来越多的新文科学者所采用。因此,新文科毕业论文写作中也需要防范伪造、篡改等学术不端行为。

按照《高等学校科学技术学术规范指南》的定义,伪造是"在科学研究活动中,记录或报告无中生有的数据或实验结果的一种行为"。篡改则是"在科学研究活动中,操纵实验材料、设备或实验步骤,更改或省略数据或部分结果使得研究记录不能真实地反映实际情况的一种行为"。比如,一篇传播学方向的毕业论文,课题论证采用问卷调查法收集第一手材料数据。作者虽然设计发放了调查问卷,但是由于种种原因,回收问卷的数量及质量都未能达到要求,于是,作者只能在论证中捏造一些调查数据来证明自己预设的观点。这种做法,即使论文附上了像模像样的调查问卷,交代了调查情况,但因为数据不真实,还是属于伪造。又或者,调查问卷回收情况良好,但是问卷所得统计数据与预期结论不符,于是,该作者对数据进行一番"修改加工",随意篡改或取舍数据,使之看上去更符合相应的理论假设,形成对预设结论的支持。那么,这种做法便属于篡改。

当然,还有一种性质更为恶劣的伪造,那就是通过种种途径由他人代笔。在新文科毕业论文写作中,这种情况虽不常见但也屡有发生。应当承认,我国大学对学生学术规范的教育还不够系统完善,各高校一般很少为本科生开设学术伦理方面的课程,在制定学生管理规章制度时,也很少将这方面内容明确写入学生守则。根据有关学者的调查,

"目前大学生对学术道德问题不甚了解,基本上是漠视的态度"①。不要说平时作业,就连考试、论文都可以请"枪手"代替完成。不少学生认为,有需求就有市场,"枪手"凭能力挣钱,而请"枪手"付钱取货天经地义。这种漠视学术道德、学术诚信的状况实在令人忧虑,应当引起有关部门的足够重视,建立和完善学术诚信教育体系。

综上所述,毕业论文写作中,学生应当充分知晓并严格遵守学术规范,努力使其内化为自律意识和行为准则。

---

① 刘明亮:《大学生学术道德现状与教育对策》,《国家教育行政学院学报》2012年第9期。

下 编
相关方向毕业论文写作指导

第六章
文艺学毕业论文写作指导

　　文艺学是中文专业的一门重要学科,主要包括文学理论、文学批评、文艺美学等。文艺学学科是以古今中外的文艺现象为研究对象,通过对文学的本质和形态、文学体裁、文学创造活动的性质和过程、文学接受的地位与规律、文学起源与发展、文学活动的当代发展等问题的阐述,帮助学生确立正确的文艺思想,学习分析和解读作家作品,并初步培养起文学理论的思维与认知概念,建立对文学现象系统的理论认识及对具体文学现象的评论、判断能力。因此,本学科首先具有理论性,这表现为本学科的文学理论、文学批评、文艺美学等课程都是理论性课程,注重逻辑思辨,是对具体的文学现象的理论研究。在学习和撰写毕业论文过程中,学生需要运用相关的理论知识对文学现象进行分析、研究和评判。其次,本学科具有科学性,它是对文学现象的科学分析,要借助理论,依据一定的方法科学地揭示文学创作与接受、作家作品及各类现象中的规律与特点。再次,本学科具有人文性,不同于自然科学,它所讲求的理论与方法,是以充分尊重文学作为艺术的本性、强调文学艺术审美特性作为前提的。在研究过程中也始终是以审美为核心,从美的角度加以评判,从而揭示文艺作品的价值与意义。

　　因此,本学科在人才培养方面的目标是培养德、智、体、美全面发展,适应社会主义现代化建设需要的高层次人才,具备良好的马克思主义理论修养和思想政治素质,热爱祖国,遵纪守法,富于创造精神,能积极投身于社会主义现代化建设,为建设社会主义精神文明和物质文明服务。本学科既培养学生的理论思维能力,也培养学生对文学作品的知性体验与分析能力,要求学生具有坚实的文艺理论基础和系统的中外文论知识,熟悉本研究方向的研究历史和现状,了解其学科前沿动态与趋势;掌握一门外语;能熟练运用计算机和网络工作;具有较为开阔的视野和思考问题、解决问题的能力,能独立从事科研、教学或其他文学语言类工作。

第一节　论文选题方向

　　文艺学方向的毕业论文要以马克思主义为指导,对文学理论、文学批评、文学现象进行分析,培养和提高学生对文学作品的分析、解读、鉴赏能力,提高学生对文艺现象、规律的综合判断能力。根据文艺学学科方向内容,毕业论文选题可以涉及文学基本理论、中外文论史与中外文学批评史的个案与专题、具体的文艺现象等。具体而言,就是要以马克思主义文艺观为根本原则与方法,从以下方面展开。

一、文学基本理论研究

对文学理论、文学批评、文艺美学等展开反思与研究,探讨基本的理论问题,如文学本质、文学创作与接受、虚构与想象、文学形象、文学体裁、文学风格、流派与思潮、文学的起源与发展、文学与媒介的关系、文学的相互交流与影响、文学批评的本质、类型与功能、文学活动中的审美问题、文艺美学的本质与特点等问题。

二、中外文论史和中外文学批评史个案与专题性研究

个案与专题性研究涉及中国古代文论、中国现当代文论、西方古典文论、西方现代文论、马克思主义文论、中国文学批评、西方文学批评、马克思主义文学批评等。中国古代文论有几千年的发展历史,中国古人留下了丰富的文学理论批评遗产,既有刘勰《文心雕龙》、叶燮《原诗》这样的系统论著,更有大量的文艺散论,涉及诗、词、赋、散文、小说、戏曲等文体,值得认真清理与总结。中国古人提出的"气""神""韵""味""意境""风骨"等范畴,都是极具民族特色与美学价值的,直至今天仍有其生命力。中国现当代文论是在继承中国古代文论的基础上,吸收西方文论而发展起来的,与中国现当代文学的发展紧密联系、相互影响,以追求中国文学的"现代性"为目标。

西方文论以19世纪末为界分为古典文论与现代文论,古典文论由柏拉图、亚里士多德奠定根基,历经两千多年的发展,形成古典主义、浪漫主义、现实主义等多种文艺思想,提出了"典型""三一律"等文论范畴与创作规范,对悲剧、史诗等叙事文学体裁有深入的论述。西方现代文论方法论意识更为自觉,产生了表现主义、精神分析、俄国形式主义、英美新批评、法国结构主义、接受美学、解构主义、女性主义、后殖民主义、新历史主义、西方马克思主义、生态美学、身体美学、文化研究等众多流派。百年来西方文论的研究重心经历了从"世界"到"作家""作品"再到"读者"重回"世界"的转移,在不同时期对文学系统的四大要素各有侧重,其中不乏深刻的洞见。

马克思主义文论既是指马克思、恩格斯创立的文艺思想,这是研究文学与文学理论问题最根本的立足点,同时也涉及其传播与发展,如列宁文艺思想、中国的马克思主义文论。马克思、恩格斯为文学理论奠定了科学的世界观与方法论基础,科学地解释了文学的本质、文学创作与接受、文学主体性、文学的起源与发展等方面的问题。列宁指明了文学发展的方向、强调党对文艺事业的领导。马克思主义传入中国以后,中国化的马克思主义文论得到创立和发展,这是马克思主义文学理论与中国文学实践相结合的产物。毛泽东文艺思想就是其中的光辉典范,是中国新民主主义革命时期至改革开放前马克思主义文学理论中国化的重要理论成果,也是五四运动之后中国革命文艺实践经验的科学总结。中国特色社会主义理论体系中的文艺思想,则是自新时期直至21世纪以来,中国马克思主义文艺理论创新发展的重要理论成果,指明了中国文艺事业的发展方向。因此,

研究中国文艺问题,要依据中国化的马克思主义文论。

中国文学批评、西方文学批评、马克思主义文学批评等,与中国文论、西方文论、马克思主义文论联系紧密,它们也是历史悠久,也依托理论而进行,但更侧重于对作家作品、文艺现象的批评实践,同时这种批评实践也往往带有鲜明的理论色彩。研究时要高度重视批评家们对经典作家作品的评论以及他们通过文学批评实践活动而得出的经典论断,如孔子及其弟子们对《诗经》的讨论、刘勰对"建安风骨"的论述、钟嵘对历代诗人的品评、王国维对李煜词的评价、毛泽东对鲁迅的评价、马克思谈到的"莎士比亚化"与"席勒式"问题、恩格斯对但丁与歌德的评价以及他提出的"典型环境中的典型人物"、美学的历史的批评标准、列宁论列夫·托尔斯泰是俄国革命的镜子等。在研究过程中,既要注意分析这些批评实践在评论作家作品、文艺现象时的思路与方法,同时也要分析批评实践所依据的理论观念。

学生在选题过程中,可以有选择性地对中外文论、中外文学批评发展史上的重要人物、思潮、流派、论著、观念、方法等展开研究。

三、具体文艺现象研究

文艺学学科论文对于具体的文艺现象要给予充分的关注,也应具备及时回应当下的文学文化现象的能力,例如当代的文学生产与消费、网络文学、文学与影视、全球化时代的世界文学与民族文学问题、文学与图像问题等,这就需要以马克思主义为指导,立足于所学的文学理论知识,运用一定的文学批评方法如社会历史批评方法、传记批评方法、语言批评方法、心理分析方法、读者反应批评方法、文化批评方法等,对文艺现象进行研究与评论,包括作家作品、思潮流派及各种文学文化现象。

本学科论文的写作,要求学生有一定的理论素养,以马克思主义为指导,树立科学的、正确的世界观、人生观与文艺观,通过文学概论、文论史、美学等理论课程的学习,掌握本专业的基础理论及哲学、历史、美学等相关人文学科基本知识,以理论为根基,以方法论为指导,对文学现象进行理论分析,对文学理论史进行反思与总结,从而提炼出科学、正确的结论。通过学术训练,具备较高的文学艺术作品的鉴赏、批评能力,具有较强的发现、分析、解决问题的逻辑推理能力,具有独立的思维品质、较强的批判性思维能力、较高的文化素养。

第二节 论文选题方向个案分析

一般而言,文艺学专业毕业论文常见的选题方向归纳起来主要有以下三个:

一、文艺理论方向

文艺理论方向的论文基本写作方法是用文学理论中的具体概念如文学的性质、文学的价值与功能、文学创作、文学作品、文学接受与批评、文学的发生与发展来分析研究文学作品、文学现象和文学观念、范畴、术语等。

范例：《二十四诗品》的接受史（作者　张琦）

论文主体内容介绍：论文从读者接受的角度，以历史时代为序，梳理《二十四诗品》的接受史。论文将《二十四诗品》接受史分为四个时期，并分别予以评述：明代是《二十四诗品》接受的发轫期，清代是《二十四诗品》接受的发展期，20世纪80年代前是《二十四诗品》接受的转型期或过渡期，80年代后是《二十四诗品》接受的飞速发展期。通过分析各个历史时期对《二十四诗品》个性化的解读，从个性中见出时代的共性，并发掘出不同时期的接受特点，进而构建起《二十四诗品》的整个接受发展历程。得出的结论是，《二十四诗品》的接受历程并不是一帆风顺的，在不同的历史时期有不同的境遇，要结合具体的社会环境、文化环境和文学环境来分析阐述。

这是一篇省级优秀论文，优点主要体现在以下几方面：

第一，论文选题有价值，主题明确，论述全面。署名晚唐司空图的《二十四诗品》是中国文学批评史上的经典之作。而《二十四诗品》由"文本"变为"经典之作"，关键在于读者接受。研究《二十四诗品》的接受史，一方面可以还原《二十四诗品》在不同历史时期的社会样貌，从而进一步认识不同时代的文化心理、审美趣味；另一方面，有助于对《二十四诗品》的内涵和体系等方面的进一步研究。目前学界对《二十四诗品》接受问题的关注不多，研究成果寥寥无几，还有很大的填充空间。论文以接受美学理论为研究视角，从文本细读转向读者接受研究，从接受、批评和再创作这三大方面进行深入浅出的思考。既展现了每个接受个体关于《二十四诗品》的独特见解，也从接受者的差异中发现共性——时代的影子，分析视野开阔全面。

第二，论文结构严谨，层次合理，逻辑清晰。论文主体分三个部分：第一部分，对《二十四诗品》的"早期版本"《二十四品》和司空图《诗品二十四则》进行梳理，并论述郑鄤、费经虞等人对《二十四诗品》的早期评价。第二部分，着眼于《二十四诗品》在清代的接受历程，一方面对钱谦益、王士禛、沈德潜、翁方纲、纪昀、康熙、乾隆、袁枚等人对《二十四诗品》的不同态度进行论述。另一方面，对许印芳、杨廷芝、孙联奎等人关于《二十四诗品》结构体系的认识进行梳理。第三部分，重点叙述二十世纪以来《二十四诗品》的接受状况。这一部分又分为五四新文化运动到五十年代、五十年代到七十年代和八十年代后三个阶段，考察《二十四诗品》从被忽视到被批判、再到被重视，甚至一度成为研究焦点的接受历程；同时也关注到中国传统研究方法与新理论视野下的《二十四诗品》研究的不同。最后，着眼于海外汉学成果，通过翟理思、阿列克谢耶夫和宇文所安等学者的论述，分析《二十四诗品》在异域之眼中的接受面貌。论文以时间轴为顺序梳理出《二十四诗品》在明代、清代以及现当代各个时期接受的差异、发展，脉络清晰，每个时代具体的分析又做到了逻辑严谨，论据充分。

第三，论文资料详尽，考据严谨，功底扎实。论文体现了扎实的文献收集能力和辨析能力。作者花了大量的功夫搜集与课题有关的各种文献资料，列出的直接引用文献就达92条，同时注重文献资料的整理、甄别、比对和观照，既避免了在文献资料上的重大空缺,也避免了不加思考、忽略文献可信度而造成自相矛盾,注意对比,从中发现接受者的差异,从而在纷繁无序的文献资料中把握住《二十四诗品》的接受发展脉络,梳理《二十四诗品》的接受发展历程。

二、美学理论方向

美学理论方向的论文基本写作方法是用美学概论的具体理论如美的本质、美感、美的类型、范畴等分析文学作品、美学观念和某个学者的美学思想等。

范例1:《论宗白华散步美学中的艺术意志观》(作者　周雨沅)

论文主体内容介绍:论文从"艺术意志"这一观念入手,在厘清概念的基础上,就宗白华数量不多但逻辑清晰、体系完整的美学理论著述进行挖掘,围绕着该观念产生的哲学机制、存在的文化精神表征、宗白华美学理论转向的影响,以及对中国当代美学发展的启示等几大问题展开论述。论文通过探讨宗白华艺术意志观产生的哲学机制,阐明宗白华美学的中西哲学渊源,为后续研究提供方向指导;同时也通过分析宗白华对中西方艺术材料的独特解读方式及其由生命美学到体验美学再到散步美学的观念转变路径,把握艺术意志观的呈现形态和导向作用,在深入领会宗白华美学之外,将其运用到对当代审美实践的阐释中去。

此论文的优点主要体现在以下几方面:

第一,论文选题有新意,角度独特,主题明确。论文选取有别于以往的意境论、生命哲学论的艺术意志作为切入点和中心,不仅有新意而且切入点小,从宗白华的整个艺术史观中拎出"艺术意志"一点进行系统的阐发,进而补充并发展其美学体系,使论文写作可以由点带面生发展开,好的选题角度为论文框架结构的安排奠定了相对容易布局的基础。

第二,论文以核心概念为中心,扩散到宗白华美学整体之中,由点到面的辐射状结构框架清晰且好把握。论文主线条是从"艺术意志"这一视角层层推进,从中西文化中双向溯源,进而分析艺术意志观存在的基本表征及其演化的导向意义,这个辐射状结构一目了然。论文主体框架层次是首先挖掘"艺术意志观"发生的理论渊源,从根本特性——西方哲学及其影响下的"艺术意志"论和东方特色——以儒道禅为代表的中国古典宇宙观这两个角度深入阐释。接着阐释艺术意志观存在的基本表征,从艺术风格比照——中西存异的空间观念,美感类型演进——错彩镂金与初发芙蓉的审美理想,艺术意境创构——人格精神主导下的至高灵境三个方面进行推演。最后,探讨艺术意志观演化的导向意义,分别从艺术意志观对宗白华美学理论转向的影响、艺术意志观的当代启示意义两方面进行了思考。论文整体结构由核心概念层层推进,以点带面,清晰完整。

第三,作为一篇理论性论文,论文对概念的界定比较准确,对宗白华美学体系的把握也较完整,并能充分阐明二者之间的实质联系,在对该观念产生的哲学机制、存在的文化精神表征、对宗白华美学理论转向的影响以及对中国当代美学发展的启示这几大问题展开论述的过程中,言之有据、逻辑清晰、语言流畅,以思路清晰、逻辑顺畅的方式分析解读美学理论。

范例2:《庄子美学的美丑观》(作者 李婷婷)

论文主体内容介绍:论文以庄子美丑观为研究对象,并运用多种研究方法,探讨庄子美丑观的美学价值。论文主体内容有:在庄子美丑观中,美和丑都有其独特的含义,美主要分为外在美和内在美两类,而丑则分为外在丑和内在丑两个方面。在美丑不同含义的基础之上,美丑间存在着相对、转化和统一三种关系,这三种关系反映出庄子美丑观具有一定的辩证统一思想。此外,庄子美学的美丑观蕴含了较为丰富的美学意义,在自然美的呈现、丑怪美的建构以及生命美的实践等方面,皆有一定的美学价值。

此论文的优点和不足之处主要体现在以下方面:

第一,论文选题合适,难度适中,论述分析的深度、广度可根据学生水平调整,态度认真的情况下能够写出一篇合格或者质量较好的论文。无论是庄子美学还是具体到庄子美学的美丑观,前人都有充分的研究成果,这就为论文的写作提供了丰富的可参考的前期资料,学生比较容易入手。同时,前人关于庄子美学美丑观的研究成果主要集中于美丑的概念分析与美丑的关系分析这两个方面,和此论文的内容不完全重合,所以在写作上还有拓展的余地,避免了论文选题完全没有新意的问题。论文在界定庄子美学中美丑各自的含义、美与丑的关系的基础上,重点分析了庄子美学美丑观的美学价值,具体从自然美的呈现、丑怪美的建构以及生命美的实践等方面对庄子美丑观的美学价值做了分析探讨,这部分是论文在前人研究基础上进行的拓展。在这一部分的分析中,作者能够结合庄子论著中有关美丑表述的原文做出合理的概括归纳和总结,并延伸到了其对此后中国古典美学中美丑观念的影响。这是论文的价值所在。

第二,论文整体结构框架合理,层次清晰,论文主体框架层次是首先定义庄子美学中美丑的含义,分别概括了美的含义和丑的含义;接着讨论美与丑的关系,从美丑相对、美丑转化和美丑统一这三个分论点做了具体分析;最后重点分析了美丑观的美学价值,从自然美的呈现、丑怪美的建构以及生命美的实践这三个方面进行了拓展挖掘。论文整体兼顾了对基本概念的分析解说并生发拓展了对后世的影响,层层递进,逻辑清楚,较好地完成了论题的阐述。

第三,论文的不足之处在于,由于庄子美学的复杂性和深刻性,受限于个人认知能力和研究经验,论文对庄子美丑观的具体问题的解释不够充分。虽试图探究庄子美丑观的价值,但仍未能对庄子美丑观的影响加以深入研究,只停留在相对粗浅的梳理层面。另外,庄子美学的美丑观对后世影响这一部分内容涉及面太广,在篇幅和作者研究能力的限制下无法充分展开。虽然有以上不足,仍不失为一篇选题和结构优良的论文。

三、用美学文艺理论具体概念分析作品

这一类型的论文在数量上是相对较多的,相较于纯文艺理论和美学理论的研究,从作品的阅读欣赏出发,用具体美学文艺理论分析评论作品,能兼顾感性和理性,平衡文学性和理论性,对学生来说难度相对较低。

范例:《"折叠空间"——论克里斯托弗·诺兰电影的非线性叙事》(作者 王红秀)

论文主体内容介绍:论文通过对诺兰电影《追随》《记忆碎片》《蝙蝠侠:侠影之谜》《致命魔术》《蝙蝠侠:黑暗骑士》《盗梦空间》《星际穿越》和《敦刻尔克》的非线性叙事分析,比较其与传统商业电影三幕两情节点的叙事模式的差异,从内容与形式两方面,结合新旧好莱坞的文化背景,探究这种独特的叙事美学对讲述故事、表达精神的助益,及其本身的审美价值。在内容方面,通过研究其叙事模式,深入思考诺兰电影独具个人风格的叙事下包裹的精神内核以及"追寻"母题。分析电影结构中的交叉时空与颠倒时序、感知障碍与潜意识现象等,再结合后现代主义哲学、美学对非物理时间叙事的推崇,透视其"非正常"模式下包裹的痛苦挣扎;在形式方面,在电影符号美学的基础上,研究"诺兰模式""陌生化"手法,以及诺兰特殊的时间空间符号与能指、所指,透过形式洞悉电影承载的深层思考,即娱乐至死的时代,对人类命运问题的关切。

此论文的优点主要体现在以下几方面:

第一,选题有价值,具有现实指导意义。诺兰作为当今影坛兼顾艺术性与商业性、极具票房号召力的电影创作者的典范,其别具一家的叙事风格引起国内外专业人士的研究,具有相当的研究价值。诺兰仍处在其创作的高峰期,无论国内国外,每逢其新片上映,其标志性的"诺兰模式"——非线性叙述、精神官能症主人公和对永恒的爱的追寻都会引起热烈的研究。诺兰电影以华丽的叙事美学传达出深刻的精神寓言,充分实现了新好莱坞时代作者电影与商业类型片的完美融合,值得我们借鉴、学习。加之诺兰虽有英国的文化背景,却因作品中传递出的美式甚至普世的价值观在好莱坞游刃有余,这对当下中华文化寻找高效的输出模式无疑有极强的借鉴意义。

第二,论文切入角度好,对诺兰的电影叙事特色做了准确的把握,"折叠空间"这一概括切中要点。诺兰电影一直以其变化莫测的电影叙事迷宫和追寻等叙事母题,流露出现代人深层涌流的精神危机。以诺兰电影为首的好莱坞非线性叙事,以其反传统的叙事模式讲述了电影长久以来的母题——精神危机以及追寻。所谓非线性叙事"突出表现为导演故意打乱时序或彰显、重组事件以得到最明确的主题"。以陌生化的方式操纵能指达到让观众为之一颤的目的,既能充分表达其思想内核,又让故事的形式本身带有魅力,赋予观看过程以解谜的乐趣,在此过程中实现了艺术性和商业性的有机结合。

第三,论文结构层次清楚,体现了对诺兰数量众多的作品很好的宏观把控能力。论文以诺兰所有的电影作为分析素材,从主题出发,做了清晰的梳理。论文主体分为三部分,首先描述了诺兰电影中非线性叙事出现的形式,通过代表作品比较分析"诺兰模式"的多种变化形态,艺术形式的雕琢能够增加观众体验的难度与时延,符合后现代艺术对观者参与度的重视;接着聚焦于诺兰非线性叙事的特色,具体分析诺兰影片中的主人公与反复出现的"追寻"母题,寓言化的表达是对后现代因循守旧与物欲麻痹的反抗,一定程度上体现了诺兰的人本主义倾向;最后从后现代的美学原则以及作者电影与商业电影融合的趋势角度,探究诺兰模式形成的原因及意义,非线性手法不仅是剪辑或者叙事方式,更是一种思考方式。整个结构在层层递进中,深入挖掘诺兰电影的非线性叙事模式,

揭示其各方面的意义,思路清晰,逻辑谨严。可以以论文第二章的目录为例,看一下清晰的层结构次:

> 第2章　折叠空间:非线性叙事的形式迷宫
> 　2.1　碎片化叙事
> 　2.2　多线性叙事
> 　2.3　套层式叙事

第四,论文语言表述流畅清楚严谨,符合学术论文的语言要求。以论文摘要为例:

> 克里斯托弗·诺兰作为新千年好莱坞如日中天的导演,其作品既传达出独立电影的人文意识,又具有类型片的豪华卡司与标准化制作,是作者电影与商业电影完美融合的典范。"非线性叙事"一直是"诺兰风格"的重要标志,它打破了传统上以物理时间结构影片的线性叙事方式,以心理时间讲述故事,因而呈现出一种支离破碎的感官形式。诺兰运用"任意伸缩的时间轴、嵌入式的回忆以及交叉剪辑"塑造了患有精神官能症的平凡主人公形象。作品以主人公对既定目标的向往,传递了从古至今戏剧故事中反复出现的"追寻"母题。尽管诺兰的电影中不时掺杂着英式幽默与古老帝国的文化传统,但其精神内核仍然是美国主流社会对"真爱、奋斗、责任、秩序"的推崇,因而其颇具个人风格的作品可以在以"商业性、工业化"著称的好莱坞梦工厂通行无阻。诺兰的叙事风格既是对后现代反对因循守旧观念的继承,又充满了现实人生中个体挣扎的痛苦与焦虑。实景拍摄与故事中穿插的现实因素极大地增强了其光怪陆离的电影世界的真实性。以"陌生化"的方式增强观众对现实问题的关注,同时赋予观看过程解谜的乐趣,无疑是诺兰对当下中国电影创作的启迪。

首先,摘要文字很好地完成了介绍论文主题、基本观点、主体内容和结论的基本功能。其次,语言简明扼要,思路清晰,表述准确,没有多余的话。第一句话点明了选题缘由;第二句话解释了论文的分析角度"非线性叙事";第三、四句话概括了用此形式塑造的人物和电影母题;第五、六句话分析了诺兰电影的精神内核;第七、八句话指出了诺兰电影具体表现手法造成的观影效果,并总结了对当下中国电影创作的启迪意义。从整体上讲起到了让读者通过对摘要的阅读了解作者论文的主旨和基本内容的功能。

第三节　文学理论和文本分析结合

用文艺理论分析作品既是文艺学专业论文的选题方向之一,也是中文专业毕业论文的普遍要求,这里涉及两个要点:一是选题角度也就是选用的理论概念要能准确概括出文本特征，二是具体阐述中恰当结合理论分析文本。

一、选题角度准确，找到对文本有阐释力的理论

某一理论是否对一切文学现象都具有一定的阐释力？这是一个值得思考的问题。那么，对于某一种文学现象，如一部作品、一个思潮、一个流派等，对这些文学现象要做出科学合理的阐释，就需要寻找一种有阐释能力的理论作为武器。而某一理论是否能阐释某一文学现象，即理论的阐释力问题是需要注意的。

范例：《**严歌苓小说的影视化审美取向**》（作者 王斯毅）

论文主体内容介绍：论文从严歌苓小说的文本出发，结合被改编的影视作品，阐释严歌苓的小说与影视的内在关联，分别从小说的题材、叙事结构和视角、影视思维和审美趣味等方面着手，研究严歌苓小说的影视化审美取向。论文主体内容，第一章绪论部分叙述课题的研究背景、国内外研究概况和研究思路；第二章分析了严歌苓小说的题材特点——具有传奇性，包括宏大的叙事背景和个人的传奇经历；第三章分析了小说叙事时空的影视化，分为多样化的叙事结构和全方位的叙事视角两部分；第四章从小说的文本着手，对小说中渗透的影视思维进行分析，分为镜头意识、蒙太奇手法的运用和对剧本叙事艺术的借鉴三部分，这是小说易于进行影视改编的直接原因；第五章阐述了小说大众化的审美取向，包括时代背景与人物的关系，以及人物的价值取向两方面，严歌苓作品中蕴含的对人性的关怀，是严歌苓小说受到大众喜爱和导演青睐的根本原因。

此论文选择的分析角度准确合理，影视化审美取向的理论切入点是有阐释力的。大部分人了解严歌苓，都是通过影视作品，她自己也曾坦言，被改编成影视作品的小说的销量要远远高于未被改编的小说。影视作品的热播，促进了严歌苓作品的传播，而她的作品能够备受观众和导演的青睐，也必然有其独特的魅力。在现代传媒高速发展的背景下，小说与影视的关系日益密切，在文学作品的影视改编热潮里，严歌苓在写作时融合两种艺术形式的优点，将电影艺术的技巧、表现手法移植到文学创作中，为影视改编提供了基础。更值得关注的是，她的作品并不是依附于影视而存在的，她善于借鉴影视叙事技巧，使这些技巧服务于思想情感的表达及小说的审美意蕴。

影视化审美取向这一理论既概括出了严歌苓小说的成功要素，同时也为接下来的文本分析提供了一个总的理论分析视角。论文的分论点从严歌苓小说的影视化审美取向出发，分为创作题材、叙事时空、影视思维、审美趣味四个部分，着重探究严歌苓的小说创作与影视作品的内在关联。每个分论点的理论切入角度也基本是恰当的，如"第4章 影视思维的应用"（4.1 镜头意识、4.2 蒙太奇手法的运用、4.3 对剧本艺术的借鉴），这些分论点都起到了阐述"影视思维的应用"在严歌苓小说创作中具体体现出哪些特征的作用，同时也是紧扣论文影视化审美取向这一总理论切入点的。

因此，找到对文本有阐释力的理论不仅要求选用的理论概念能够准确概括出文本特征，也要求论文每一层分论点的确定都要围绕总概念进一步拓展细分，并结合文本做出有说服力的分析。

二、理论结合作品，做出有说服力的阐释

用理论阐释作品，首先要求准确找到作品中符合理论特征的典型部分，然后根据篇幅对这些描述做出简洁但保留原貌特征的概括，最后罗列材料证明作品中的相应描述如何体现了前面的理论观点。例如"第 3 章 叙事时空的影视化"中"3.1 时空交错的叙事结构"部分是这样分析的：

> 杨学民认为"时间"是严歌苓小说中搭建叙事结构的要素，她对时间与文学的关系有着深入的理解，即她擅长将不同时间向度的情节自由组合，搭建出能够增强表达效果的叙事结构，这一特点与影视作品构建结构的方式类似，因而构成了叙事时空的影视化。例如在小说《陆犯焉识》中，以主角陆焉识在"文革"期间流放西北大荒漠的生活为开端展开叙事，在当下的情节推进中，穿插了他对往事的回忆，现在的生活和过去的事件两条线索交织并行，穿插叙事，逻辑上的时间顺序是被弱化的，常常在当下事件发展的高潮时戛然而止，转而开始回溯起主人公经历的往事，这不但没有造成杂乱无章之感，反而形成了悬念迭起的特殊吸引力。在《扶桑》中，故事的叙述者"我"是一个距扶桑一百多年的、被大陆的洋插队潮流裹挟到大洋彼岸的移民作家，"我"作为第五代移民，立足于"现在"借助史料去考察扶桑的历史，还原第一代移民的生存环境，与"过去"的扶桑对话。"我"和扶桑的境遇是相似的，两条线索也是并列的，但"我"是旁观者，扶桑是经历者。而在《灰舞鞋》中，女主角穗子的身份是一位女作家，她不但是故事的叙述者，也是故事中的主人公。女作家不断用成年后的视角去审视从前的自己，在"现在"与"过去"之间展现了两种心理层面。灵活运用倒叙、顺叙和插叙的记叙方法，让"现在"和"过去"的时序交错，形成一种时空交错的立体感和艺术张力，这在严歌苓小说中是很常见的一种叙事结构。这种时序交错的概念在影视艺术中被称为"时空交错式结构"——"将现在、过去以至未来，将回忆、联想、梦境、幻觉等和现实组接在一起，造成独特的叙事格式，获得艺术效果"。严歌苓小说所追求的叙事模式，与影视作品中镜头剪辑的表现力是十分相似的。电影在变幻时空时利用的是镜头的剪辑和拼接，而严歌苓运用的则是自己高超的叙事技巧。

这段论述中首先简单概括了严歌苓小说擅长对不同时间内容自由组合，这一点符合叙事时空的影视化特征，接着分别以《陆犯焉识》《扶桑》《灰舞鞋》三部小说为例，介绍了时空交错的叙事结构在作品中的具体呈现，最后得出结论"严歌苓小说所追求的叙事模式，与影视作品中镜头剪辑的表现力是十分相似的。电影在变幻时空时利用的是镜头的剪辑和拼接，而严歌苓运用的则是自己高超的叙事技巧"。在结合作品做具体的论证时，能准确找到作品中符合以上论点的相应文字段落，并且能够用简洁的语言概括复述，较好地做到了理论和文本分析的结合，整段论述论据充分，分析到位，最后得出有说服力的结论。

也可以选择一些篇幅相对较短的原文来说明相应理论,如"4.1 镜头意识中的论述"是这样展开的:

  严歌苓的叙事语言有着明显的镜头意识,她擅长在描写环境时充分调动人的感官,根据人物行动推动视角的移动,将客观世界和内心图景以影像化的方式表现出来,形成身临其境之感。同时,她在写作时十分注重细部刻画对意象的表达作用,这种对人物表情或事物细节的描写类似于电影艺术中的特写镜头。评论家雷达曾这样评价严歌苓的作品:"叙述的魅力在于瞬间的浓度和容量,小说有一种扩张力,充满了对嗅觉、视觉、听觉高度的敏感。"这种"瞬间的浓度和容量",强调的就是细部刻画所产生的表达效果。

  在小说《扶桑》中,严歌苓就以一段对主角的特写为开场:"这个款款从喃呢的竹床上站起,穿猩红大缎的就是你了。缎袄上有十斤重的刺绣,绣得最密的部位坚硬冰冷,如铮铮盔甲","现在我看见你脑后那个庞大的发髻,一根白玉簪,一串浅红绢纱花从左耳一路插下来,绕半个髻。几年后你的发髻深处将藏一颗制服铜纽扣,是克里斯的,那个白种少年"。

这两段论述第一段先阐述了严歌苓的叙事语言有着明显的镜头意识,接着分析了镜头意识的基本特征,最后引用评论家雷达的话总结严歌苓小说叙事语言的独特魅力和效果。第二段直接引用了小说中能体现这一特色的典型文本段落原文,证明第一段中的理论概括,由于作为例证的原文选择精准,因此有力地论证了理论观点。

理论结合作品,做出有说服力的阐释要求对作品文本反复阅读,在熟悉文本的基础上找到最具典型特征的对应部分,然后根据论文实际篇幅需要做出合理的安排,或简洁概括或引用恰当长度的原文加以论述,最后得出有说服力的结论。

第七章
中国古代文学毕业论文写作指导

　　中国古代文学是中文专业本科阶段的重要课程,通过对本门课程两年的系统学习,学生可以了解中国古代文学的发展过程及作家、作品和文学流派的特点;可以运用文学理论的知识与方法分析、评价中国古代文学中的重要作家和作品,进而提高学生对相关文学作品的鉴赏能力、分析评论能力。学习中国古代文学能很好地弘扬中华传统文化,增强民族自信心。

　　正因为中国古代文学的内容相当丰富,从先秦两汉文学一直到明清文学,其中有众多的作家、大量的文学作品、各种文学集团等可供学习与研究,所以这一段的各种文学研究也是学生毕业论文选题的重要方向。"同心而离居,忧伤以终老""举手长劳劳,二情同依依",《古诗十九首》和《孔雀东南飞》都在叙说相近的主题,那就是相爱的人却被迫分开,世界上还有比这更让人悲伤的事吗?"挥手自兹去,萧萧班马鸣""相见亦无事,别后常忆君",李白和厉鹗都是在淡淡的叙说之下,写出了朋友之间友情的深永绵长。甚至《声律启蒙》中的"云对雨,雪对风,晚照对晴空。来鸿对去燕,宿鸟对鸣虫",竟然也是那么脍炙人口。还有岳飞的《满江红》(怒发冲冠,凭栏处、潇潇雨歇),更是被陈廷焯的《白雨斋词话》称为"千载后读之,凛凛有生气焉",这就是古典文学的独特魅力。面对这样的文化遗产,我们怎能只作为一个旁观者?对这一方向的课题加以学习和研究,既可以引发学生在许多方面的情感共鸣,又可以大大提高学生的民族自豪感,正如苏轼所说:"知是何人旧诗句,已应知我此时情",其中所表达的正是今人与古人在情感上产生共鸣的结果。应当说,以中国古代文学作为选题方向,选择的空间较大,在毕业论文的写作过程中学生可以受到更为系统的学术训练。中国古代文学方向论文的独特之处就是多用材料说话,尽可能多地占有材料,并进一步思考论文的层次与框架,经过反复思考论证得来的题目,做起来自然会得心应手。

第一节　准确提炼论文选题

　　毕业论文的选题非常重要,选好了题目论文可能就成功了一半,能提出有问题意识的论题,必然是经过了较长时间的反复思考。课题的选取或是在课堂上受到老师讲课的启发,或是在自己读书的基础上有了灵感。如果没有经过前期的反复调研与深入搜集资料,加以比对思索,或者与导师进行讨论,而是随便拉一个题目过来应付一下,或者在预选题目时只是草草地拟了一个大致的范围,并没有去思考题目到底适不适合,经过一段时间的写作或老师提出疑问才发现自己所拟定的题目并不合适,之后只能一改再改。从这个意义上来说,选题阶段实际上非常重要,多花一些时间和精力,才能取得事半功倍的效果。在这个过程中不要过分依赖老师,更重要的是自己的独立思考。由于知识体系的积累不同,老师可以做的题目,学生并不一定适合,有了想法要多和老师讨论。如果中间写不下去了,反复地换题,一是麻烦,二是没有时间更细致地打磨自己的论文,有的学生只能参加第二次答辩,甚至不能如期完成毕业论文的写作。

一、选题中的两种困惑

文学史上的"小作家"值得研究吗? 选择了论文写作的大致范围之后,围绕着这一选题,要尽可能多地熟悉和占有资料,在进一步思索的基础上,最后确定适合自己的题目。一般来说,要避免选择小的作家来研究。因为这类作家,与他们相关的资料比较少,作品由于各种原因散佚较多传世较少,可参考的相关研究也不多,学生在研究过程中所受到的学术训练就会受限,而且材料较少无疑会增加写作的难度,这可能就是"巧妇难为无米之炊"吧。如果一个作家,其作品有别集可以参阅,或者有足够的作品作为支撑,那么往往是可以选择的,反之则要慎重。如研究建安七子这个群体是可以的,但只研究建安七子之一的孔融,可能会有难度,今天我们能看到的孔融的诗文总共才只有四十八篇,要以这样的研究对象写出一万字左右的论文还是有难度的。

毕业论文需要填补学术空白吗? 在毕业论文写作中许多同学都要问这样一个问题。其实不必刻意去填补什么空白,对于本科毕业论文来说有一定的难度,重要的是让学生经历一次重要的学术训练,掌握一些写作的思维与方法,这些影响可能是终生的。如果学生的起点较高,对某一方面有特殊的兴趣和爱好,能够填补空白当然更好。

比如南京大学张晖的学年论文《龙榆生先生年谱》,论文后来出版而且影响很大。这其实是因为他在读高中时就已经阅读了王力的《诗词格律十讲》、龙榆生《唐宋词格律》、万树的《词律》以及诸多词人的词集及选本等。同时还大量研读了夏承焘、唐圭璋、冒鹤亭等多位词学大家对宋词的评论及相关的研究著作,正是在大量阅读的基础之上,才有了他本科毕业论文的开拓。兴趣是最好的老师,这一点对于写毕业论文的同学是有启示意义的,厚积薄发,才能有学术上的飞跃。

二、不适合论文的两种选题

学生毕业论文的选题是多种多样的,比较常见的不适合学位论文的选题有以下几种。

选题的研究范围太大。 太大的题目不适合毕业论文,也就是说毕业论文最忌讳大而空的题目,如以《屈原的伟大》作为毕业论文的选题,这样的题目问题意识不够突出,题目拟定得笼统,很容易流于泛泛而谈,可能一部专著都无法完成,一篇万字左右的毕业论文如何驾驭？所以应当落实到更具体的问题上，以问题意识引领毕业论文的写作，运用所掌握的材料，再经过系列的论证进而得出这个结论，而不是上来就这样大而空地写，这样的题目并不适合本科毕业论文。再比如《苏轼的人格魅力》这一选题，人格魅力这样的问题设置也有些宽泛，写作时难以把握，其实这样的问题在其他题目中呈现可能更好，如将题目拟定为《贬谪与苏轼创作之间的关系》，讨论对于一而再、再而三的人生挫折，苏东坡是如何做到"回首向来萧瑟处，也无风雨也无晴"的，从中也可以显现出苏轼独特的人格魅力，那么这个选题就可以落到实处。

对于比较大的题目，可以适当压缩范围，如《中国古代小说悍妇形象的文化意蕴》，这样的选题明显过大，因为中国古代小说是一个很大的范围，需要看的材料实在太多，再者"文化意蕴"也不是一个内涵清晰的概念，写起来不太好驾驭，所以并不适合本科毕业论文的写作。如果缩小范围，将之拟定为《明清小说中悍妇形象的文化意蕴》，用一个限定词，将"中国古代小说"缩小为"明清小说"，应当比上面的好写一些，但题目仍然偏大。如果再压缩成《蒲松龄小说中的悍妇形象》，可能会更适合本科毕业论文的写作。《聊斋志异》有四百多篇，从中析出那些写悍妇的篇章，加以归纳和总结，而且没有文化意蕴这样的限定，写作可能会更容易一些。以此为例可以看到，选题范围的缩小过程，是论文选题逐渐形成的过程，也是学生对这个问题一步一步思考的过程。

再举《浅析儒释道思想对晚唐诗人唐求创作的影响》的例子：从题目就可以看出大的帽子与较少的研究内容之间是存在矛盾的。唐求是晚唐诗人，作者要以《全唐诗》中三十五首诗歌为据，研究儒家思想、佛家思想、道家思想对唐求诗歌创作所产生的影响。应当说作者的作品数量并不是太多，而且又从儒、释、道这样比较大的角度来阐释，难于深入地挖掘，写来也只能是泛写，如果只从其中的一个角度来论述，可能就会深入一些。

选题中的内容不够集中。如将选题拟定为《论蒋捷的词与陈维崧的词》，这样的选题还是有些大，问题意识不够突出。一般来说拟定的问题最好集中在一个点上，这个题目就是因为没有聚焦，而是用"与"联结起两个点，两个点又都比较大，二者都要顾及，写起来会比较难。此外需要说明的是如果选择比较类的选题，相对来说也会有一定的难度，因为你始终要兼顾两个点，都要熟悉材料，而且还要找出其中的异与同。

一篇论文从构建框架到成篇，可以写得细一些深入一些，如选择的题目为《敦煌曲子词民俗文化研究》的论文，就涉及一些内容集中的研究，基本都是围绕民俗文化展开的：

  第 2 章　民间信仰
   2.1　民间自然崇拜
    2.1.1　天象信仰
    2.1.2　山石信仰
    2.1.3　唐人独特的拜月习俗
   2.2　民间儒释道的融合呈现
    2.2.1　民间道教信仰

  2.2.2 民间佛教信仰
  2.2.3 民间儒学的神灵化
第3章 服饰装扮
 3.1 发型发饰
  3.1.1 云髻
  3.1.2 蝉鬓
  3.1.3 堕髻
  3.1.4 发饰
 3.2 眉妆面饰
 3.3 衣着服饰
第4章 日常游艺
 4.1 踏春出行
 4.2 簪花斗草
 4.3 酒令歌舞
第5章 文字游艺
 5.1 薏苡词中——药名词
 5.2 曲中之曲——曲名词
 5.3 回互其辞——回文体
 5.4 盘歌对唱——问答体
 5.5 重字之美——叠字体

  由于"敦煌曲子词"所涉及的文本内容较为丰富，这就为作者选取研究内容提供了较大的回旋余地，论文主要选取了服饰装扮、日常游艺、文字游艺等而展开，论文中许多论点都能落到实处，论文没有过多的套话与空话。总之，论文的标题不宜太长，表达要清晰准确，带有一定的问题意识。如果感觉主标题还是太大，也可以采用副标题的形式加以进一步概括。

第二节 查找相关文献

  中国古代文学的文献数量较多，如何有效地区别利用是学生论文写作时需要特别关注的问题。有了选题之后，可按照相关序列进行检索，但在检索中要特别重视目录索引在论文写作中的重要作用，关注和阅读与你锁定的选题相关的著作或论文，就可以大致做到对自己的选题心中有数，在已有的研究资料的基础上再进行自己的论文写作。如现在学术界最常用的中国人民大学复印资料《中国古代、近代文学》中有相关的目录索引，既有全文转载的论文，又附有重要研究成果的索引，平时多翻阅这些资料对于选题来说是有帮助的。当然更为方便快捷的还是电子检索。也就是通过期刊网，输入关键词，就可以取得你想要得到的资料。要善于利用本校图书馆数据库中的读秀、超星、中国知网、万方、维普等平台,此外资料库中还有台湾华艺,很值得利用。

参考文献中少用或不用电子文献。引用的文献尽量不用网络上的东西,要用的话应该落实在纸质文献上。因为网络文献不易长期保存,链接一个网址不一定真正能找到你的文献,如打不开网页、网页已删除等。所以大家尽量不要用网上资料作注。参考文献中的电子版图书有的不合规范。如有的同学文献的出处就标注为《陶渊明诗集》电子版、电子版李益诗全集,这些都是不符合毕业论文要求的。特别要强调的一点是不要随便使用网上的百度百科,如有的同学写到元稹,在论文中标注材料出处的地方就标出了这样一个网址:https://baike.baidu.com/item/%E5%85%83%E7%A8%B9/207525?fr=aladdin。百度百科里的材料有的不够严谨,严格意义上不能作为毕业论文的出处和参考文献。

网上流传的有些材料还可能是以讹传讹,如"古诗文网"中有一首唐代李商隐的诗歌《送母回乡》:

停车茫茫顾,困我成楚囚。感伤从中起,悲泪哽在喉。慈母方病重,欲将名医投。车接今在急,天竟情不留!母爱无所报,人生更何求!

其实从诗歌的题目到内容的表达,都会感觉到并不是唐人的诗作风格,这就提醒我们不能一味地以网上的资料作为论据。如果要用李商隐的材料,就去找他的别集来读,别集是作家个人著述的汇编,有的是生前编定,有的是由后人编定。其中有的专收诗歌,有的专收散文,有的诗文等著述兼收。如研读李商隐的诗歌,可以参考中华书局出版的刘学锴、余恕诚《李商隐诗歌集解》,这是集会校、会注、会评于一体的版本,此外在书的附录中还收有李商隐的传记资料、生平年表、生平考辨,还有各种版本的序跋凡例、书目著录等,李商隐的相关研究资料比较全面,可以说有这样一套书在手,很多材料都已经占有了。如果翻阅此书,在其中是找不到前面提到的《送母回乡》这首诗的。查找资料,不能只用选集,因为选集的内容只是反映了编选者的眼光,材料并不全,也不能反映出作者作品的全貌。此外李商隐相关的研究还可参考中华书局出版的刘学锴、余恕诚《李商隐文编年校注》。可以说引用资料的出处也体现了引用者学术站位的高低。

总集、别集、方志、年谱、类书、资料汇编等也是写论文时经常要用到的,但在中国古代文学研究中要特别注意引用资料的权威性,使用相对权威的资料,比如研究庾信、陆机,你只看总集还不行,如逯钦立的《先秦汉魏晋南北朝诗》,它只有文本,没有注释,只有诗歌,没有其他的文体,那么你就可能失去许多其他有用的信息,所以,要看别集,里面作品很全。如果要研究南北朝时期的庾信,就需要看中华书局出版的,由清人倪璠注的《庾子山集注》,研究陆机要看中华书局出版的,由金声涛点校的《陆机集》。现在最新的是凤凰出版社出版,由刘运好校注的《陆士衡文集校注》。一般来说,往往会是后出转精,也就是说要多关注一些最新出版的书。另外也要尽量选择专业出版社所出的著作,如中华书局、上海古籍出版社等。千万不能用盗版的图书,因为这种图书本身可能错误很多,你用它就可能错上加错。阅读图书一定要重视版权页,你要标识的参考文献的要素基本都出自这里。如果有再版的图书也是要注意的,许多都有对前一版的更新、纠错等。类书如《艺文类聚》《太平广记》等,对于诗歌小说等多为分类编排,平时也可以多翻看一下这一类的书,对于论文的写作也是很有帮助的。

期刊也是参考文献中分量较重的部分,由于它篇幅不是很长,出版较快,而且多篇相近的论文组成一个系列,可以帮助我们较快地获取这一领域最新的研究方向。中国古代文学的研究可以多关注《文学遗产》《文学评论》等权威期刊,也可以多关注人大复印资料《中国古代、近代文学》等。

不要随便用二手材料。有的论文在参考文献中只是写上转引,出现这种情况非常不好,引用的文献可能并没有多少。而现在想找一手材料相对容易得多,二手材料的引用非常容易出错,假如别人引用时有错误,你可能也跟着错了,而且自己并不知道,对于学术论文来说是不够严谨的。

在中国古代文学毕业论文写作过程中,可以多读一些专业性的资料,因各自的研究方向不同,可以有选择性地阅读文献,这是研究工作中必不可少的一步。本研究领域的经典著作是必须要读的,如研究方向为词学,那么王国维的《人间词话》就应反复研读,尤其是其中运用西方美学思想对中国文学的阐释,如书中对"境界"的反复研讨,就很值得学词者加以借鉴。平时教学中我们用的文学史,多是通史类的,从先秦按顺序排列下来,写毕业论文时可以适当读一些断代史、编年史,人民文学出版社曾出版过《中国文学通史系列》丛书,如徐公持的《魏晋文学史》、曹道衡、沈玉成的《南北朝文学史》、乔象钟等的《唐代文学史》等,参加撰写的多为国内古代文学研究的专家,阅读中我们也可以对这些相关的研究专家有所了解,如研究魏晋南北朝文学,曹道衡的许多研究论著及论文都非常值得研读,这样可以形成一个阅读链,就不会不知道找什么资料。写作毕业论文,要多读一些扩展性的专著,如已经出版的《先秦文学编年史》《秦汉文学编年史》《魏晋南北朝文学编年史》《唐代文学编年史》《元代文学编年史》《二十世纪文学编年》等,相对于我们平时所用的文学史,是另外一种形式的文学史。既要阅读专著,也要阅读研究论文。如果阅读相关的研究论文,也一定要多关注其中所引用的参考文献,对自己有用的,更要找来加以详细阅读。

第三节 避免毕业论文中的常见错误

长三角新文科教育专业认证标准中对于毕业学生学科知识的要求是要具有扎实的基础知识、专业知识和专业技能,掌握本专业基本的研究方法,了解本专业及相关领域最新动态和发展趋势等,那么就是要强化专业知识的掌握。在多年的论文指导和答辩过程中,我们感觉到学生的有些专业知识还不够扎实,感触比较深的就是学生辛苦写出的论文,有时过于注重宏大叙事,却存在着各式各样的细节错误,如对《围城》中的人物名字就有随便写的情况,一些主要的人物错写成李婷梅、孙嘉柔、方渐鸿等,都属于不够专心的写作。这些基础的知识更多要靠平时积累,平时读了多少书,在毕业论文中是能够看出来的,出现细节的错误应当是比较遗憾的事情。其实经过几个月的写作,到论文成形的时候,一定要注意各种细节的打磨,细节决定成败,这些是最能考验学生基本功的地方,一篇论文如果各种细节错误较多,那么会直接影响到毕业论文等第的评定。

一、文本中材料的准确运用

"材料准确"对于中国古代文学论文写作是至关重要的,但说起来容易做起来难,毕业论文错用材料主要表现在以下几个方面:

研究者人名存在错误。如有的同学引用章培恒、骆玉明的《中国文学史》,把章培恒写成张培恒;有的同学引用葛晓音的《八代诗史》,把葛晓音写成了葛晓英;还有同学写道,叶佳莹先生在《论苏轼词》中也曾说过"苏轼天性中原禀赋有两种不同之资质",把叶嘉莹写成叶佳莹,这些都是不应该出现的常识性错误。在中国古代文学研究中,许多知名的学者也是学术研究的一部分,平时就要多做功课。如复旦大学的章培恒,他的老师就有朱东润先生、蒋天枢先生等,章培恒和骆玉明主编的《中国文学史》是二十世纪八十年代起"重写文学史"的典范,中文学科的同学最好能够做到几本文学通史并读,会有很大的收获。此外章培恒先生还著有《洪昇年谱》、论文集《献疑集》等,多读一些与作者相关的学术著作,就不可能把名字写错了。葛晓音为北京大学教授,她的《八代诗史》《汉唐文学的嬗变》《诗国高潮与盛唐文化》《山水田园诗派研究》等都可以作为文学史之外阅读的参考资料,阅读这些课本之外的专著会开拓自己的学术视野。叶嘉莹先生亦是学贯中西的古典文学大家,《唐宋词十七讲》《迦陵论词丛稿》等是对词的多种阐释,《汉魏六朝诗讲录》《阮籍咏怀诗讲录》等是对六朝诗的解读,叶先生的著作有些直接是讲演的实录,许多讲解非常详细,读后会受益良多。

引用文献的文本错误。如有的同学引用了《三国演义》开篇的《临江仙》词,下片如此写道:"白发渔樵江渚上,观看秋月春风。一壶浊酒喜相逢。古今多少事,都付笑谈中。"正确的应当是"白发渔樵江渚上,惯看秋月春风",是"惯看"而不是"观看"。如果不细心的话,想当然地写下来,很容易犯错。

有同学引用《论语》中的句子:"岁寒然后知松柏之后调也",用了一个"调"字,其实不是"调"而应当是"凋",乃凋零之意,后来杜甫《秋兴八首》其一,"玉露凋伤枫树林,巫山巫峡气萧森",与此同意。有同学引用王维的《终南山》:

  太乙近天都,连山到海隅。白云回望合,青霭入看无。分野中峰变,阴阳众壑殊。欲投人处宿,隔水问樵夫。

还有同学引用王维的《竹里馆》:

  独坐幽篁里,弹琴复长啸。深林人不知,明月来相照。

前一首的原文应为"阴晴众壑殊",错写成了"阴阳众壑殊";第二首的"独坐幽篁里",写成了"独坐幽簧里",阴晴与阴阳、篁与簧,意思完全不一样,错词放在论文中根本解释不通,所以我们要求学生引文要注明出处,要看你使用版本中的文本到底是什么样的。

还有论文中这样写:可悲啊！就连兰陵笑笑生也说过:"劝君莫做妇人身,百年苦乐由他人。"其实不能因为兰陵笑笑生在小说中引用过,就把这两句诗划归在他的名下,如果要引用这样的材料,还是应当追溯最早的出处,那就是白居易《太行路》中所言"人生莫作妇人身,百年苦乐由他人"。有论文中引用左思《咏史诗》"高眄邈四海,豪石何足陈。"豪石是没有办法解释通的,正确的应当是豪右,即世家大族之意。古时以右为上,所以称世家大族为右族。有论文引用柳永的词:"虫娘攀措皆温润,每到婆婆偏持俊。"(《木兰花》)两句词中就有多处错误,想来可能是直接复制过来但又没有认真核对,对照柳永词集,应当是"虫娘举措皆温润,每到婆娑偏恃俊。"虫娘的一举一动,均表现出温柔婉顺的一面,可到她表演之时,却表现出非常高傲自负的一面。

引用的文献互相矛盾。同一篇文章中相同文献的表达要前后一致。有的论文中同一则文献用到两次,前后却并不一样,而且都加了引号。例如,写《三国演义》中的曹操时,说他的人生信条是:"宁教我负天下人,休教天下人负我",后面再次引用时变成了"宁叫我负天下人,休教天下人负我",有时用"教",有时又用"叫",那么总有一处是错误的。还有前面写到杨雄《太玄》,后面又变成了扬雄《太玄》,姓氏中"杨"与"扬"混用,也肯定有一处是错误的。同一篇文章中相同文献的使用前后要保持一致,要用同一版本的文献,也就是说用同样的出处,文本应当是统一的。与此相似的还有诗歌中的"人闲桂花落,夜静深山空","人闲桂花落,夜静春山空"。一个是"深山",一个是"春山"。"溪清白石出,天寒红叶稀"与"荆溪白石出,天寒红叶稀"的表述中,也是一处是"溪清",一处是"荆溪"。还有宋词中互相矛盾的材料,"流水淡,碧天长,路茫茫","流水淡,碧天长,露茫茫"。到底是"路茫茫",还是"露茫茫",自己首先要搞清楚。

有的同学解释出错的原因,往往归咎于输入法的失误、电脑的错误等等,其实这些都不应当是毕业论文出现错误的理由。要注意中国古代文学毕业论文学术语言的规范性,如成语的准确运用,有论文说"南朝文人集团鳞次栉比","鳞次栉比"的本义是说事物像鱼鳞和梳子齿那样有次序地排列,多用来形容房屋或船只等排列得很密很整齐,这个成语一般是形容有形的事物的,形容文学集团就不是很合适。褒义词、贬义词的运用也需要特别注意,有的论文写道:"但苏州士人瞿式耜仍旧在两广地区坚定不移地负隅抗清","负隅"是指敌人或盗贼倚靠险要的地势抵抗,最常用的表达是负隅顽抗,这样用贬义词来表达褒义的情感是不对的。还有如"(吴伟业)其作品洋溢着黍离之思"。"黍离之思"所表达的是悲哀的情感,那么就不能用"洋溢"来表达,洋溢指情绪、气氛等饱满而充分流露,我们经常说热情洋溢。也就是说论文中的句子一定要符合常理,不能想当然地随便写,有论文写"刘备与曹操对食论英雄",我们一般说煮酒论英雄。而类似问题在中国古代文学毕业论文中还是较为多见的。

二、文献的准确理解

古代文学方向论文不同于其他方向论文的地方,还在于文献的阅读与理解。对于自己所引的资料一定要充分理解,答辩时老师会问的,一问就知道学生对文献的理解程度了。

有论文中引用《诗品》:"故孔氏之门如用诗,则公干升堂,思王入室,景阳、潘、陆,自可坐于廊庑之间矣。"我们让学生解释一下,公干、思王、景阳、潘、陆各是指谁。学生的回答并不好,有的可以说是张冠李戴。这些诗人的字、号等必须熟悉,才能真正读懂相关文献,就像知道宋代文学中的草窗、梦窗各是哪位词人一样。公干是指刘桢、思王是指曹植、景阳是指张协、潘是指潘岳、陆是指陆机。有同学在论文中引钟嵘《诗品序》云:"元嘉中有谢灵运,才高词盛,富艳难纵。"这里的"富艳难纵",很难解释清楚,正确的应当是"富艳难踪",作为"元嘉之雄"的谢灵运,作品富丽艳逸,其他人很难赶得上他。还有一篇论文写到刘备,说他是"帝王之胄",可下边却又写成了"帝王之胃",这种低级错误出现在毕业论文中是不应该的。

不能使用伪文献。有一篇论文,引用了徐晋如的《缀石轩诗话》:"理趣而济以深情,斯方足称至境。"论文在出注的时候标的是丁福保《历代诗话续编》,北京:中华书局,1983:632。我手头有这个版本的书,就特意查了一下,发现此页为空白页,所以这应当是典型的伪注,它的出处为《博览群书》2003年第1期,而且徐晋如是一位非常年轻的学者,不能一下子把他推到古代。写学士学位论文,一定不能想当然,随手涂抹,而要言之有据,花点时间去查文献的原始出处,我们现在查资料已经非常方便,有电脑,有网络,有相当多的检索工具,以前我们查一条资料有时要翻几天书的。学生要用这篇论文来拿学位的,怎么能不认真对待呢?

引用文献一定注明原始出处,尽量不用转引。"转引"二字如果出现在参考文献中,就已经拉低了论文的质量。转引的东西错误率高,可能是二手、三手资料,你也发现不了,但评阅老师很容易发现其中的错误。而且你在参考文献中明确写着"转引"二字,那就说明你的研究做得还很不到位,没有很好地熟悉第一手资料,只是投机取巧使用了二手资料而已。

文献的表达顺序也是需要加以注意的。新文科教育专业认证标准有一条是"沟通表达",也就是要求学生具有较强的沟通表达能力。能够通过口头和书面表达方式与同行、社会公众进行有效沟通。有的同学在这方面还有欠缺,如有论文在写到苏轼的贬谪时是这样表达的:

> 纵使胸怀天地,仍然难以用世,无所作为。惠州、黄州、儋州——贬途所到之处,几乎遍及大江南北的蛮荒瘴疠之地。到了苏轼笔下,却变得十分通常,处处可见。

这里需要注意的是苏轼遭贬前后的时间顺序问题,如果认真读过作者在《自题金山画像》中对自己贬谪的描述就可以知道：心似已灰之木，身如不系之舟。问汝平生功业，黄州惠州儋州。从中可以知道作者一生有过多次遭受贬谪的经历，先是被贬黄州，后来被贬惠州，晚年又被贬儋州，这样的表达顺序不要随便变换位置，"惠州、黄州、儋州"这样的表达就显得很别扭。

三、参考文献标注的规范性

文献标注的规范性，对于毕业论文来说也是非常重要的，这方面的错误主要体现在以下两个方面：

毕业论文的文献标注中不用括号注，不用非专业的注。引用别人的文字一定要加引号，并在文后注明出处。不应在文中用括号加一书名的方式处理，有的同学在一段引文后加了这样的括号注——（《文史通义·文德》），这样想核对引文的出处就不容易，因为你没有标出出版社、出版时间、具体的页码等信息。此外因为版本的不同，有些文字、标点也是有出入的，所以应在文后加以详注。而文学作品题目的标注是可以用括号注的，如"床前明月光，疑是地上霜。举头望明月，低头思故乡"（李白《静夜思》）。

一篇毕业论文一般讲应该有十几个参考文献，所以尽量不要用比较杂的期刊文献，也就是说不是随便看到一篇论文就列为参考文献，要重视文献的质量。要多读一些材料，如果引用期刊论文的话那就尽量选用核心期刊、权威期刊。如有的同学写关于陶渊明的论文，所采用的文献是《浅谈陶渊明的思想》，文献的出处是《法制与社会》2009年第2期，这样的期刊对中国古代文学研究来说，并不是合适的参考文献。其实关于陶渊明的研究论文非常多，可选择的余地非常大，采用专业学术期刊、社科类综合期刊、大学学报等中的文献，更能够提升毕业论文的质量。

参考文献的标注要真实准确。在毕业论文写作规范中，对参考文献的标注有详细的要求，同学们一定要仔细阅读，因为每年的毕业论文在参考文献部分出现的错误是最多的。

常见错误举例如下：

（1）[清]王先谦撰，沈啸袁等点校. 荀子解集[M].北京：中华书局出版社，1988.在这则文献中，点校者的名字、书名、出版社都写错了。应当改正为：[清]王先谦.荀子集解[M].沈啸寰，等，点校.北京：中华书局，1988.

（2）蒋长栋.王昌龄评传[M].中州古籍出版社，1991.蒋长栋.王昌龄评传[M].河南：中州古籍出版社，1991.这两则文献的标注都有错误，前一则没有出版地，第二则出版地标注错误。应当改正为：蒋长栋.王昌龄评传[M].郑州：中州古籍出版社，1991.

（3）吴功正.山水诗注析[M].太原：陕西教育出版社，1986.这则文献中出版社标注错误，应当标注为：吴功正.山水诗注析[M].太原：山西教育出版社，1986.山西、陕西不能混淆。

（4）邓乔杉.爱国词人辛弃疾[M].上海：上海人民出版社，1986.这里的错误在于作者的名字写错了，应当是邓乔彬，而不是邓乔杉。

(5) 陶新民陶渊明,玄学人生观的终结与玄言诗的超越[J].安徽大学学报,2000(1).标注的混乱导致陶新民和陶渊明好像是两个合作者,实际上正确的标识应当是,陶新民.陶渊明:玄学人生观的终结与玄言诗的超越[J].安徽大学学报,2000(1).

  毕业论文通过是取得学位的重要一步,每位同学都应当认真对待,中国古代文学的毕业论文写作更是没有什么捷径可走,一定要多读多写,按照毕业论文写作规范来,注意千万不能复制抄袭。最后再给大家推荐两篇范文,或许对同学们是有帮助的:余恕诚《李白与长江》,《文学评论》2002年第1期;莫砺锋《穿透夜幕的诗思:论杜诗中的暮夜主题》,《文学遗产》2009年第3期。请注意两篇论文中论题的选择、几个部分的逻辑关系、文献的运用等,仔细研读会有很大的收获。

第八章
中国现当代文学毕业论文写作指导

中国现当代文学是中国语言文学专业的二级学科,其中包括两个分支学科,即现代文学和当代文学。现代文学通常是指 1917 年文学革命到 1949 年新中国成立之间的文学。当代文学是指新中国成立之后,一直到现在的文学。现代文学和当代文学是两个相对独立的学科,在高校的课堂上,也是分两门课来上的。但是从 20 世纪 80 年代开始,从宏观和整体的角度去研究现当代文学成为一种新的趋势。20 世纪 80 年代中期,黄子平、钱理群、陈平原提出"20 世纪中国文学"的概念,他们认为,"二十世纪中国文学,就是上世纪末本世纪初开始的至今仍在继续的一个文学进程,一个由古代中国文学向现代中国文学转变、过渡并最终完成的进程,一个中国文学走向并汇入世界文学总体格局的进程,一个在东西方文化的大撞击、大交流中从文学方面(与政治、道德等诸多方面一道)形成现代民族意识(包括审美意识)的进程,一个通过语言的艺术来折射并表现古老的中华民族及其灵魂在新旧嬗替的大时代中获得新生并崛起的进程"[①]。复旦大学的陈思和教授提出"中国新文学整体观"的思路。他以宏观的理论视角,将中国现代文学和中国当代文学作为一个整体来考察,从理论和方法上推动了现代文学与当代文学的整体性研究。中国现代文学与当代文学出现一种融合的研究趋势。

第一节 以小见大的选题

本科学生选择中国现当代文学的研究课题作为毕业论文的相对较多。从我们手中的问卷调查结果来看,学生写本科论文时的困惑主要集中在这几个方面:一是如何判断选题的可研究性占 32%,如何把握题目的大小占 24%,选题如何做到创新占 35%,这几个问题加在一起共占 91%。也就是说,学生们写论文的时候遇到的主要问题,是如何选择一个可以研究的、大小合适的、具有创新性的论文题目。如何选一个合适的论文题目呢?以小见大的题目,是比较适合本科学生写毕业论文的。中国现当代文学选题,可以从以下几方面入手:

[①] 黄子平、陈平原、钱理群:《论"二十世纪中国文学"》,《文学评论》1985 年第 5 期。

一、作家作品研究

中国现代文学史上，有重要贡献的作家很多。一般分为专章作家、专节作家和一般作家。专章作家是指那些对文学有巨大贡献的作家，如鲁迅、茅盾、老舍、巴金、沈从文、曹禺等都是专章作家。专节作家是指那些在文学史上有自己的成就和贡献，但是又不够在文学史上独书一章的作家，如郁达夫、郭沫若、田汉、丁玲等。还有一些在文学史上有一定的贡献，不容忽视的作家，比如乡土文学作家群的作家、新感觉派的作家等等。本科学生的论文写作，选题可以从最为具体的作家作品的研究入手。但是文学史上重要的作家，已有的研究成果都比较丰富，所以在选题的时候，最好能选择新的角度，或者运用新的方法、新的理论，集中在某一点上，对自己的新发现进行论证。例如，文学史上鲁迅的研究成果是很丰富的，如果要写一篇全面论述鲁迅的论文，涉及的文本很多，相关的研究成果非常丰富，本科学生写这样一篇作家论，是一个非常艰巨的任务，不太合适作为本科生毕业论文的选题。但是如果对鲁迅作品的研究有新的角度，比如20世纪80年代从叙事学的角度来研究鲁迅小说；新的理论，比如有的研究者运用个性心理学来研究鲁迅的个性心理、虚无意识等，能出新成果的"点"，并能以小见大，选题也是可以的。大的作家，建议抓住一点来写论文，比如《启蒙诉求与复仇精神的缠绕——论鲁迅小说的"丧子情节"》①，就是抓住了鲁迅小说中的一个点——"丧子情节"，然后以小见大地论述了鲁迅小说"丧子情节"背后的启蒙诉求与复仇精神，虽然这是公开发表的期刊论文，但是选题的思路是可借鉴的。又如《论铁凝小说的第三性视角》《迟子建小说的地域特色》等论文题目，都是抓住作家的某一个有特色的"点"来研究。总之，本科毕业论文写作，建议选择一个以小见大的"点"，来深入研究作家比较合适。

选择作品研究，论文题目的大小便于调节。本科毕业论文写作中，用文本细读的方法，深入细致地分析一部作品，选择一个角度进行分析论证，是比较好的一种选题方式。比如《论〈玫瑰门〉的叙事特色》就是用文本细读的方法，概括《玫瑰门》在叙事方面的特色。那么如何对作品进行文本细读？陈思和教授在他的《中国现当代文学名篇十五讲》中，明确地提出了三种细读文本的有效方法，他认为一是直面作品，就是不带先入为主的偏见去阅读作品。二是寻找作品背后的缝隙。细读文本的时候，要特别注意文本情节、语言、结构等里面所存在的缝隙（作品中不合逻辑的地方）。三是寻找作品中的原型。很多作品在表面的故事背后，可能隐藏着一个故事原型，把这个原型找出来，就能解读作品隐藏的文化内涵。②通过这样三种方式，可以有效地寻找到作品背后隐藏的、作家没有明确表达出来的深刻内涵，值得同学们认真学习。

---

① 熊岩、李晶晶：《启蒙诉求与复仇精神的缠绕——论鲁迅小说的"丧子情节"》，《广西社会科学》2017年第6期。
② 陈思和：《中国现当代文学名篇十五讲》，北京大学出版社2016年版，第7—14页。

二、文学思潮和流派研究

文学思潮和流派研究,也是现当代文学研究的重要部分。20世纪90年代开始,文学思潮研究就从单个的流派作家研究走向整体研究,并且较为深入地探讨外来文学思潮和流派的影响,文学思潮和流派的发生、发展和使其发生发展的深刻原因等。这几年文学思潮研究多集中在对现实主义、浪漫主义、新感觉派、新月派、九叶派等思潮的研究上。左翼文学也引起了研究者的广泛关注,研究成果也很丰硕。本科毕业论文的选题,文学思潮和流派的题目是可以选择的,但是尽量不要选择整体性的、宏观性的研究题目,因为题目太大,控制和写作都不容易。选择文学思潮和流派研究的论文,可以运用时间、地点或者其他的方式来限制题目的大小,以小见大,这样更便于写作。如《试论西南联大现代主义文学思潮的形成》(这里运用"西南联大"限制题目的大小)、《1920—1940年代中国现代主义文学思潮摭谈》(这是运用了时间段"1920—1940"限制选题的大小)、《论"重写文学史"思潮中的"现代化"问题》(这是对"重写文学史"思潮,选定了"现代化"这个点来研究)[1]等,这些选题都非常好。虽然这几篇论文是公开发表的期刊论文,与本科毕业论文有一定的区别,但是这样的以小见大的选题方式,还是值得本科学生选毕业论文题目时借鉴的。

三、文学史的史料收集和发现

毕业论文写作的创新途径有三:一是观点新,二是方法新,三是材料新。收集和发现新的史料是比较难的一件事情,所以选择这类题目的同学会比较少,但并不是说不可以做。对史料的钩沉和整理,对作家创作年谱的梳理,其实是很能培养一个学生做学问的基本功的。比如有的研究者,通过耐心地查阅20世纪40年代的上海小报,就在报刊上发现了张爱玲没被收入文集的小说,这算是张爱玲研究新的资料的发现。还有的研究者通过阅读老上海的报刊,发现了鲁迅在报刊上没被收入文集的杂文,在不知名的旧书摊上发现著名作家的书信等等,都属于新的研究资料的发现,都可以写成毕业论文。不过这要求学生熟悉文学史,要有耐心和毅力,还要有较好的查阅资料的条件和不错的运气。

四、跨学科研究

论文写作中容易产生新观点的地方是学科与学科的交叉地带,选择跨学科的研究题目,是比较好的寻求创新的途径。学生刚刚开始学习学术论文的写作,思想上的条条框

---

[1] 李光荣《试论西南联大现代主义文学思潮的形成》,《西南民族大学学报》2008年第5期;王俊虎、董蕾《1920—1940年代中国现代主义文学思潮摭谈》,《贵州大学学报》2013年第2期;任南南《论"重写文学史"思潮中的"现代化"问题》,《烟台大学学报》2020年第6期。

框比较少,思维活跃,鼓励同学们多选这类题目写作,有助于创新。当代文学与影视文学的交叉,中国大陆当代文学与港台文学的交叉,中国当代文学与西方文学的交叉地带等等,都是容易找到创新生长点的地方,也容易找到新的研究方向。

以上是中国现当代文学论文选题的大致方向和范围。但是选题的时候,还是要根据自己的兴趣爱好、以往的知识积累和自己指导老师的研究特长等选题,这样才能更好地写好毕业论文。

第二节 现当代文学毕业论文的写作

如何进行现当代文学毕业论文的写作?和其他学科的毕业论文写作相比,现当代文学毕业论文写作的大体流程基本是一致的。选定题目—文献综述—开题报告—写出论文的大纲—修改大纲—写出论文初稿—修改论文—定稿论文。这些步骤如果每一步都做得很好,那么,毕业论文写作任务应该可以圆满完成。同时,必须注意文学论文的特色。

一、尊重对作品的独特理解

深入细致地阅读作品,尊重自己对作品的阅读印象,形成自己对作品的独特理解。文学论文写作,对作品解读很重要。同样一部作品,阅读者的年龄、人生阅历不同,文化修养不同,对作品的阅读理解就不同,形成的观点就可能完全不同,对作品的独特理解由此形成。比如《阿Q正传》,不同时代的人,不同的研究者对作品的理解是不同的。有的研究者认为《阿Q正传》是国民性弱点的一面镜子;有的研究者认为《阿Q正传》是写底层农民的反抗;还有的研究者认为《阿Q正传》是人类生存困境的揭示等等。可见,不同时代的人,不同的研究者,会形成对作品完全不同的看法。本科生在选论文题目的时候,可以反复地阅读作品,记录下自己独特的阅读感受,再广泛地阅读相关的研究资料,就可能找到研究的"问题"和合适的论文题目。阅读文学作品,是写文学论文的基础,很多研究的题目就在文学作品中。如有同学写《试论葛水平小说中的"山河"意象》,论文主要讨论的是葛水平小说中常常出现的"河流"(如沁河)、"山脉"(如太行山)、"土地"等山河意象,并深入探析作家笔下"山河"意象的内涵。写这个题目,很多材料都是葛水平小说《喊山》《地气》《守望》《甩鞭》《春风杨柳》《狗狗狗》等作品中的,所以深入细致地阅读作品是写这篇论文的基础。作者在阅读这些作品的基础上,提炼出葛水平作品中涉及的"山河"意象的内涵,以及作家作品中对"山河"意象反复运用的原因(一是作家对"山河"意象的描写是表达上的需要;二是作家对"山河"意象的描写是情感上的偏爱)。可见,深入阅读文学作品,形成自己对作品的独特理解,是写文学论文最为基础的工作。

二、相关理论知识的灵活运用

本科毕业论文的写作不仅仅是资料的收集，也不仅仅是作品的分析，对观点进行理论提升是写论文很重要的一步。现当代文学研究的相关理论很丰富，常见的比如叙事学理论、精神分析理论、女性文学理论等等，同学们应根据自己的研究对象，选择吻合的理论使用。叙事学是发端于20世纪60年代的一门新的文学批评理论。其理论起源于20世纪20年代俄国的形式主义理论和普罗普所开创的结构主义叙事理论。普罗普在他的《故事形态学》一书中，打破了传统的按人物和主题对童话进行分类的方法，重新用人物在故事中承担的"功能"来分类。普罗普从众多的俄罗斯民间故事中分析出31个"功能"，他的观点被列维-斯特劳斯接受并传入法国，在法国得到了丰富和发展。叙事学理论从法国传遍欧美时，发生了一系列的变化，布斯的《小说修辞学》、马丁的《当代叙事学》、瓦特的《小说的兴起》等，都是欧美叙事学的重要成果，他们更多是从修辞学的角度，对作品进行叙事分析。20世纪80年代，叙事学理论逐渐被翻译介绍到中国，引起学界的广泛关注，本土化的叙事研究也成果斐然。如罗钢《叙事学导论》、杨义《中国叙事学》等。学界展开了对中国传统小说和现当代小说的叙事学研究。任雯婕《论金庸小说中僧人形象的叙事功能》一文，就是用叙事学理论研究金庸小说的一个例证。金庸是武侠小说的集大成者，对他的研究成果也很丰富。任雯婕在选题的时候发现，金庸小说中总是出现僧人形象，并且在小说叙事中发挥着重要的作用。但仅仅归纳僧人形象的作用是远远不够的。后来经过反复的讨论和思考，决定运用普罗普的叙事功能项理论，分析僧人形象作为对头、赠予者及相助者这三类叙事角色的功能。并结合杨义中国叙事结构的相关理论，从顺序、联结、对比三要素分析僧人形象在故事结构中的功能，对角色与结构的关系进行梳理。用叙事学理论对作品中的僧人形象进行深入的分析，从而揭示其宗教和文化内涵。论文所选的理论，贴近研究对象，并很好地与研究对象融合，提升了论文的理论高度。当然作为本科论文，还是显得很稚嫩，但是其思考和写作的路数是正确的，值得肯定。

本科论文写作中理论的运用，容易存在的问题：一是所选的理论与研究对象不够相符。有的同学可能认为，只要有理论就行，造成乱用和滥用理论的现象。如弗洛伊德的精神分析理论，在现当代文学研究中广泛使用，但是不代表所有作品都可以用。如果用它分析《石秀》《春阳》这样的作品是贴切的，但有些现实主义的作品，就不适用了，所以理论不能乱用。二是理论与研究对象不能融合。有的同学的论文，理论与研究对象出现"两张皮"的现象，就是说理论是贴在研究对象上的一张假面皮，不能融为一体。这种情况多半是对理论没有理解透彻，不能融会贯通地使用，只能生搬硬套地贴在研究对象的面上，造成一种论文有理论性的假象。这些问题在本科论文的写作中，都是值得同学们注意的。

三、要突出重点不用面面俱到

首先,思考问题的时候要突出重点。本科论文写作的思考方式与平时我们读的教材不一样,教材大多使用平铺式的思维方式,比如,乡土文学产生的原因,教材上可能就列出一、二、三条,这是一种平铺的思考和表达方式,但是论文的思考方式,则需要换成纵向的、抓住重点步步深入的思考和表达方式。比如,乡土文学是什么?为什么在20世纪30年代乡土文学繁荣?有哪些影响较大的作家和作品?在文学史上如何评价?等等。这种思考问题的方式,是突出重点的思考方式。其次,结构论文要突出重点。本科论文在写作过程中要围绕论文题目的关键词结构论文,突出论文要论述的重点。有同学写《林语堂长篇小说的家族叙事——以〈京华烟云〉〈风声鹤唳〉〈朱门〉为例》一文,题目中的核心词是"家族叙事",论文的整体结构就围绕着"家族叙事"来建构论文。《林语堂小说家族叙事的空间建构》《林语堂小说家族叙事的时间建构》《文学传统对林语堂家族小说叙事的影响》,除了绪论的三章都围绕着"家族叙事"这个关键词结构论文,突出论述的重点。再如《王度庐武侠小说的悲剧意识探析——以"鹤-铁"系列为中心》一文,其研究重点是"悲剧意识",论文围绕"王度庐武侠小说悲剧意识生成背景""王度庐武侠小说悲剧意蕴内涵""王度庐武侠小说悲剧意识的艺术呈现""王度庐悲剧意识的价值与意义"等几个方面,紧紧扣住"悲剧意识"的生成背景—意蕴内涵—艺术呈现—价值意义来结构论文,完成了对全文核心论点的分析论证,论文研究的重点突出,论文的核心线索一目了然。

值得注意的是,有许多同学在写论文的时候,总是想要面面俱到,很多想法不舍得割爱;好不容易找到的材料,不舍得放弃;好不容易写的文字,即便是和论文的中心论点关系不大,也不愿意删节。论文写出来面面俱到,但是论文的重点掩映在枝叶之中,不容易找到。这其实是写论文的大忌,修改的时候,务必要删减枝叶,突出主干,这样论文重点才能突出。

第三节 论文的"三轮修改法"

本科毕业论文需要反复修改才能定稿。从我们平时指导学生写作论文的实践来看,一般要修改三次才能定稿(当然少数的优秀学生除外),我们把这叫作三轮修改法。第一轮修改,导师看的是论文大的框架结构,比如,论文的核心论点是否清晰?章与章之间的逻辑关系是否正确?节与节之间呈现的逻辑关系是否合理?材料是否丰富?等等。确定好论文提纲后,才可以开始动笔写作。第二轮修改,导师一般会看学生论文的分析论证,看论文的阐述是否完整,看论文的表达是否到位。第三轮修改,导师就会看得更为细致,会看前面的问题是否都已解决,分析论证是否到位,语言的表达是否清楚准确,看论文的格式、注解是否符合要求,基本满意才可以定稿。下面我们看一篇论文的华丽变身过程。这篇论文的题目是《论余华小说的黑色幽默》,这位同学在写作过程中很认真,反复修改后,论文的变化也很大。

第一稿论文目录	第二稿论文目录	第三稿论文目录
第一章　绪论 第二章　黑色幽默的中国化 第三章　余华小说中的黑色幽默 第四章　结论与展望	第一章　绪论 第二章　中国作家的黑色幽默特质 第三章　余华小说中的黑色幽默 第四章　结论与展望	第一章　绪论 第二章　余华小说中黑色幽默的文本体现 第三章　余华小说中黑色幽默的总体特征 第四章　结论与展望

　　从上面的表格中我们看到,从一稿到三稿,论文目录变化明显的是论文的主体部分,变化的趋势则是论题逐渐集中。第一稿只有第三章涉及"余华小说的黑色幽默"问题,第三稿则是论文的主体部分第二章、第三章都是围绕论题展开的。当然如果把节的部分的变化呈现出来,论文的变化更为明显。毕业论文的修改作用巨大,通过反复的修改,可以提升论文的质量,也可以完善思考和写作的过程。

　　三轮修改法还有一个好处,就是方便指导一群学生。导师指导本科论文写作,一般不会只指导一个学生,根据学生数量的多少,每个导师会指导 3—5 个(江南大学人文学院中文系的教师本科毕业论文指导情况大致如此,其他大学的情况没有做过调查,可能会有差异),有的会更多一些。三轮修改法的第一轮修改,是修改论文提纲。指导学生开始写作时,可以要求大家把论文提纲都写好,然后整个小组的同学和导师一起共同讨论修改。也可以选出一篇为例,导师指点,让大家共同思考,共同修改完成一篇大纲,这样其他同学就学到了修改大纲的方法,可以试着自己修改。第二轮修改,是修改学生的初稿。学生初稿写出来后,肯定会存在许多问题。导师哪怕反复给学生指出问题的所在,都不如做给学生看。所以第二轮修改的时候,征得学生同意,可以把每个学生的论文公开在小组里修改一个章节,还可以把共同存在的问题归纳出来,指出修改方法,这样学生们会学会修改初稿,等到学生们把修改过的初稿交给导师,就可以进行第三轮的修改了。这里,第一轮和第二轮修改的时候存在的问题,都要求学生记录下来,不可再犯。初稿修改过的地方,也要求学生用不同颜色标识出来,便于导师辨别。第三轮修改,会更细致一些,关注论文的细节部分也会更多一些。当然经过前面两轮的修改,论文的问题会少很多。这一轮的修改,可以在小组中选出较为典型的一篇,或者每篇都选出部分,一页页当着小组同学的面修改,大到对论点的论述,小到句子的语法错误等等,都要细致地修改给学生看。剩下的部分,让学生"照猫画虎"地修改,也基本能完成。反复修改的过程中,同学们可以把每一轮修改的痕迹保留下来,以清楚地看到论文的"进化史",也可以看到自己的提高和进步,激励自己今后的写作。三轮修改的时间跨度可能比较大,过程也可能显得略微烦琐,但是经过这样训练的学生,写作能力可以有非常明显的提高,也应该可以独立地写出漂亮的论文。

　　总之,本科毕业论文是本科生在毕业时的基本学术训练,写作的时候,选择一个大小合适、有一定创新性的题目很重要。中国现当代文学部分的很多选题都适合做毕业论文，但是同学们根据自己的兴趣爱好、已有的知识积累和指导老师的研究特长，选择自己喜欢的论文题目写作比较好。写作论文的时候，除了要注意一般论文写作要注意的问题外，还要突出文学类论文的特点，这样才能写出更为优秀的中文系学生的毕业论文。

第九章
比较文学与世界文学毕业论文写作指导

比较文学与世界文学是国家教委根据学科发展的需要,于1997年将具有历史亲缘关系的两个学科即"世界文学"和"比较文学"融汇整合而成的中国语言文学的二级学科。中国高校学科建制中的"世界文学"实际上是指高校中文系的外国文学教学和研究。而"比较文学"是兴起于19世纪末20世纪初的一门新兴学科,后来形成了注重研究国际文学关系的法国学派,以及注重美学批评的美国学派,20世纪80年代在中国崛起,提倡阐发研究和文化多元主义的中国学派。

世界文学和比较文学在作为两个独立的学科时,各有自己的研究领域。世界文学的主要研究对象是各国各地区文学发展的过程和发展规律,研究世界各国作家作品的成就和价值等。比较文学则是一种开放式的文学研究,它具有宏观的视野和国际的角度,以跨民族、跨语言、跨文化、跨学科界限的各种文学关系为研究对象。比较文学主要的研究范围有文学范围的比较研究和跨学科的研究两方面,跨学科的研究包括:文学与艺术、文学与宗教、文学与人文社会科学、文学与自然科学等方面。世界文学和比较文学两个学科的合并曾引发争议,但也给学科发展带来新的机遇,如杨慧林所言,这一学科调整"使得'世界文学'的概念必将在汉语的语境和理解结构中重新加以定位,也标志着'比较文学'的观念和方法被置为中国学人的外国文学研究之根本背景"[①]。

"比较文学与世界文学"所具有的学科特质与新文科建设思路相契合,而在新文科建设背景下,"比较文学与世界文学"本科毕业论文的写作更应把握这些特质,将其渗透于论文写作的各个环节,使其呈现鲜明的学科特色和时代特色。

第一节 把握特质,优化选题

"比较文学与世界文学"由两个具有历史亲缘关系的学科"世界文学"和"比较文学"整合而成,这一学科调整基于中国国情和时代需求,正体现了新文科发展的融合化、中国化趋势,在经历了二十多年的学科发展后,学生已基本掌握这一方向的本科毕业论文的写作要求,但是,在新文科建设背景下,"比较文学与世界文学"体现新文科内涵的特点应予以进一步阐扬,在本科毕业论文撰写方面形成自觉的学科意识和创新意识,这种学科意识和创新意识在本科毕业论文选题中就应有突出表现。

---

① 杨慧林:《比较文学与世界文学的学科命意及发展趋向》,《复旦学报》2012年第1期。

一、学科特性对本科论文写作者的要求

根据其学科特性,"比较文学与世界文学"本科论文的写作者应具备以下四个条件:

1. 具有开放的研究视野

马骁、李雪在《创新与融合:学科视野中的"新文科"建设》中指出,建设"新文科"必须直面传统文科教育的根本性问题,把"创新"作为根本导向,突出知识生产的原创性、强化对"人"认识的深刻性、体现中华文化的兼容性,推动构建中国特色哲学社会科学学科体系、学术体系和话语体系,增强中国文化软实力;把"融合"作为核心理念,对传统的学科发展路径、知识生产机制、人才培养模式等进行系统性变革,坚持问题导向开展跨学科、超学科研究,优化课程体系培养复合型创新性人才,完善协同创新机制重塑学术生态体系,推动构建扎根中国、融通中外、立足时代、面向未来的"新文科"。[①] 比较文学与世界文学的研究对象是超越研究者本国范围的,即使包括本国文学,也是将本国文学放在世界文学总格局之中及与他国文学的联系之中,这就要求选择比较文学与世界文学研究方向的学生具备开放的研究视野,对世界文化和文学的多元性有深入理解,对国外文艺理论和批评方法有更多了解,积极吸纳新的理论和方法,融通中外,守正创新,拓展研究思路,深化研究内容。

2. 形成自觉的比较意识

在比较文学与世界文学的研究中,"比较"并不只是一种方法的运用,更不是简单的"对比",它更重要的意义在于承认差异性的思维方式,在多元文化语境中,通过世界不同文化的丰富性与多源性的展示揭示人类文化的本质性的规律。我国"新文科"具有区别于其他国家"新文科"的两大本质特征:一是它是一种自上而下、政府主导的国家工程;二是"新文科"建设强调对中国传统优秀文化的执着坚守和传承。[②] 因此,比较文学与世界文学的研究虽然是以非母语的异质文学、文化为研究对象,却应以中国文学及其诗学理论或隐或显的"在场"为前提,研究中要突显中国立场,而通过比较的方式,则能实现这一研究目标。故而,选择比较文学与世界文学研究方向的学生要形成自觉的比较意识,无论是比较文学研究,还是国别文学研究,都要深入应用比较思维、恰当运用比较研究方法,通过比较凸显研究对象的特色和研究价值。

3. 培养出色的外语能力

因为比较文学与世界文学以非母语的异质文学、文化为研究对象,需要阅读外文原著,了解该国文化,根据有限的翻译资料难以深入了解所研究对象的情况,所以应该直接阅读并采用与论题相关的外文第一手资料,这对研究者的外语能力提出了更高要求。因此,有意选择比较文学与世界文学方向论题的同学,需要培养出色的外语能力。

---

① 马骁、李雪:《创新与融合:学科视野中的"新文科"建设》,《中国大学教学》2020年第6期。
② 黄启兵、田晓兵:《"新文科"的来源、特性及建设路径》,《苏州大学学报》2020年第2期。

4. 具备较强的综合素质

比较文学与世界文学的研究对学生阅读面、知识结构、学术积累、思辨能力、表达能力等都提出了较高要求，有志于研究这一方向的学生，须提高文史哲贯通的综合素质和文艺学、美学理论的修养及培养思辨能力。

二、论文选题：可行性与创新性并重

比较文学与世界文学本科毕业论文的选题范围主要有外国文学范畴的作品研究、作家研究、流派研究、现象研究、思想研究、批评研究、思潮研究、理论研究、文学史研究、批评史研究，以及比较文学研究等。因知识水平、专业基础、学术经验以及写作时间的限制，论文题目的大小和难度应在本科生能驾驭的范围内，一般不做纵贯长时段的某种文学现象研究，文学思潮、文学流派研究涉及众多作家和复杂的文学现象，难度较大，除非学生具备较强的学术研究能力和前期积累，否则不建议介入。《西方现代主义文学中的异化现象》《西方文学中的命运观》《浅论英国文学中女性意识的觉醒》这类题目，就属于太大的题目，不能采用。比较文学研究包括文学的比较研究、文学理论的比较研究以及跨学科的比较研究，文学理论的比较研究和跨学科的比较研究对研究者的理论素养和科研能力要求很高，不宜作为本科论文选题。

比较文学与世界文学方向的本科毕业论文在选题方面要求开口较小，便于深入发掘，一般选择一位作家或一部作品，也可以进行两位作家或两部作品的比较。在此基础上，论题要显示出主要的研究角度，而不是泛论某位作家或某部作品，譬如，有学生将论题定为《特德·休斯诗集〈生日信〉研究》，指导老师建议其将题目改为《特德·休斯诗集〈生日信〉中的动物意象研究》，这样就是围绕一个主要的研究角度展开，使论述更为集中深入。

选题陈旧是本科毕业论文的一大问题，历届学生的论文选题中不乏此类。比如，许多女同学偏爱进行女性形象分析，《傲慢与偏见》《简·爱》《呼啸山庄》《飘》等作品又是她们的首选研究对象，几乎每届都有学生选择这样的论题，甚至出现同届学生选题撞车现象，几个学生的论文题目一模一样。

那么，比较文学与世界文学本科毕业论文的选题如何做到创新？可以从五方面着手：

第一，在研究对象方面，可选择相关研究成果较少的作家或作品。在外国文学史上占据重要地位的作家作品，相关研究资料丰富，固然可以提供坚实的研究基础，但是可开拓空间也很小，难以出新。而现有文学史研究或文学批评中尚无人关注或很少涉及的作家作品，则留下较多的研究薄弱点。新晋诺贝尔文学奖获得者以及外国文学研究新热点，都不失为有创新性的研究对象。像《莫迪亚诺小说中的记忆主题研究》《论〈看不见的城市〉的迷宫叙事》《试论鲍勃·迪伦诗歌创作对传统文学的传承与创新》《论莉迪亚·戴维斯〈故事的终结〉的后现代叙事特性》《"被缚的祖克曼三部曲"的身份意识研析》等选题就是采用了这样的思路。

第二，在研究角度方面，力求创新。如果是以外国文学史上重要作家的作品作为研究对象，那么，选取研究者很少关注的角度，也能使选题具有一定的创新性。《〈安娜·卡列尼娜〉中的梦境分析》《王尔德童话中的死亡意识研究》《萨特境遇剧的舞台表达研究》《华兹华斯与陶渊明自然诗比较》等选题即采取此思路。

第三，选题体现出对新的社会问题的探索。面向当代社会，从社会热点中寻找真正的社会痛点，将对外国文学经典的解读与对社会痛点的反思相联结，也能成为选题创新的契机。如《从大众传播看通俗文学的合理性——以阿加莎·克里斯蒂的侦探小说为例》《威廉·吉布森的赛博朋克小说研究——以〈神经漫游者〉为例》等论文就是针对新的社会变化和时代需求，思考大众传播时代通俗文学的合理性问题、计算机技术的飞速发展对人类社会政治、伦理、哲学等方面的冲击，这些切入社会热点的选题也具有较高的研究价值和创新性。

第四，从疑问和细节入手。在阅读相关资料时，如果发现诸家评论中的分歧，或者对他人评论产生怀疑，不要轻易放过，而要深入思索，这些疑问往往可以帮助学生确立一个有新意的选题。而在研读文本时，要深入剖析细节和经典场景，去发现有价值的学术选题。

此外，要恰当地认识和处理好创新与自身能力的关系。有些同学为了创新，特意选取难度很大、角度很偏的题目，却没有能力完成，最后生拉硬扯，拼凑一篇论文。这样的创新没有意义，反而不如将一个较为老套的题目，扎扎实实地做出来，更符合本科毕业论文写作的宗旨。有些同学一意寻找从未有人研究过的小作家作品进行研究，也会面临另一个问题——如果不能想办法搜集到一定的原始资料，相关研究资料的空白会导致研究综述部分无从下笔。

选题是论文写作中的关键环节，指导老师尽量不要一开始就给学生指定选题，可让学生根据自己的兴趣，选择意向研究对象，再与学生商讨其选择的研究对象的可行性。因为强烈的兴趣是持续钻研的动力，学生做自己感兴趣的研究，才能获得独特的感悟，并克服研究过程中的困难。在确定研究对象之后，可以让学生拟定三至四个论文题目，指导老师凭借自己的学术经验，遵循专业性、创造性、科学性等原则，指导学生筛选论题，找到其最擅长也具有创新性的论题。

第二节　甄选资料，革新方法

在比较文学与世界文学本科毕业论文的写作过程中，文献资料的搜集和甄别利用、研究方法的选择和创新运用都是学生论文写作的难点和痛点，亟须得到切实的指导。

一、文献资料：定向搜索、审慎选用

在选题基本确定之后，学生要明确需要搜集哪些文献资料，通过什么途径搜集，从而

展开相对精准的搜索。

就比较文学与世界文学方向的论文写作而言,要围绕论题搜集三类资料:**其一,基础性资料,指有关这一论题的前人研究成果**。通过阅读、分析前人研究成果,明确研究现状,寻找研究的新角度、新方法、新理论,并在前人研究成果的启发下,推进研究进程,深化研究意义。**其二,论据性资料,指用来立论、论证论题的资料**。这些资料一般是要被论文所引用、阐释的。**其三,关联性资料,指与论题相关的一些资料**。如关于时代背景、文化氛围、历史事实等的资料。

因为是以非母语的异质文学、文化为研究对象,相对于中国语言文学下属的其他二级学科,比较文学与世界文学对外文文献的需求更大,搜集、阅读、分析、运用这些外文文献则对学生提出了更大的挑战。

高校学生所掌握的外语主要是英语,也有少数学生学过日语,虽然比较文学与世界文学的研究对象涉及很多国家,一般只要求学生搜集相关的英文文献,如果是以日本作家作品作为研究对象,则需要搜集相关的日文文献。

比较文学与世界文学的中外文献检索途径主要有四条:一是电子检索。互联网时代电子文献大量增加,电子检索方便快捷,各大高校均已购买大型数据库供师生使用,通过本校图书馆数据库中的中国知网、万方、维普、读秀、超星等数据库可检索中文文献,通过 EBSCO 文科数据库、CiNii(日本学术论文数据库)等可检索外文文献,在这些网站上,输入选题关键词就可搜索到大量相关文献;二是利用索引、文摘、文学批评丛书和汇编检索,如《全国报刊索引》《外国文学论文索引》《高校文科学报文摘》《外国文学研究资料丛刊》、*Nineteenth-Century Literary Criticism*、*Contemporary Literary Criticism*、*Literature Criticism from 1400—1800*、*Shakespearean Criticism* 等,进一步检索有关的论文资料;三是通过中外书目、指南检索,如《全国新书目》《外文新书通报》、*A Guide to English and American Literature*、*New Cambridge Bibliography of English Literature*,从中寻找与自己论题有关的新出文献;四是通过引文、注释和参考文献检索,即先精读与选题相关的经典论文或权威论著,通过它们的引文、注释和参考文献所提供的线索,去查找其他相关文献。

比较文学与世界文学方向的论文涉及资料广,不主张学生贪多。本科生的论文写作有时间限定,不能将时间全部耗费在资料搜集、阅读上,要留出思考和写作的时间。曾有学生将知网上与论题有关联的上千篇论文全部下载并阅读,结果论文定稿时间将至,初稿尚未完成;有的学生以劣质论文为模仿对象,复制许多低级错误;还有一些学生资料看了很多却未形成自己的判断,写论文时照搬他人的研究角度和观点,这些都是为资料所困的反面案例。

那么,如何判断所搜集资料的价值,并圈定重点研读的资料?首先,遵循相关度原则,与选题直接相关的专著和期刊论文是重要的研究资料。其次,遵循权威性原则,专业权威期刊如《外国文学评论》《外国文学研究》《当代外国文学》《国外文学》《外国文学》《世界文学》《中国比较文学》《外国文学动态》《日本学刊》等发表的相关论文须精心研读,而高水平的社科类期刊、高校学报上发表的与论题相关的论文也应重视,中国人民大学报刊复印资料中的《外国文学研究》具有重要的参考价值,选择的研究领域内的权威学术著作需要深入钻研。

在阅读重要文献的过程中,要注意甄选典型的论据性资料和关联性资料。以《论太宰治的"罪意识"》为例:该文论述日本无赖派代表作家太宰治的"罪意识"的形成原因和发展过程,需要选用一些太宰治生平资料和时代背景资料,这些关联性材料可以从太宰治的传记资料、研究资料中获取,但材料提取的关键在于紧扣选题关键词"罪意识",把推动太宰治"罪意识"形成发展的社会、家庭、个人因素提炼出来,与之密切相关的资料在论文中恰当运用。再如,分析"罪意识"在太宰治创作中的体现,需要从太宰治的小说中找到能够揭示其罪意识的论据性资料,相关的文本分析都要围绕论题来展开。典型是资料选用的重要标准,然而,不少学生对于自己费力搜集来的资料总是不忍放弃,将一些与论题不相关或不够典型的资料塞在论文中,反而使得论文的论述重点不突出。

选择、提炼资料的另一重要标准是资料的真实性。要尽可能引用权威的、正规渠道的资料,尽量使用一手资料,对于应用于论文中的资料,均要反复核实,保证其严谨性与真实性,来自作品和研究资料的引文,须仔细核对,与原文相符,无法求证其真实性的资料,宁可弃而不用。

符合典型性和真实性标准的正反两方面的资料都要重视。与自己观点相符的资料可以作为论据支撑论文观点,但与自己观点相左的资料也要深入研读,思考其观点的合理性,并推敲自己的立论有无问题。在阅读、思考过程中要随时写下自己的体会、疑问,这些都将成为新的研究思路、角度、观点的触发点。

因为比较文学与世界文学方向的论文要运用较多外文文献,有一点要特别强调,即注意甄别外文文献作者的思想立场,如果该文献表达的思想观点偏颇极端,或者涉及意识形态的敏感问题,即使与论题相关度很高,也不能使用,也许学生这方面的辨识力不足,指导老师要严格把关,做好价值引领。此外,外文文献要规范使用,切忌将外文文献中的大段内容翻译过来,不加注释,直接作为论文内容。

二、研究方法:多元融合、取长补短

除了马克思主义批评、社会历史批评、女性主义批评、精神分析批评等几种批评方法外,学生对比较文学与世界文学专业研究方法所知甚少,由此造成的不良后果就是:选题陈旧、分析角度缺乏新意、论文写作形成固定模式。

事实上,比较文学与世界文学研究方法众多。20世纪以来,形式主义批评、新批评、精神分析批评、读者反应批评、马克思主义批评、结构主义批评、女性主义批评、解构主义批评、生态主义批评、新历史主义批评、后殖民主义批评、文化批评等文学批评方法渐次兴起,而比较文学的基本研究方法影响研究、平行研究进一步完善,又发展出阐发研究等研究方法。研究方法的多元化发展为比较文学与世界文学研究注入新的活力。

在论文选题确定之前,可以通过阅读一些文学概论教材如韦勒克和沃伦的《文学理论》、特雷·伊格尔顿的《文学理论导论》、胡经之和张首映的《西方二十世纪文论史》等,对其中的研究方法有基本的了解,然后再对自己特别感兴趣的研究方法做更深入的了解,阅读该研究方法涉及的权威理论著作,并查阅一部分用该研究方法解读文学作品的高水平论文,揣摩这一方法的实际运用。在掌握了多种研究方法之后,再度精读作品,会发现研究视角被打开。

值得注意的是,上述研究方法既有其优势,也有其局限性。譬如,社会历史批评是一种从社会历史角度观察、分析、评价文学现象的批评方法,它侧重研究文学作品与社会生活的关系,重视作家的思想倾向和文学作品的社会作用,是影响最大、人们最熟悉和惯用的文学批评方法,产生了众多重量级的研究成果。但是社会历史批评忽略了文学作品的独立价值、它的继承和发展,尤其是它的形式因素,为庸俗社会学提供了可乘之机。英美新批评强调文学作品的本体存在,突出了文学的审美价值,但过分拔高"文学性"和技法的重要性,排除文学之外的因素,对形式的理解过于狭隘。精神分析批评从精神分析的角度对作家主体及文学活动做出批评,开拓了文学研究的新领域,但其局限在于对文学的审美作用缺乏认识,把文学作品看成心理学实例。

比较文学的主要研究方法有**影响研究**、**平行研究**、**阐发研究**等。影响研究指以历史方法处理不同民族文学间存在的实际联系的研究,偏重事实联系,忽略了作品的整体性和作家的创作个性,强调实证也使其研究范围受到限制。平行研究是用逻辑推理的方式对相互间没有直接关联的两种或两种以上的民族文学的研究,包括对文学的主题、题材、人物、情节、风格、技巧,甚至意象、象征、格律等的比较,还包括文学类型、文学思潮、文学流派等的比较,也可对作家、作品做较全面的比较。平行研究强调的不是作家、作品之间的各种外部联系,而是作品内在的诸种因素、自身的美学价值观,即通过不同民族的作家作品之类同和差异的比较,寻求文学的共同本质和共同的美学基础。平行研究拓展了比较文学的研究空间,但是不加限定,也会出现随意比附、研究意义丧失的问题。**阐发研究**是综合运用西方有系统的理论与方法,对中国文学及中国文化重新审视和阐释,并在此过程中对西方的理论进行验证、调整与改造,最终在中西文学共同规律方面有所发现的一种研究方法。阐发研究实践包括:用某种理论模式阐释相关的文学作品;运用一种理论模式去反复阐释另一种理论体系中的诸概念范畴和批评技巧;用其他学科的理论与思维方法来阐释文学作品和文学现象。阐发研究的重要特征体现在中西理论的双向移植阐发,以及特别注重文化模式的运用两个方面。阐发研究作为最具中国特色的比较文学研究方法,丰富了比较文学研究范式,但在理论阐述和实际运用中还存在许多问题,如往往将中国文学材料作为西方文学理论的注脚,停留于阐发法的理解和运用,或是生硬套用理论、研究大而不当等。

所以,在运用这些研究方法时要注意避免其偏颇处,一方面要了解研究方法的最新发展状况,改变偏颇的认知。以学生惯用的女性主义批评而言,其在发展过程中改造和吸收了在当代西方影响很大的新马克思主义、精神分析、解构主义、新历史主义等批评的思路与方法,也对早期过分强调男女二元对立、机械解读文学作品等问题进行了纠偏,但是仍有不少学生在用狭隘的女性主义视角解读文学作品,找到一点证据就给男主人公或男作家扣上一顶绝对男权的帽子。另一方面也可综合运用两三种研究方法,取长补短。

如《舞台上的性别表演：〈轻舔丝绒〉的女性群像书写》一文就将女性主义批评与空间理论相结合，利用了各自的理论优势，形成了新的研究视角，观点具有说服力，在同类研究中具有一定的新意。

除此之外，还要注意研究方法运用中的如下问题：一是对所用方法并未吃透，生硬套用，理论阐释与文本分析相脱离，甚至出现常识性错误。二是误认为研究方法用得越多越好，有同学号称自己的论文用了七八种研究方法，事实上，一篇本科论文用上两三种研究方法就可以了，贪多嚼不烂，滥用的后果就是论文变成了理论和方法的大杂烩。还有同学在绪论中介绍论文运用了哪些研究方法，而这篇论文却并未运用这些研究方法。这些都是研究方法运用中要避免出现的问题。

第三节　规范写作，破解难点

分析历届学生写作的比较文学与世界文学毕业论文，可以发现摘要、绪论、结语是问题多发区域，而在论文的标题拟定、结构安排以及语言表达方面，暴露的问题也是五花八门，要解决这些问题，提高论文质量，首先要找到症结所在，然后对症下药。

一、摘要、绪论、结语的写作要求

摘要、绪论、结语这三个部分看似没有论文的正文部分那么重要，实际上堪称论文的门面，论文评阅老师由此获取论文的核心内容，并对论文的学术性、规范性和写作者的逻辑思维能力、语言表达能力快速做出判断，故而是评阅老师相当重视的部分，然而，学生往往对其重要性认识不足，写作时敷衍了事，致使问题丛生。

摘要。同学们在写作摘要时通常存在的问题有内容重复，如将绪论或结语中的某段话原封不动地搬到摘要中；有胡乱拼凑，将一些没有逻辑关系的内容拼凑在一起；还有将摘要变成了作品情节的叙述，这些问题反映了学生并不了解摘要该写的内容。其实，论文的主要内容、研究结论和新观点、采取的研究方法都要体现在摘要中，并且以简明扼要的文字表述。

举一篇优秀论文的摘要为例：

本文就"被缚的祖克曼三部曲"进行论述：绪论部分介绍了菲利普·罗斯和"被缚的祖克曼三部曲"，说明了国内外研究现状，阐释了选题意义与研究思路。第二章《罗斯的身份意识》从身份的基本概念出发，联系犹太种族作为散居族裔在进入美国后面临的身份困境，再具体阐述罗斯作为第二代犹太移民如何在创作中书写身份问题。第三章《对犹太身份的反叛》通过祖克曼逃离犹太家庭、抛弃传统性观念以及改写安妮这一圣徒形象来展现他对犹太身份的反叛，同时也体现了罗斯站在美国身份的立场上对犹太身份的逾越。第四章《作为美国公民的反思》重点探讨了罗斯从美国公民角度对美国的主流文化和民族政策的质疑与反思。第五章《世界公民的身份定位》从世界主义角度研究罗斯,探讨在国际性文学视野下,他对大屠杀的历史反思以及极权政治下的人性思考。

这是该文摘要的一部分,以简洁明了的方式概括了论文各章的主要内容,研究角度、研究方法和主要观点也有清晰描述。

绪论一般分三个部分:第一部分,概述作家生平及其创作情况,或是交代研究背景;第二部分,针对国内外对该论题的研究现状进行阐述;第三部分,提出论文的选题意义,或是阐明论文的创新点。相对而言,后两部分问题较多。

课题的国内外研究现状综述部分最易出现的问题是只述不评、省略国外研究现状综述、避而不谈与课题直接相关的研究成果,此外,对现有研究之不足的概括相当笼统,如:"21世纪以来,国内外关于《杀死一只知更鸟》的研究相较于20世纪进步明显,但研究成果依旧十分贫瘠。尤其是国内学术界对于这部小说缺乏重视,研究不够系统深入,研究角度较为单一,缺少对文本内容细致深入的探索研究。"事实上,这样的评价体现出对前人研究的不尊重,而可以到处套用的内容也没有真正揭示出这一研究领域的不足。对于比较文学与世界文学方向的论文而言,国外研究现状综述部分是不能略去的,要通过搜集和分析相关外文文献来把这部分写充实。在梳理国内外研究现状时,要归纳出学界的主要研究角度,分别列举代表性研究成果,并对这些研究成果做出简要评价,与课题直接相关的研究成果要重点评述,要揭示出该研究领域的热点、不足和发展趋势,在对国外与国内的研究现状进行对比时,要以客观的态度评述。

选题意义(或论文的创新点)部分,学生惯用的表达就是前人的研究都不够系统深入,只有自己的论文做了系统深入的研究,这未免将自己论文的研究价值抬得太高,也不符合该研究领域的真实情况。所以,一定要根据自己论文的实际情况来发掘选题意义或创新点,要有具体准确的表述。

结语。结语部分最容易出现的问题是把结语写成了正文主要内容的总结,甚至于直接把摘要的内容放在结语中。还有的同学把结语变成了抒情散文,使论文风格出现了奇特的组合。再则,内容单薄,有的论文结语仅三四句话,使论文显得头重脚轻。结语应对论题的意义做进一步阐发,还可分析论文的不足之处,对后续研究做出展望。结语的语言风格要与论文保持一致,内容要较为充实。

二、标题拟定、结构安排和语言表达的注意事项

标题有如论文的眉目,结构有如论文的骨骼,而语言则如论文的皮肉,三者在论文写作中的重要性不言而喻。

标题包括论文大题目、章节标题,标题的拟定无疑是让学生头痛的问题。先举一个反面例子,论文题目《〈乱世佳人〉郝思嘉形象解读——现实与浪漫的完美融合》存在两个问题:一是主副标题倒置,主标题是以描述性语词点明观点,副标题是以"论……""浅

析……""解读……"等动宾结构陈述句明确论题,所以,"现实与浪漫的完美融合"应作为主标题,"《乱世佳人》郝思嘉形象解读"应作为副标题。二是《乱世佳人》是根据原著《飘》改编的电影名,如果论文分析的是这部改编的电影,用这个名字没错,但是论文分析的却是玛格丽特·米切尔的小说《飘》,所以这个论文题目犯了常识性错误。

好的论文大题目要精练概括论题要旨,具有学术性,要求用词得当,字数宜控制在20字以内,如果是分成主副标题,最好不要超过30个字,尽量避免用主、副标题的形式。前面提到的优秀选题都体现了这些要求。

再来看一篇论文的章节标题:

一、金钱是基础,爱情是前提
 (一)金钱是婚姻不可或缺的基础,是婚姻幸福的保障
 (二)爱情是婚姻的前提,没有爱情的婚姻不会幸福
 (三)爱情和财产的结合缔造完美的婚姻
二、容貌只是表象,性格才是关键
 (一)仅凭借美貌引起生理冲动而结成的婚姻往往是不可靠的
 (二)性格的吸引和自身的魅力才是婚姻稳定的法宝
三、和谐婚姻应当门当户对
 (一)只注重门第的"理性"结合不会幸福
 (二)拥有爱情而又门当户对的婚姻才会是和谐的婚姻

如果不看论文大题目,还会以为这是一篇探讨婚姻观的社会学论文。在这篇名为《情感与理智的碰撞——评简·奥斯丁在〈傲慢与偏见〉中的婚姻观》的论文中,标题冗长、用词平淡、口语化的问题都有突出体现。

还有一篇学生论文初稿有两章标题分别为"原罪""救赎",一般情况下,词语不作为论文标题,尤其不能作为章节的标题。还有这样的小节标题"激情而理性,现实而不现实",将自相矛盾的词语用"而"字连接,使想表达的意思变得莫名其妙,后来在指导老师建议下,改为"激情与理性的交战"。

逻辑混乱、题目残缺、搭配不当等都是论文标题拟定时易出现的问题,还有些同学片面追求标题的文采和整齐,却忽视了小标题首先要准确概括该部分的论述要旨,结果所拟定的章节标题虽然好看,却让人不明其意,从目录上根本看不出各章节要论述什么。

结构安排,采取并列式结构还是递进式结构,并无优劣之分,关键是要体现论题的同一性,所谓论题的同一性是指论文的各部分始终扣住中心论题展开,论文各部分之间有内在的逻辑联系如平行关系、递进关系、对立关系等而不相互割裂、不相互冲突,层次类别区分明确,论证思路清晰。

以《论〈看不见的城市〉的迷宫叙事》的正文结构安排为例:

第 1 章　迷宫叙事的创作背景
　1.1　迷宫般混乱的时代
　1.2　文学潮流的驱动
　1.3　纷繁的城市生活体验
第 2 章　文本中的迷宫构建
　2.1　时空的迷宫
　2.2　记忆的迷宫
　2.3　欲望的迷宫
第 3 章　向迷宫宣战
　3.1　向沉重宣战：追求轻盈
　3.2　向趋同宣战：寻找差异
　3.3　向隐蔽宣战：展望未来

正文三章分别从迷宫叙事的创作背景、文本中迷宫叙事的特征和迷宫叙事的深层意义三方面进行论述，三章的分析角度都是围绕迷宫叙事设置的，它们之间有严密的逻辑联系，层层推进，所以该论文的三章采用的是递进式结构，而各章下分出的三节则采用并列式结构，从不同角度论述该章论题。根据这样的结构安排，论述就能紧紧围绕论题展开，并且深入阐述论题。

此外，结构要完整和均衡。除绪论和结语外，本科毕业论文的正文至少要有三章，每章至少要分出两节。有些论文正文只有两章，甚至出现有的章下面只有第一节而无第二节的情况，这就是结构不完整。结构均衡并非要求每章字数差不多，不过，某个章节内容少到极致也是大问题，曾有学生的论文中出现一章就一段话，或者某一章内容很多，等于其余三章总量的现象，这就是明显的结构失衡。

语言表达方面，逻辑混乱、语法不通、表意不清、词汇贫乏、重复啰唆、词不达意等都是常见问题，不一一举例分析。

在此主要介绍五种有问题的表达方式。

一是口语化表达。这是学生毕业论文普遍存在的一种表达方式。如"暴力、谋杀、毒品、种族歧视也愈加普遍。南方人失去了对上帝的信仰，投入赚钱中去"，"投入赚钱中去"就是口语化表达。有些论文几乎整篇都是口语化表达，这是相当严重的问题。

二是抒情化表达。论文当用学术性的表达方式，有学生却采用抒情化的方式，如"水可以变得清澈，也可以变得浑浊。水可以温柔地接纳，也可以拒绝"，"哈珀·李教会了我们这些，也比我们更加懂得这些。无须多言，知更鸟的鸣唱已经足以表达一切"。有些同学写着写着就把论文写成了抒情散文，尤其在那些大段摘引原文或者过多复述作品情节的论文中，这一问题更为突出。大概是分析内容甚少，只好用抒情的文字来凑数。

三是主观化表达。论文属于科学研究，讲究证据，而有的同学没有经过充分的论证就下结论，如"最后谢福特利特先生举起胳膊，祈祷忏悔后，天空开始下雨了，将淤泥洗净。这说明上帝接受了谢福特利特先生的忏悔，并宽恕了他"。论文作者本来是要在这部分分析太阳意象，但是没有从文本中找到更为充分的论据来说明太阳意象的象征意义，而是主观臆测太阳意象是象征上帝，然后把下雨的描写归结为上帝宽恕了谢福特利特先生。或者以偏概全，如有学生在分析于连形象时就下结论说法国人都是谨慎的，因为于连做事很谨慎。以个体的性格概括民族性格，观点完全站不住脚。还有的论文中频繁出现"我认为……""我觉得……""我想……"之类的句子，也是主观化表达。

四是跳跃式表达。毕业论文在行文中常常出现段与段之间、句与句之间缺乏必要的过渡衔接的问题，或者一个论点还没阐释清楚，就跳跃到下一个论点。

五是欧化表达。有些同学可能受外文文献影响，喜欢用欧化的句子，句子比较长，句子结构繁复，语法与汉语语法不同，也使得一些语句令人费解。如"米勒认为幸福永远不可能对许多人而言意味相同；外延被无限扩大，无人抵达过已经投入应用的乌托邦，其实现程度不可评估"。这一句就是欧化的表达，如果将其修改为"米勒认为对许多人而言幸福不可能意义相同；乌托邦的外延被无限扩大，所以，乌托邦的实现程度不可评估"，就符合中文的表达习惯。

以上五种表达方式是在论文写作中要尽量避免的。比较文学与世界文学方向的毕业论文在语言风格方面并无限定，可以有自己的语言特色，但是作为学术性的论文，也要遵从学术论文语言的规范，不能把论文写成散文、诗歌、传记等其他类型的文体，也不能主观臆断，口语化，用语粗鄙，或出现大量病句错字，语言表述要严谨，表意清晰，行文思路清晰严密，语言流畅，文气连贯，追求精准凝练的理论性与形象生动的文学性有机融合，表现出作者客观、理智的风度。

第十章
语言文字学毕业论文写作指导

语言文字学,统称为语言学,这是一门研究语言的科学,探讨语言的性质、结构和发展演变规律,与社会科学和自然科学都有密切的联系。汉语语言学,即研究汉语现象及其规律的科学。语言学主要涵盖的是一级学科"中国语言文学"下的两个二级学科,即"汉语言文字学"和"语言学及应用语言学"。对于这两者的研究范围,国务院学位委员会第六届学科评议组编的《学位授予和人才培养一级学科简介》如是介绍:"汉语言文字学主要研究从上古到现代的汉语系统(包括书面语与口语)与文字系统的结构特征、演变规律和现实状况,分为现代汉语和汉语史两个方向;语言学及应用语言学分为理论语言学与应用语言学两个方向。理论语言学侧重于语言的基本理论研究,应用语言学侧重于语言文字在各个领域的应用研究。"

第一节 语言文字学毕业论文选题

选题,指按照一定的价值,评价、比较可供选择的课题,选择研究方向、目标、领域和范围的过程,解决"研究什么"的问题,是决定论著内容和价值的关键环节。①

一、选题的常见问题及原因

1. 常见问题

(1) 选题过大。对于学术新人来说,选题不宜过大,这一方面是因为时间上不允许;另一方面在于题目过大,容易泛泛而谈,论述不能深透。

"小题目做大文章"才是值得学习的选题方法,从小处入手,扎扎实实地把问题讲清楚。这种方法正如王引之在《经传释词》中"拿一个一个虚词来讲,每个虚词的解释独立出来都是一篇论文"。当然,选题过小也不行。一般来说,一眼就能看穿的小问题不能选,稍稍经过思考就能解决的问题也不能选。

(2) 选题过难或者过小。研究有难度、有深度的选题,必须具备足够的学术水平和研究能力。以语音为例,如果写一篇关于"汉语语音发展"的文章,既要具备语音学的知

---

① 周毅:《研究生学位论文选题原则及方法》,《学位与研究生教育》2009年第10期。

识,还需要对汉语史有深入思考。这类题目对初学者而言,很难驾驭。而且选题过难,研究者在资料收集和获取方面也会受到限制。

对学术新人而言,要对自身学术素养和能力有恰当评估,不能好高骛远。选题过难,论文在短时间内难以完成,往往半途而废,或草草了事,敷衍过关。不仅造成时间和精力的浪费,还容易失去研究的信心。

(3) 选题陈旧重复,缺乏新意。知识结构陈旧,学术思想保守,缺乏创新意识,专业知识更新不足,是选题陈旧的主要原因。从学术价值来说,只要选题有意义,并无新旧之分。但是,研究成果大多是要发表的,让自己的研究课题在众多稿件中脱颖而出,十分重要。因此,选题应立足学术现实,密切关注学科发展前沿,善于发现问题,从中提炼选题。

(4) 选题模糊笼统,非学术化。突出表现为研究对象不具体,专指性不够;或者讨论非学术问题。研究成果毕竟不能等同于宣传文案或使用指南,也不仅是一般的意见或看法。

2. 问题成因

(1) 缺乏"问题"意识。选题的过程,其实是发现"问题"的过程,可分为两类:一是在前人研究的基础上,提出前人没有提出或尚未解决的问题;二是在别人提出或已经研究的问题上,寻找新方法或拓展新方向。

(2) 缺少前期文献调研。广泛搜集文献资料,了解前贤研究成果是必需的。对于拟定的选题,如不注意收集、阅读相关文献资料,进行综述和分析,致使掌握的研究信息不足,就无法形成新的认识,也缺乏新的研究角度以及对新材料的补充,那么所谓的研究就只能是老生常谈,人云亦云,难有新颖性和创造性。

(3) 缺乏"研究"意识。对于学术新人来说,缺乏研究意识存在两种表现,一是入门阶段的选题通常是描述性的,往往容易选择一个研究热点或领域,总结别人的研究成果,洋洋万言,故作高深,但是与选题和研究有什么关系,则不甚了了。二是跨学科选题,热衷于在边缘学科或交叉学科选题,以为这样容易出成果,殊不知在选题容易的同时也存在着"跨界"和"过界"的风险,一旦过界,则有可能在研究过程中力不从心,以致半途而废。

(4) 治学态度不严谨。语言学研究讲求实证,重视材料的真实性和可靠性,"板凳须坐十年冷,文章不著一句空"。研究材料必须是确切的语言事实,绝不能编造。进行语言学研究,不深入调查,不静心钻研,难以产出可靠的、有价值的研究成果。

二、选题的原则及途径

1. 选题原则

(1) 专业性。语言学选题的专业性,简单地说,就是研究者选择的课题要基本符合自己的专业方向。例如,以《世说新语》为研究对象,一个语言学博士可以从音韵学、词汇学、语法学等角度研究。但是,如果讨论该书的文学价值就偏题了。虽然目前学科交叉现象愈加明显,但交叉不等于融合。盲目地跨专业研究,不仅不易取得研究成效,也是学术研究的忌讳。

(2) 学术性。所谓选题的学术性,就是考虑研究内容是否属于语言学范畴,是否对学术的丰富发展有意义。选择有学术性的课题,一方面,需要充分占有文献资料,了解前人研究。另一方面,要了解学科当前的研究现状。以方言学为例,要了解方言学界当前研究哪些问题,取得了哪些进展,有哪些学术分歧等。在此基础上,选取学术研究前沿问题。

(3) 创新性。即提出前人没有解决或没有完全解决的问题,或是对前人已解决的问题提出新观点、新方法。需要注意的是创新性并非指所选问题一定要是前无古人的独创,老题目做出新意来,也是创新。新视角、新方法、新材料,一样体现创新性。

(4) 可行性。选题时必须考虑有无完成该题目的主客观条件。主观条件包括研究者的知识结构、研究能力、兴趣爱好等因素在内的研究者自身的条件;客观条件指资料、设备、经费、时间等外在条件。因此,对学术新人而言,"小题大做"非常值得提倡。在自己的能力范围内选取一个具体问题,多层次、多角度地深入研究。

2. 选题途径

(1) 从文献调研中发现问题。任何研究都不是无源之水,无本之木,都需要站在前人的肩膀上。这是语言学选题的主要来源。因此,选题前要充分搜集相关文献,关注前人的研究是否存在不够充分、不够深入、不够妥当的地方,特别是学科领域中还有哪些问题尚待解决;或者虽然问题都解决了,但由于时代的发展、新材料的发现,需要补充、修正或重新讨论。对学术界有争论的问题,需要理清是否还存在代表性意见之外的观点,是否有必要进行进一步探讨等。

此外,应有针对性地阅读相关的专业文献和著作,从中分析和发现问题。阅读时要保持审慎的眼光,看看研究的结论与论据是否吻合,研究方法是否得当,是否对自己有启发,研究是否有可推进之处,或者还存在什么缺陷等。在此基础上,结合自身的知识积累和兴趣,寻找选题。

(2) 关注语言学科研究热点。了解当前语言学科研究热点,对初学者确定研究兴趣与选题方向很有帮助。教育部全国哲学社会科学规划办公室,每年都要组织申报人文社会科学的国家社科基金项目,可以说国家社科基金项目基本可以代表该年度各学科主要的研究热点。此外,参加国际、国内学术研讨会也是选题的一个重要来源。因为与期刊相比,学术研讨会上的信息往往是最新的,从中能了解其他学者最近在从事什么研究,有什么新的观点和新的发现,把握他们所关注的热点、前沿问题。

(3) 根据学术价值选题。价值判断没有固定标准,但是否具有学术价值,学术共同体有不成文的认识及相应解释。大致如下:

① 首次对某一问题进行综合性研究,增加新的研究成果,加以解释和阐述;

② 在研究范围、方法、实验设计等方面,对已有材料做出新的解释,或提出具有创新性的观点;

③ 运用不同的研究方法进行跨学科研究;

④ 引入新的理论、方法或研究领域,进行其他国家已经做过但国内尚未出现的研究;
⑤ 为老问题提供新的论据;
⑥ 研究本学科他人未曾涉及或被忽略的课题;
⑦ 开拓新的研究领域,开展前人尚未做过的研究工作。

(4) 根据兴趣选题。对某一论题有一定认识,并有持续的好奇心十分重要。比如从事方言研究,一般选择从自己感兴趣并熟悉的方言入手,这样的好处是能够乐在其中,尽快了解研究对象,进入"研究角色"。

第二节　语言文字学研究方法

语言学研究的一般方法有文献法、观察法、统计法、对比法等,还涉及逻辑思维中的分析、比较、分类、类比、综合、抽象、假设、归纳,以及演绎等方法。这些方法在其他学科中也通用。

一、语言文字学研究方法举例

1. 观察法

观察法,即研究者用客观的眼光,观察事物或现象是如何产生、发展,又是如何终结的,将这些事实情况记录下来以备分析研究。这种方法的优点在于深入实地、直接记录语言事实和被观察者的语言行为,能够获得丰富翔实的第一手资料。且被观察者可能处于毫不知情的情况,降低了其他因素如沟通能力的干扰。

在实施观察法时应注意以下几点:第一,客观、如实地记录观察到的现象。第二,在时间上连续观察,空间上全面观察,可安排多个观察人员同时进行观察,避免以偏概全。第三,尽量保持观察环境的平常自然状态,注意保护调查对象的隐私。第四,借助先进的技术和设备以提高观察结果的准确度。

实施步骤:
① 确定研究目的,制定观察计划(编制观察目录;做好场地等相关准备;拟订观察提纲);
② 进入观察现场;
③ 观察实施;
④ 整理分析(整理并总结观察记录;修正错误记录,追补缺漏;撰写观察报告)。

2. 文献法

文献法,指根据研究目的搜集、分析文献,以获得所需资料的方法。这种研究方法的优点在于材料的获得和使用不受时空的限制;具有间接性,不会受被调查者心理或行为的干扰;效率高,花费少,文献一般存放在图书馆、档案馆等处,往往只需通过查阅、摘录、复印等形式即可获得。

需要注意的是,研究者在对庞杂的文献进行选择时,应带着批判的眼光,去伪存真。在运用前人理论时,不能一味信服前人的研究成果不敢有所突破。

实施步骤:
① 提出问题和拟定计划;
② 文献搜集;
③ 文献阅读;
④ 文献鉴别和整理(鉴别标准有三点:可靠性、先进性、适用性);
⑤ 文献分析(归纳、概括原则或原理,撰写文献综述)。

3. 对比法

对比法指对比两个或两个以上的事物、对象,找出研究对象之间的相似性与差异性。语言研究常把两种或两种以上的语言加以对比,包括对比亲属语言,探索语言历史发展的规律,构拟原始母语等。运用对比法的优点在于能够揭示事物之间的差异,突出事物的本质特征。

研究者在运用对比法时同样需要注意两个问题。一是选择的对比主体和对比项应具有一定的可比性,同时要避免无效对比和低效对比;二是按照研究目的,要有针对性地选取对比项,根据研究需要安排、取舍内容,突出重点。

实施步骤:
① 确定对比主体;
② 选择对比项[①];
③ 对比分析,得出结论。

4. 统计法

统计法对有关数据进行收集、整理、计算、分析,通过实验方法和数学模型研究语言,得出结论。

实施步骤:
① 资料整理(利用 Excel 和 SPSS 等数据处理软件,对数据进行审核、编码、录入);
② 统计整理(主要包括频数统计、频率统计[②]和统计表、统计图的制作);

---

① 对比项,即从哪几个方面进行对比,可从多个角度进行。语音方面,可以从音位、语调、声调、重音、音步等方面展开;词汇方面,可从构词法、形态特征、词的界定、虚词、实词、外来词等方面展开;语法方面,可从语序、虚词、时、体、态、人称、性、数、格等方面展开;语义方面,可从语义场、词化程度、词语搭配、词汇的民族特色等方面展开。

② 频数统计是计算一组数据中不同取值的个案的分布次数;频率统计是计算一组数据中不同取值的频数相对于总体的百分比。

③ 统计分析（三种方法：描述统计法、推断统计法、模型统计法[①]）；
④ 撰写调查统计报告。

二、语言文字学研究的专门方法

1. 语音实验法

语音实验法又称声学实验法。20世纪初，语音学家借用一些医学器械和物理仪器辅助口耳审定语音，弥补了人耳听力的不足，避免了主观印象的干扰。这些研究逐渐形成"实验语音学"，丰富并修正了传统语音学的若干解释和理论。

实施步骤：

① 确定研究对象。

语音实验法研究语音四要素（音质、音高、音长、音强）和发音器官的动作、形状，包括元音、辅音、声调等方面。

② 获取语料。

研究者可通过查找语料库和实地录音获得语料。录音前要准备录音设备（笔记本电脑、单指向话筒、高质量耳麦、高性能声卡等）、录音软件（斐风田野调查软件、Cool Edit、Adobe Audition等）。确定录音参数，包括声道、采样率、信噪比等。

③ 语音分析。

利用软件标注语音，绘制语图，整理分析各种数据，考察语音的性质和音素的音征。常用的语音软件有 Praat、Mini Speech Lab、Speech Analyzer、WaveSurfer 等。常用的计算软件有：SPSS、Excel、The R Project for Statistical Computing 等。

2. 地理图示法

地理图示法是语言地理学研究的一种常用方法。调查某一种语言或方言，将调查结果用地图的形式标记出来，对地图呈现的现象、趋势和规律进行分析、解释。1948年出版的《湖北方言调查报告》附有65幅方言地图，是地理图示法在我国汉语方言研究领域的第一次尝试。

实施步骤：

① 确定调查目的。

根据研究任务确定目的，然后根据目的，确定调查的地域范围，拟定具体的调查项目，进行实地调查。

② 做好相关准备。

实地调查之前，先绘制出所要调查区域的行政地图，确定调查点及其分布情况，再根

[①] 描述统计法是指通过图表的方式对数据进行加工、处理和概括，得出反映语言客观现象的数量特征。推断统计法是指通过观察样本数据，概括它所代表的总体特征。模型统计法是指根据数学模型对语言的成分或文本间的关系进行推断。

据调查目的和所调查的语言或方言的实际情况,选择调查点,确定疏密分布等。

③ 进行调查,绘制语言地图。

调查时应逐点进行,如实记录调查项目的结果,用一定的符号依次标注在行政地图上。在地图上,把代表相同语言特征的符号连成一条线,称为"同言线",又称"同语线""等语线"。许多代表不同语言特征的同言线集中在一幅综合的地图上,走向大致相同,但不完全重叠,聚合在一起形成"同言线束",它是划分不同方言区的重要依据。

④ 分析地图,得出结论

3. 历史比较法

历史比较法比较语言的历史事实,研究语言的亲属关系,构拟它的原始形式,重建原始共同语,说明语言的历史演变,能够揭示语言各个时期的发展规律。此法问世以来,取得的最大成就首先是对语言之间的亲缘关系有了比较明确的认识,尤其是在印欧语系的谱系分类方面,获得了相当确凿的证据。其次是有助于人们了解原始母语的表现形态和使用地域。但它也存在一定局限性:第一,它主要依据文字史料,但有文字之前的语言也是不断发展变化的,而且能搜集到的材料来自不同的语言,不同的时代,数量也不均衡,材料的价值也各有差异。第二,它只能构拟一种近似的系统,而不是一种实际存在的语言。第三,它只比较方言或亲属语言之间的差异,而对于系统内部的一些不规则的差异却未予以应有的注意。第四,它只适用于语言的分化,而无法照顾到语言的渗透现象。第五,单纯的历史比较法很难对亲属语言的发展规律有全面的认识,还需要借助历史、地理等相关学科的研究。

实施步骤:

① 收集、鉴别材料。

收集资料时一方面应该剔除偶然的同音或相似情况,另一方面需要区分借词现象,要知道借词是音和义两方面都借自外语的词。

② 确定同源成分。

主要原则是:考察语义是否相同、相近或相关,语音是否存在完整的或系统的对应关系。进行比较时,应侧重于那些保留古代语言特征较多的成分。

③ 明确年代顺序。

如果是有书面文献的语言或方言,我们就应该利用这些文献所提供的线索去确定每种语音及其组合方式在年代上的先后顺序;如果是没有文字记载的语言,那就只好根据音理去确定音变的顺序。

④ 拟测原始形式。

主要方法是比较不同语言的对应形式,寻找差异,从差异中找到音变的线索及发展的年代层次,构拟原始形式。需要强调的是一定要设法反证和检验拟测出的原始形式。

⑤ 重建原始共同语。①

4. 语料库分析法

语料库是按照一定的采样标准,采集自然的、连续的话语片段或语言文本,建成的具有一定规模的、能够代表一种语言或其变体的样本集合。② 它利用计算机技术,快捷、准确、有效地对大量语言文本进行宏观考察和微观探究,为语言研究提供了量化语料和统计数据。它根据语料的表达形式,分为书面语料库(如北京大学CCL语料库)和口语语料库(如汉语方言自然口语变异语料库)。根据语种数量,分为单语(英国国家语料库(BNC))、双语(汉英平行语料库(PCCE))和多语语料库(欧洲议会平行语料库)。根据语料的选取时间,分为共时语料库(华语地区汉语共时语料库(LIVAC))和历时语料库(赫尔辛基英语文本语料库)。根据语料处理程度,分为纯文本语料库(汉语学习者口语语料库)和标注语料库(LLC英国口语语料库)。

实施步骤:

① 提出研究假设。

② 选择语料库。

③ 选择语料库处理工具。

常见的语料库索引工具有:Wordsmith Tools、TACT(Text Analysis Computing Tools)、Concordance、英国国家语料库(BNC)的SARA、英国伯明翰大学COBUILD语料库索引器、上海交通大学语料库索引器(JDEST),专门用于搭配研究的X-tract,独立索引软件Word Cruncher、Lexas,用于Mac平台的MonoConcord等。③

④ 语言特征的标注和提取。

如果研究的语言对象是可以从生文本中提取的词汇或短语,一般不需要对语料库进行标注。但更多情况下,为了增加分析的维度,还需对语料库进行自动或手动标注,如词性标注、句法标注、语用信息标注、错误标注、话语特征标注等。对语料库进行标注后,可提取相关特征出现的频数、语境等信息。

⑤ 统计分析和数据解释。

语料库统计分析最常用的方法是卡方检验和对数似然率。根据研究需求,也可使用聚类分析、对应分析、相关分析、多元回归等方法。

5. 田野调查法

田野调查法又称田野工作法,指语言调查者通过实地调查,获取语言资料。它既可以获得真实、准确的第一手语料,也能避免单个发音人提供语料的局限。而且田野调查记录的是实际使用的自然语料,能较好地反映当地的语言事实,为探讨语言或方言的内部差异、历史演变等提供丰富的语料。

---

① 徐通锵:《历史语言学》,商务印书馆1991年版,第72页。
② 刘颖编著:《统计语言学》,清华大学出版社2014年版,第7页。
③ 梁茂成、李文中、许家金:《语料库应用教程》,外语教学与研究出版社2010年版,第12页。

实施步骤：
① 根据研究目的，搜集文献，准备设备。
② 拟定调查大纲。
无论哪种调查大纲，都应包括以下两方面的内容：一是基本信息，包括调查时间、地点、合作人信息等；二是需要调查的具体问题。
③ 选择语言调查合作人。
选择调查合作人的条件主要有以下几个：
第一，土生土长、从小以该语言或该方言为母语、现在依然使用，无长期外出经历。最好家庭成员及交往对象也经常使用该语言或该方言。
第二，年龄以 20—45 岁为宜。这一年龄段的人发音定型，词汇量较大，句型丰富，具有代表性。
第三，文化程度不必很高，小学以上，认识常用字即可。
第四，反应较快，有耐心，愿意与调查者合作。
第五，为语音专题服务的，要求发音人发音器官正常，口齿清晰，语言表达流畅。
第六，为语法专题服务的，要求发音人语言丰富，表达能力强。
第七，为记录长篇语料服务的，要挑选了解民间民俗文化的合作人。①
具备以上全部条件的合作人是比较理想的，但往往不易找到。权衡时主要考虑合作人发音的代表性、提供语料的可靠性。
④ 实施调查。
⑤ 撰写调查报告。

6. 共时描写法

共时描写法，指对某一时期的一种或几种语言或方言的语音、词汇、语法系统进行描写。运用这种方法应注意以下几点：第一，通常先调查语音，再调查词汇和语法。第二，语音方面，一般先调查声调，再调查声母、韵母。先调查单字音，再考察音变，然后分析语音结构和音系特点。第三，词汇方面，最好用国际音标注音，解释词义并附例句。第四，语法方面，可与亲属语法之间进行共时比较，其结果可用于对语言进行类型划分。

第三节 语言文字学写作规范

规范指约定俗成或明文规定的标准。根据写作的任务与目的，语言学写作规范主要包括标题、摘要、关键词、责任者、目录、文献综述、章节、文本、结语、参考文献和致谢等方面。其中，标题、摘要、文献综述、结语和参考文献这五个部分尤为重要。此外，语言学毕业论文中的图表格式也需要注意规范性。

---

① 戴庆厦：《语言调查教程》，商务印书馆 2013 年版，第 69—70 页。

一、标题与摘要

根据国家标准《学位论文编写规则(GB/T7713.1—2006)》，标题一般不超过 25 个字。按照形式分类，标题一般可以分为总标题、副标题和层次标题。其中，副标题具有限定、修饰、细分主标题的作用，可补充总标题，完整地表达作者意图。层次标题是除总标题外的不同级别的分标题，是对每章、每节、每条中心内容的概括。不过需要注意的是，层次标题应简短明确，也不宜过多。最好不超过四级，每一层次内标题不少于两个。对标题的要求主要有三点：简明准确；通常由名词性短语构成；选用常用词。

摘要又称"提要""文摘"。国家标准《文摘编写规则(GB 6447—86)》指出摘要是"以提供文摘内容梗概为目的，不加评论和补充解释，简明、确切地记述文献重要内容的短文"。它主要包含研究目的、方法、结果和结论四个要素。目的指调查研究的前提、主题范围和任务等；方法指所用的理论、条件、对象、材料、手段、设备、程序；结果指调查研究后得到的数据、事实等；结论包括对结果的分析、总结、预测等。

按照编写形式分类，摘要一般分为三种，即报道性摘要、指示性摘要和报道—指示性摘要。

首先，报道性摘要。《文摘编写规则》规定，报道性摘要是"指明一次文献的主题范围及内容梗概的简明文摘，也称简介"。这类摘要详细介绍研究的方法、结果和结论，目的和其他要素尽可能多地包含主题词，以 300—400 字为宜。例如，裘锡圭的《关于殷墟卜辞的命辞是否问句的考察》。

其次，指示性摘要。又称"解题性文摘"，向读者指示文献的主题范围、研究目的和方法，实际上是对标题的补充说明。这类摘要浓缩程度非常高，不适用于语言学学术性论文，而多适用于篇幅长、内容散、创新少的综合性、资料性文章。它以研究的目的要素为主，研究的方法、结果、结论和其他要素为辅，篇幅在 100—200 字为宜。如詹伯慧的《二十年来汉语方言研究述评》。

再次，报道—指示性摘要。据国家标准《文摘编写规则》，报道—指示性摘要是"以报道性文摘的形式表述一次文献中信息价值较高的部分，而以指示性文摘的形式表述其余部分的文摘"。这类摘要灵活性大，信息量大，篇幅以 200—300 字为宜。例如顾黔的《通泰方言韵母研究——共时分布及历时溯源》。

二、文献综述与文本

文献综述是对各种观点的综合评述，包括前人研究成果、研究现状、研究方法等。简单来说，它分为述和评两大部分。所谓"述"，是指研究综述首先按照时间的先后分段，每个时段之下，再按照文献整理、历史研究、语言研究、文字研究等分部胪列成果，每类研究成果按照研究内容归类、概述。至于"评"，则指在综述之末所做的简要评价。它包括两个方面，一是总结已有研究的成就；二是指出已有研究的不足。在此基础上，简述本文拟用哪些语料,采用什么方法,从哪些方面展开研究,解决哪些问题等。也就是说,综述一定要有"述"有"评",有"述"无"评"则难以凸显选题价值。①

从结构来看,语言学文献综述,一般由前言、主体和总结组成。前言介绍写作目的、主要概念、研究范围、争论焦点和文献起止年月等。主体部分可根据时间顺序,也可根据不同问题或不同观点进行。一般须对文献进行综合、比较、分析,阐明相关问题的研究历史、现状和发展方向,介绍已解决的问题,指出尚存的问题。总结是对文献中的主要观点进行概括,指出在研问题与前期相关研究的关联性,由此提出研究问题或研究假设。

在正文部分另需特别强调的有两点,那就是论文一定要符合文体和术语的规范。所谓文体的规范,就是不要把学术论文写成笔记体或散文体。我们最好还是对研究对象从主到次地进行客观描写,并采用语言学原理进行阐释,用逻辑推理展开论文。言简意赅,措辞准确,点到即止。而术语规范则是指要运用文献学、历史学、语言学、文字学等学科领域的术语,而不使用方言、口语方式的措辞,更不能随意生造词语,这样不利于学术成果的推广与交流。②

三、结语与参考文献

结语是全篇文章的结束部分,常与引言相呼应。内容包括:点明论题,概括文章主要内容和研究结果;指出研究的不足或局限;提出有待深入研究的课题或指明研究的方向;阐明论题及研究结果的价值、意义或应用前景;提出相关建议以及对内容的补充说明等。一般不分条表述,不传达定量信息。语言学研究成果的结语应是总体的结论,而不是正文各段小结的总结。如沈家煊的《语言的"主观性"和"主观化"》。

我国的国家标准《信息与文献 参考文献著录规则(GB/T 7714—2015)》,规定了参考文献的著录项目、著录顺序、著录符号、著录方法等,为语言学参考文献的著录规范提供了依据。其中,有几点尤其值得注意:第一,无论是直接引用,还是间接引用,都需要将其列入参考文献。第二,尽量引原始文献、第一手资料,凡是转引文献资料,应如实说明。第三,作脚注时,注释序号用①②③……每页单独排序。第四,引自中译本,不得标注为外文文献。第五,参考文献的格式必须严格符合规范。

以下是语言学专著、专著中的析出文献、连续出版物中的析出文献和电子文献的著录格式。

(1)专著。

主要责任者.题名:其他题名信息[文献类型标识/文献载体标识].其他责任者.版本项.出版地:出版者,出版年:引文页码[引用日期].获取和访问途径.如:

[1] 李荣.切韵音系[M].北京:科学出版社,1956:99-118.

[2] 赵耀东.新时代的工业工程师[M/OL].台北:天下文化出版社,1998[1998-09-

---

① 吴继刚.《汉语言文字学专业普通学术论文的写作》,《鞍山师范学院学报》2019年第1期。
② 吴继刚.《汉语言文字学专业普通学术论文的写作》,《鞍山师范学院学报》2019年第1期。

26].http://www.ie.nthu.edu.tw/info/ie.mewie.htm.

（2）专著中的析出文献。

析出文献主要责任者.析出文献题名［文献类型标识、文献载体标识］.析出文献其他责任者//专著主要责任者.专著题名：其他题名信息.版本项.出版地：出版者，出版年：析出文献的页码［引用日期］.获取和访问途径.如：

［1］王福堂.武宁方言中的浊声母［M］.//北京大学语言学研究中心《语言学论丛》编委会.语言学论丛：第四十二辑.北京：商务印书馆，2010：179－188.

（3）连续出版物中的析出文献。

析出文献主要责任者.析出文献题名［文献类型标识、文献载体标识］.连续出版物题名：其他题名信息，年，卷（期）：页码［引用日期］.获取和访问途径.如：

［1］王士元.语言演化研究的几个议题［J］.语言研究，2015，35（3）：1.

（4）电子文献。

主要作者.题名：其他题名信息［文献类型标识/文献载体标识］.出版地：出版者，出版年：引文页码（更新或修改日期）［引用日期］.获取和访问途径.如：

［1］北京市人民政府办公厅.关于转发北京市企业投资项目核准暂行实施办法的通知：京正办发〔2015〕37 号［A/OL］（2005－07－12）［2011－07－12］.http://china.findlaw.cn/fagui/p_1/39934.html.

（5）正文中的参考文献。

这种类型的参考文献有两种标注方法：一是按正文中参考文献出现的先后顺序连续编码；二是采用著者-出版年制，标注内容由著者姓名与出版年构成。西方著者也可只标注姓氏与出版年；集体著者著述的文献可标注机关团体名称。倘若正文中已提及著者姓名，则在其后的"（）"内只需著录出版年，如《汉语中的非话题主语》（刘丹青，2016）的标注：

朱德熙（1982：96）认为，"说话的人选来……二者也不能混同"。

正文中引用同一著者在同一年出版的多篇文献时，出版年后应用小写字母 a，b……区别。如《再析"不""没有"的对立与中和》（侯瑞芳，2016）中对同一作者在同一年出版的多篇文献的标注：

沈家煊（2010a）对"不"和"没"的区别有了新的认识……

……当然语境不同可推导出的意思也不同（参看沈家煊，2010b）。

四、图表

语言学论文的图表要求：

首先，语言地图。它的格式，常见的有 JPEG、BMP、GIF、TIFF、PSD、PNG、SWF、SVG、PCX、DXF、WMF、EMF、LIC（FLI/FLC）、EPS、TGA 等，出版物图片采用 JPEG、TIFF、BMP、EPS 格式。至于命名方式，如"地图 1 中国方言分布"。此外另有两点需要强调，那就是涉及国家边界的地图，应根据国家权威出版机构所编制的地图绘制；如文中地图为引用,则命名应采用原文献中的该地图名称,前缀和序号可根据情况修改,同时标明来源。

其次,图表。这方面一定要注意表格一般是不跨页显示的,如果某个表需要跨页接排,续表应重复表头;语言学研究成果的图表,通常用阿拉伯数字编号,序号可按图表出现的先后顺序编码;其标注形式应互相区别,如图1、图1.1;表1、表1.1。

第十一章
新闻传播学毕业论文写作指导

新闻传播学是研究人类新闻活动、传播活动及其他各类信息传播现象的学科。19世纪末20世纪初,新闻学起源于德国,并在西方逐步发展成为一门独立的新学科,而我国最早的新闻学研究则发轫于1918年10月14日北大成立的"新闻研究会"。传播学形成于20世纪初至40年代的美国,之后被世界各地普遍接受。20世纪80年代,威尔伯·施拉姆的《传播学概论》被引进中国,从此,传播学开始传入中国。传播学带来的不仅仅是观念的改变,同时也推动着实践的改革和创新,并且在制度和体制变革方面也产生了重要的影响。

随着传播技术革命和信息化的发展,传播学这门学科在国家建设和社会发展中的地位越来越重要,国家也越来越重视对于社会信息传播活动规律的科学研究。根据科技发展和社会实践的需要,1996年,国务院学科目录上将新闻学与传播学并列为一个专门的二级学科;1997年,传播学与新闻学合并,升格为一级学科,称为"新闻传播学"。

新闻学最初属于人文学科,但是在20世纪80年代传播学被引入中国之后,由于美国的实证主义研究范式社会科学的色彩浓厚,传播学偏向社会科学研究,新闻传播学也就具有了人文学科和社会科学的双重特性,同时,新文科背景下的新闻传播学又属于应用型文科范畴。因此新闻传播学的毕业论文不仅兼具人文学科和社会科学这两者的特性,而且要突出应用性的特点。虽然与文学艺术类论文相比,新闻传播学的毕业论文有其特殊性,但同样首先要解决"写什么"和"如何写"的问题。

第一节 确立应用型选题

论文写作首先要解决研究选题的问题,也就是解决研究什么的问题。选题好坏以及恰当与否往往决定着论文价值的高低,所以,确定好选题是毕业论文写作的关键和首要环节。

一、选题方向

新闻传播学以人类社会的新闻与信息传播活动为研究对象,从不同维度研究不同形态与类型的新闻和信息传播活动与人类社会的关系。在性质上,兼具人文学科与社会科学的特性，同时具有应用性的特点。本学科以往的研究主要是围绕大众传媒的新闻传播而展开，而在进入互联网时代之后，其研究视野和范围大大扩展，网络传播、媒介文化、数字传播、信息和文化产业等各个方面，已成为本学科研究的重要内容。目前，本学科主要有新闻学、传播学、广播电视学与数字传播、广告学与传媒经济学四个方向。毕业论文选题可以围绕这些学科方向来展开。

（一）新闻学研究

新闻学以人类社会客观存在的新闻现象为研究对象。主要包括三个方向：

（1）新闻理论研究。研究互联网和数字化时代各种新闻传播发生和发展的新现象和新问题，以及新闻传播现象和社会生活的关系，为提升受众媒介素养提供理论支持和说明。

（2）新闻史研究。为各类新闻传播者厘清本领域新闻传播历史发展变化的基本脉络，培养其应有的历史意识和人文素养。

（3）新闻业务研究。以传统的"采写编评"为主要研究对象的新闻业务研究，正在转变为对撰稿能力、摄影能力、编评能力、推文编辑能力和平台运营能力等融合生产能力的研究。

融合生产能力不仅是内容的图文、音频、视频、动画等融合形态表达，更是对传播对象和用户需求的精准把握。

（二）传播学研究

传播学是研究人类信息传播活动及其规律的科学，它是一门边缘学科，与新闻学、社会学、心理学、文化人类学、政治学、哲学、语言学、语义学、信息论、系统论、控制论等诸多学科有着千丝万缕的联系，彼此互相影响，互相渗透。主要包括三个方向：

（1）理论传播与传播史研究。在从传播历史发展入手研究传播活动的普遍规律的基础上，侧重于研究代表传播发展方向的、以广播电视、互联网为主体的传播活动及其规律。该研究方向在传播学学术体系中处于核心地位，是该学术体系的基础理论。

（2）媒介文化研究。主要包括媒介生产与政治经济权力、媒介文本的意义呈现、作为文化的传播技术、跨文化传播、媒介与女性研究等内容。

（3）国际传播研究。主要研究跨越国界的信息传播现象及其规律，着重依据国际传播发生发展的基本史实和实践内涵，从对技术、机构、表现、规则等内容的分析入手，考察国际传播所产生的政治、经济和文化功能及其发展趋势。

（三）广播电视学与数字传播研究

广播电视学与数字传播研究以广播电视和以数字技术为基础的新媒体为研究对象。主要包括两个方向：

（1）广播电视研究。主要包括节目和频道（率）的架构、类型、制作和运营、广播电视节目和社会政治、经济与文化、受众、收视（听）率以及经营管理等方面的研究。

（2）新媒体研究。强调以信息科学和数字技术为主导，以传播理论为依据，研究内容主要包括移动媒体、有线数字电视、宽带互联网在内的各种新媒体形态以及数字内容产业。同时，对新媒体产业发展、新媒体经营以及新旧媒体融合等方面进行相关研究。

（四）广告学与传媒经济学研究

该学科基础是传播学理论、社会心理学、经济学和管理学。主要分四个方向：

（1）广告传播理论。研究广告的传播特性、功能、类别、程序，广告发展的历史与变化趋势。

（2）广告运作与管理。研究广告主、广告公司、媒介的广告运作与广告经营机制，研究社会对广告传播的管理与控制。

（3）品牌传播。围绕着品牌建设而进行的广告策划与创意、设计与制作以及媒体运用。

（4）传媒经济理论和实务。研究传媒经济的本质，媒介生产与消费、媒介市场竞争与运行以及媒介经营、管理等问题。

二、选题类型

新闻传播学毕业论文的选题大致有以下三种类型：

（1）理论型。根据已有的研究文献来建构理论、创新理论等等。但由于理论创新难度过大，对知识储备、思维架构要求较高，因而高校毕业生一般不宜选择纯理论型题目。

（2）应用型。属于理论与实际结合型，是指将新闻传播理论应用于解决具体的现实问题，用理论的视角来分析新闻传播实践活动。一般以是什么（提出问题）、为什么（剖析原因）、怎么办（提出对策）的逻辑进行。

（3）实证型。运用数据统计、问卷调查、内容分析和实验控制等实证方法来分析社会现实问题。

三、选题方式

毕业论文的选题一般是学生在研读相关文献的过程中，结合自身研究兴趣和能力与指导教师商议后确定的。在选题的问题上学生与指导老师的关系应该建立在相互尊重和共同讨论的基础之上。选题不能完全依赖老师，但是老师可以提供建议和参考，决定权在学生自身。同时，学生也要认真考虑老师的意见。如有毕业生最初拟定的选题为：《新媒体传播背景下（以微信公众号为主）传统纸媒寻求新出路的娱乐化妥协——以看天下为例》，此标题过于冗长，后来在老师的建议下改为《Vista看天下微信公众号中头条新闻的娱乐化倾向研究》，这样就简洁明了了。

第二节 选择合适的研究方法

新闻传播学的毕业论文往往是围绕国内外新闻传播界出现的一些新现象、新动态、新变化和新问题进行分析研究,因此要善于运用恰当的理论、模式和方法分析和解决相关问题,这是论文撰写成功的基础。

撰写一篇毕业论文未必每种方法都运用,但要根据研究的需要选择合适的研究方法。新闻传播学毕业论文主要有定性研究和定量研究两种基本方法。

一、定性研究

定性研究是在占有大量文献资料的基础上,运用逻辑思维方法,通过归纳、演绎、比较进行分析与综合,从而把握事物的属性与特征。具体的研究方法有以下四种:

1. 文献研究法

文献研究法是通过系统地收集、整理和分析文献,从而形成对事实的科学认识。为了保证研究的可靠性,新闻传播学毕业论文基本上都是在阅读整合和分析研究文献资料的基础上展开的。如《试析流行广告语的文化内涵》《中国戏曲传播的现状及未来发展研究》《新闻娱乐化对公民政治参与的影响探析——以微信为例》《传播学视阈下的明星人设现象分析》《自媒体时代新闻反转的成因和影响》等等。文献研究法能够超越时空的限制,通过对国内外文献的查阅,学生们可以研究各种各样的社会文化传播现象。但是,这种方法的运用必须要注意文献的准确性、完整性和作者的主观倾向性。

2. 文本话语分析

文本话语分析是新闻传播学中的重要研究方法,它是通过深入研究文本,由表及里把握文本的深层含义。符号分析、文化研究以及叙事学分析是最主要的三大具体方法。如《央视短视频新闻叙事模式研究》一文,从新闻叙事学的视角出发,具体分析了央视短视频新闻的叙事主体、叙事话语、叙事框架,探讨在媒介融合的背景下短视频新闻如何调整自身内容以适应环境的发展和受众的需求。这种分析方法有助于学生深入文本的内部结构发现问题、研究问题,更有针对性地提出合理化建议。但是,如果抽取的研究样本不够丰富的话,有可能导致研究的片面性。

3. 个案研究法

个案研究法是"用于研究单一个体多方面的特征,以反映带全局性的问题,是了解某一特定现象,在特定范围内、特定时间内的全面情况的研究方法"[①]。如《网络舆论中的

---

① 黄晓钟、杨效宏、冯钢主编:《传播学关键术语释读》,四川大学出版社2005年版,第224页。

群体极化现象研究——以"肖战事件"为例》一文,以"肖战事件"为研究个案,对网络舆论群体极化现象进行了较为具体深入的研究。个案法的价值在于写作者能够较为深入全面地占有研究对象的资料,有利于客观、深入和准确地把握研究对象的问题、原因及传播机制,有利于写作者提出有效的解决措施。此法的运用需注重个案选择的典型性、资料收集的完整性和研究结论的科学性。

4. 比较研究法

比较研究法是指通过对两个或两个以上的事物或对象进行对比,从而找出它们之间的相似性和差异性的一种分析方法。如《〈舌尖上的中国〉第一季与第二季比较研究——基于"使用与满足"理论的分析》一文,运用传播学原理,对纪录片《舌尖上的中国》第一季与第二季的传播效果进行了比较,从而探讨大众传播分众化时代受众的使用与满足。新闻传播学的比较研究能够帮助受众认识各种新闻传播现象的异同,把握其实质与规律性。但是一要注意研究对象的可比性;二要注意样本选择的客观性。

二、定量研究

定量研究又称量化研究,指的是采用统计、数学或计算技术等方法对社会现象进行系统性的经验考察。常见的方法有:

1. 实地调查法

这是传播学研究中最重要,也是最常用的方法。它是指研究者为获取丰富的第一手资料在社会实际生活中进行调研的方法,主要有以下六个步骤:一是选择"实地";二是进入现场;三是抽取样本;四是收集资料;五是整理和分析资料;六是撰写调研报告。如《基于微博平台的大学生媒介素养调查研究——以江南大学为例》一文,以江南大学学生为研究对象,采用问卷调查法,运用随机抽样的方式,对大学生微博媒介素养进行相关数据采样,通过分析调研结果,得出结论,并进一步提出自己的见解。本方法适合在自然状态下对群体的行为进行调查和研究,基本不受人为控制因素的影响,灵活性较强,但是此法也存在着研究结果概括性较差和信度偏低的缺陷。

2. 内容分析法

这是一种对明示的传播内容进行客观、系统和定量描述的分析方法,具体而言,它是通过抽取一定数量的样本,将非定量的文献资料转化成定量的数据,并依据这些数据对传播内容进行定量的分析,做出关于事实的判断和推论。如《新旧媒体互设议程下的留守儿童报道——以〈光明日报〉和〈工人日报〉及其新浪官方微博为例》一文,采用内容分析法,通过对两家报纸及其新浪官方微博关于留守儿童报道的量化分析,探讨了当下主流媒体对留守儿童进行报道的现状及存在的问题,并提出建设性意见。本方法目标明确,通过结构化和非接触性的研究,能客观地描述传播内容,说明信息来源的特征,分析文本和发现问题。但是,此法对样本的收集和写作者的编码能力要求比较高。

3. 控制实验法

周鸿铎在《新传播学教程》中指出："控制实验主要是用于测试特定的信息刺激或环境条件与人的特定心理或行为反应类型之间的因果关系。"[①]如《试探新媒体时代社会化媒体平台入口把关的媒介素养教育模式——以哔哩哔哩社区规范答题为例》一文，为了探讨"平台入口把关模式"这一设想模式的微观效果，同时考察影响该模式实施效果的各种因素，研究通过控制实验法，采用对等群体后测因子设计，设计两个自变量：新媒介素养教育模式（变量 X，即平台入口把关模式）和传统媒介素养教育模式（变量 Z，即学校教育）。依据两个变量做一个 2×2 因子设计，把实验对象随机分成四组，第一、二、三组为实验组，第四组为控制组，实验对象的媒介素养水平及教育方式接触意愿为因变量，研究者通过"Media Lab"实验小程序在选取的实验对象生活场景中进行实验，对样本反应进行观察分析。

实验法的优势在于：人为可控制性；变量间的因果关系明确；实验随时随地都可进行。但是此法的不足在于，一是研究只能限于当前问题，无法研究复杂现象；二是外部效度难以确定。

需要说明的是，学生在撰写毕业论文的时候，也并非是运用单一的研究方法，往往采用定量和定性相结合的方法。如《试探新媒体时代社会化媒体平台入口把关的媒介素养教育模式——以哔哩哔哩社区规范答题为例》一文，研究通过问卷调查对哔哩哔哩社区规范答题模式和社会化媒体平台入口把关的媒介素养教育模式进行效果分析；通过定性分析肯定了新模式在实践范例、政策支持和技术保障上的可行性；通过设计实验室实验肯定了该模式在实施效果上的可实施性。

第三节 提纲和初稿拟写中的常见问题

一、提纲的拟写

论文提纲是写作者构思谋篇的具体体现，是论文的组织架构，提纲在毕业论文写作中有重要作用。毕业论文由于字数较多，篇幅较长，需要用大量材料，多层次、缜密、有逻辑地展开论述。写作提纲能够勾勒写作轮廓，理清写作思路，明晰写作重点，所谓"举一纲而万目张，解一卷而众篇明"，因此需要重视提纲的写作。

（一）具体要求

新闻传播学毕业论文的提纲可分为粗纲和细纲两种。所谓粗纲，即以短句的形式高

---

① 周鸿铎：《新传播学教程》，中国国际广播出版社 2018 年版，第 313 页。

度凝练地概括论文的核心要点。尽管粗纲极为简短,却是深思熟虑的结果,它清晰简明地告知了论点、论据和论证方法。细纲则是详尽地把论文的主要论点、论证方式、结构安排呈现出来,使人能够明白论文的具体框架和行文脉络。

在写论文提纲时,应首先围绕总论点构思,对资料进行剪裁,删繁就简,选取最恰切精当的材料进行论述,舍弃冗余、无关的材料。其次,要考虑论述层次,总论点和分论点之间、论点论据之间要求明晰的逻辑关系。最后,还应该恰当安排各部分比重,做到匀称、协调。提纲写作应该遵循以下三个要求:

1. 紧扣主题

主题是论文的核心,是学术观点的集中展现,也是下笔写作首先应该考虑清楚的部分。因此,提纲的写作要紧密围绕主题展开,这样才能做到纲举目张。与主题无关的材料,不管多么新颖或者多么罕见,都不能纳入提纲之中,应予以大胆舍弃。各章分论点以及小论点都要紧密围绕总论点展开,相互关联和照应,从不同方面、不同角度来论述,使论文成为一个有机整体,环环相扣。如果不注意紧扣主题,任意发挥,论文就会显得驳杂、松散。

2. 层次清晰

写作论文时不能平均用力,应该详略得当,重点突出,层次清晰。确定总论点之后,应该根据论点与材料的密切程度进行统筹安排,按照重要性和优先级编好次序,分论点要由总论点直接导出,各分论点之间,需要严密的思路和严谨的逻辑,或是同一层面的纵深掘进,或是不同层面的横向展开,对总论点进行深入缜密详尽的论证。

3. 结构精当

结构是论文的骨架,是对论点和论据的安排。文章的结构对于文章的深度至关重要,它体现着研究者的全局意识和思考深度,揭示事物发展的客观规律和内在联系,也侧面反映出写作者对于世界的认知。结构的设计,包括分论点与论据排序、论述详略、开头结尾的布局、过渡照应的设计,应该突出总论点的核心位置。只有这样才能恰如其分地展示观点、揭示本质。论文通常有"提出问题—分析问题—解决问题"和"引论—本论—结论"两种架构。这两种架构内部次序是固定的,要符合逻辑体系和语言法则。

(二)普遍存在的问题

毕业论文写作需要投入大量时间和精力,非一日之功,因此更需要一个缜密的论文提纲来指导论文的写作。对于毕业论文新手而言,提纲的写作常常存在以下问题,只有反复推敲锤炼才可趋于完善。下面将结合具体论文例子分述之。

1. 论文观点不明确

在列提纲时,不少学生往往将名词的罗列当作观点的表达,以空洞的词汇来概括文章要点,例如,仅列出"原因分析""特点"和"创新之处",却不告知具体的原因、特点、创新,导致提纲缺少实际内容,这样的提纲是无效的。以《全球化语境下韩国综艺节目的创新发展研究》这篇毕业论文的提纲为例:

第 1 章　绪论
　1.1　研究背景
　1.2　课题研究现状
　1.3　研究的目的和价值
第 2 章　韩国综艺节目的概况
　2.1　韩国综艺节目的背景
　2.2　韩国综艺节目的分类
　2.3　韩国综艺节目的发展现状
　　2.3.1　发展原因
　　2.3.2　发展状况
第 3 章　美食类综艺节目
　3.1　发展现状
　3.2　创新发展
第 4 章　竞技类综艺节目
　4.1　室外竞技类综艺节目
　　4.1.1　发展现状
　　4.1.2　创新发展
　4.2　室内竞技类综艺节目
　　4.2.1　发展现状
　　4.2.2　创新发展
第 5 章　脱口秀
　5.1　发展现状
　5.2　创新发展
第 6 章　音乐类综艺节目
　6.1　发展现状
　6.2　创新发展
第 7 章　情感类综艺节目
　7.1　发展现状
　7.2　创新发展
第 8 章　其他类综艺节目
　8.1　发展现状
　8.2　创新发展
第 9 章　结论和研究展望
　9.1　韩国综艺节目的创新发展
　9.2　研究展望

此提纲缺乏观点的提炼，完全没有呈现有效信息，空洞名词的罗列、综艺节目分类的流水账式铺排，导致分析深度的缺失，显得平面化、空洞化、简单化。在指导老师的建议下，该同学将罗列的几类节目进行概括，总结其特点，第三章写作韩国综艺节目的特点，第四章写作综艺节目的创新策略，第五章论述综艺节目的发展趋势，第六章探讨韩国综艺节目的启示，这样修改之后，凸显出论文的逻辑层次。可见，只有归纳出真正的观点，才能推进论文的论述深度。

2. 论点概括不全面

分论点的设计，需要周密的逻辑和深入的思考，应当对问题进行全面考察，尽可能列出所有相关的论据，再去粗取精，选取与主题吻合的材料，安排论点和论据的顺序，这样能够保证论点的缜密与全面。例如《新媒体时代网络新闻生产研究》这篇论文的提纲，作者在第四章分析了新媒体时代网络新闻生产中的问题，列出了三个分论点"公众提供信息的表层化""公众参与的去专业化"和"网络营销下的虚假包装'新闻'"，这样的分析概括是不全面的，因为忽视了传播者方面的问题。因此，需要补充这一分论点才算完整。

3. 论点和主题联系不紧密

分论点和主题之间要有密切的逻辑关联，或是对总论点的递进式分析，或是并列式分析，或是混合式分析，但不管哪种分析方式，都要紧紧围绕主题展开。因此，在设计提纲时，应该强化分论点与主题之间的关联，做到环环相扣，"步步为营"。以《新媒体时代网络新闻生产研究》这篇论文的提纲为例，第五章提纲如下：

第5章　成熟的网络新闻生产模式
　5.1　成功的网络新闻案例
　5.2　成功原因的剖析与借鉴
　　5.2.1　新闻材料的"把关人"
　　5.2.2　发布平台的"职责所在"
　　5.2.3　新闻工作者的"职业信仰"
　5.3　成功的网络新闻生产模式总结

这一章与论述主题之间的关联并不紧密，前面几章探讨的是"网络新闻的生产现状""网络新闻的传播模式"和"网络新闻存在的问题"，都是围绕主题展开的，而第五章显然偏离了主题，应该探讨的是网络新闻问题应对策略，这样所有的章节关系紧密，才能突出总论点的中心地位。

4. 逻辑顺序不清晰

在进行提纲写作时，结构的安排十分重要，要以缜密逻辑安排各级的论点论证，这样的结构才能站得住脚。不考虑各层级之间的逻辑关系，随意安排章节架构和论点，会导致论文层次不清，也无法实现有效的观点传达。例如《微博公共空间公众讨论冲突与情感表达研究——以乔任梁事件为例》的部分提纲：

第 2 章　公众与社会事件
　2.1　公众微博讨论及特点
　　（找出相关事件的评论转发情况，评论文字内容的雷同与情绪化分析）
　　随着事件发酵真相与谣言的对比
　2.2　微博讨论成因
　　事件本身私人化明星性质；微博特质；公众狂欢、窥私与表达欲望
第 3 章　微博与意见场
　3.1　改善微博平台
　　微博不是天然的公共空间，但一定程度上是社会意见的汇聚，要保护并完善这一场域
　3.2　提高媒介素养
　　尊重公众表达欲望，引导公众合理讨论，追求真相和争取权益。
　3.3　加强事件引导
　　主流媒体以及意见领袖加强自身素养，及时分享事件事实，引导公众正确表达意见。

此提纲有两方面的问题，一是一级标题没有概括提炼出观点，二是第二章、第三章之间的逻辑关系并不紧密，缺失了一个论述层面，即微博公共空间公众讨论存在哪些问题，导致论文结构不完整，行文思路不顺。行文的逻辑顺序应该是微博公众讨论形成的原因—存在的问题—如何改善，这样的逻辑才能自洽、顺畅。

二、初稿撰写普遍存在的问题

毕业论文初稿简言之就是毕业论文大致的草稿，此时的文章初步成型，但尚有很多内容需要充实和完善。

在毕业论文初稿的撰写过程中，应达到的基本要求是：

第一，立论正确，脉络清晰，结构严谨；

第二，论据充实，论证透辟，通过具体案例，多角度进行剖析；

第三，准确运用相关的新闻传播理论，理论与文本分析做到水乳交融；

第四，研究问题明确，研究方法合理；

第五，严格按照毕业论文写作规范进行撰写。

论文初稿的写作，由于学生受到时间、精力和能力的限制，往往会出现各种问题，但这些问题容易被忽视，主要有以下几个方面。

（一）观点缺少提炼和概括

在写作时，无论是一级标题、二级标题还是三级标题，都应当注意提炼概括学术观点。长篇大论却缺少总结，会给阅读者带来理解上的不便。例如：

2. 处理好对特定主题的中国故事的报道,根据内容特征做好议题设置、报道数量、获取来源、报道体裁等方面的细分化工作。中国故事从政治、文化、经济、外交的分类,再到某个领域的特定主题与事件的传播,要坚持做好事无巨细,程序细分化的准备工作。(《从受众的接受效果看媒体如何讲好中国故事》)

这一段是文中第五章"讲好中国故事的策略与方案"的第二点,但大段文字缺乏概括,导致论点不突出,观点被埋没,因此应该在这一大段阐述之前加上"细分传播内容"这一观点,如此论述会更加清晰明了。

(二)论述缺乏层次感

层次彰显出文章的逻辑与脉络,清晰的层次才能让读者准确把握论述的观点。各层级之间应该有明确的逻辑架构。尤其是段落的写作,段落具有单一性和完整性,一个段落只应该表达一个主要观点,过多的观点堆积便会造成观点不明,缺乏层次。例如:

中国观众一开始接触韩国综艺是在20世纪90年代,随着第一代韩流明星而来的是韩国的综艺节目,如《反转剧》《情书》《X-MAN》。20世纪90年代的综艺节目清一色是室内综艺,都是有台本有剧本的综艺,室外拍摄是被当作特辑来录制的。内容几乎差不多,但是在此期间诞生的名综艺中的名场面和名游戏,在韩国综艺节目市场的发展历史上占据着一定的地位。随着第一代韩流明星的解散,其影响力也被第二代韩流明星所代替。21世纪初,第二代韩流明星在第一代韩流明星影响力的基础上引发了更大范围的冲击,从而使韩国综艺节目有更大范围的影响力。随着影响范围的扩大,为了能够迎合更多层次和更多样化的观众,韩国综艺节目进行了创新与改变,进一步发展了室内综艺和室外综艺……(《全球化语境下韩国综艺节目的创新发展研究》)

这一段论述分析了韩国综艺节目的发展原因,但缺乏层次,观点不明,将多个原因糅合在一起论述,显得冗长、混乱、缺乏条理,段落之间缺乏过渡。不妨将原因提炼出几个小标题,分而述之。在老师的指导下,学生进行了修改,将原因分成了四点:"韩流文化影响范围扩大""创新的需要""增强时效性"和"满足受众需要",这样分层论述后比原来清晰了许多。

(三)内容与观点结合不够紧密

学生在写作论文初稿时,往往会出现内容与观点结合不紧密,甚至风马牛不相及的情况。这种情况的出现,多是因为写作者缺乏观点敏感性,又有凑字数的动机,以致论点和论据分离。例如,在分析公众微博讨论特点及其存在的问题的时候,写作者针对"真相、流言、谣言交叉传播"这一现象写道:

相关事件尤其是与娱乐明星相关的话题在微博舆论场传播的过程中,由于信息披露不及时、事件呈现不完整,很容易滋生流言、谣言。以"乔任梁抑郁症去世事件"为例,其死亡原因有多种说法,信息真假难辨,成为公众讨论显著的特点。在舆情爆发高峰期,公众通常容易被虚假信息蛊惑,无意识寻求真相继而距离真相越来越远。微博平台的开放性一定程度上方便滋生和传播谣言。微博平台或微博意见领袖应该实时监测微博舆论动态,引导公众理性思考,尤其要让公众学会辨别信息真伪,从驳杂的信息中做出自己的判断,正确引导舆论走向。(《微博公共空间公众讨论冲突与情感表达研究——以乔任梁事件为例》)

很显然,作者将存在的问题和解决策略混在一起,导致一个段落有两个核心思想,带来了论点的失焦,也使论述内容与观点结合出现了较大断裂。因此,应该将解决策略部分删除。

(四)论述不够具体,内容空泛

在写作初稿时,学生或是由于事务繁忙,初稿仓促写成;或是由于对问题研究不够具体深入,因而在论述过程中蜻蜓点水,内容空泛,不够充实,概括也不全面。例如,《央视新闻在哔哩哔哩网站的传播研究》一文在第4章分析融媒体环境下央视新闻的传播效果时,写作者从平台数据和投稿内容两个方面进行分析,一章仅764个字,部分初稿内容如下:

第4章 传播效果
  4.1 平台数据分析
  ……
  分析数据可以发现,央视新闻较好适应了B站的社区生态环境,传播内容受到平台用户的喜爱和赞赏,吸粉速度和粉丝留存率较高,受众互动较为良好;形成了一定范围内较强的影响力和公信力,成为该平台较为知名的内容输出者。

  4.2 投稿内容分析
  ……
  由数据初步分析可以得出,其高播放量作品多与时事热点相关,内容多为10分钟内的短视频,合作视频也占了较大的比例。数据表明,央视新闻在B站的传播具备了一定的"出圈"能力,娱乐性内容传播效果相对更好,严肃性内容的传播具有较强的影响力。

很明显,写作者没有搞清楚何为传播效果,所以议论空泛,无的放矢。因此,需要在明确传播效果内涵的基础上,进一步充实相关内容:B站的央视新闻到底对受众产生了什么影响?受众在态度、行为等方面有何变化?这样才能有效扩展论文篇幅,言之有物。

（五）结构不尽合理

毕业论文内容丰富,篇幅较长,层次较多,结构复杂,所以一定要紧密围绕论题展开,各章之间要按照自身的逻辑关系理顺,使论文结构井然有序,层次分明,比例和谐,结果合理。但是写作者经验不足,研究问题不够全面,致使文章的结构不尽合理,或是文章比例失调,重点不突出;或是文章的逻辑思维混乱;或是对策建议和发现的问题不相对应等等。例如,《新媒体时代网络暴力成因分析及对策》一文,该学生一共写了5章,第1章《绪论》2003字,第2章《网络暴力的定义、类型及现状》4432字,其中现状仅761字,第3章《网络暴力成因分析》3785字,第4章《网络暴力危害及治理对策》4243字,第5章《结语与展望》822字。这样的文章结构是不合理的,详略安排不当,重点不突出。第2章需精简文字,且需要改成网络暴力的特征,第3章是文章的重点之一,尚需进一步充实内容。

写作的过程其实也是修改的过程。如同炼钢一般,只有经过反复的淬炼,将杂质去除,才能得到精钢,文章也一样。即使是世界著名作家的作品,也离不开上百次的修改。鲁迅的《从百草园到三味书屋》,修改达上百处。好的论文,需要经过反复的打磨、修改,才能合乎规范。

第十二章
戏剧影视文学毕业论文写作指导

　　戏剧影视文学专业来源于四个专业的统合：戏剧文学（中央戏剧学院、上海戏剧学院等开设）、戏曲文学（中国戏曲学院开设）、电影文学（北京电影学院开设）、广播电视文学（中国传媒大学开设）。2019年，教育部在《关于一流本科课程建设的实施意见》中对高校提出了"突出建设专业的'示范领跑'作用"的要求，对文科专业提出了"新文科"的建设方向。所谓"新文科"，"新"在专业人才培养中各学科知识的融合与交叉，"新"在为学生提供更契合现代社会需求的知识体系和素养，"新"在专业课程对学生问题意识、学术视角的训练，"新"在培养跨学科、综合性、融通型的复合型人才。戏剧影视文学专业应该根据新的时代要求，积极主动地纳入新文科体系，提升专业人才培养的质量。

　　一般而言，文学类的毕业论文，无论是提炼主题、分析形象还是揭示冲突、概括作品的艺术特色、结构、风格等，都是遵循作品所提供的文字来阐发和理解的。而影视论文的写作原则与之不同，它的思维基础是图像文字，是视听语言体系，就是利用视听刺激的合理安排向受众传播某种信息的一种感性语言。语言，必然有语法，这便是我们所熟知的各种镜头调度的方法和各种音乐运用以及镜头组合、剪辑等技巧，与文字系统是两种截然不同的符号体系。声音、画面、色彩、影调等是影视作品基本的构成元素。只有掌握了影视语言的修辞方式，无论是影像分析或思想阐释、导演风格定位分析都会更加专业，甚至在研究的时候可以用影视独有的语言方式进行艺术思维解析，写出来的论文才不会是文学类论文的简单移植。现主要针对本专业影视类毕业论文写作中常见的问题、如何进行选题的确认、如何确定大纲的架构、合适的研究方法的选定，以及理论知识等方面对毕业论文的写作展开论述。

第一节　戏剧影视文学毕业论文普遍存在的问题

　　毕业论文是在对学生进行集中科学研究训练后要求学生在毕业前独立撰写完成的论文。戏剧影视文学方向的论文和其他学科论文一样，需要学生结合自己的研究兴趣，选择相关研究论题进行深入挖掘，但由于学生缺乏专业学术论文的训练，往往会出现一些常见的问题。

一、选题无新意、空泛

不要选择过于热门的选题,输入关键词出来成千上万条文献的,这样的选题太多人研究,很难有新的角度或者原创性观点。选题角度要小,"开口"要小。一般好的选题都是"小题大做",千万不要"大题小做",切忌选题过大。要从微观研究、个案研究、局部研究开始,否则容易使论文呈现出"大而空洞"的面貌。在近年来的影视方向选题中,不着边际的宏观研究太多了。例如,下面这个选题就过大:《国产电影民族风格研究》,既没有时间的区间,也没有地域或者创作风潮、创作内容的定位,可以修改为《21世纪以来国产动漫改编电影的民族风格研究》,加上限定词后时间和研究对象都有了比较明确的范围,可以通过对相应的动画文本进行归类总结,从民族风格入手,剖析其特性。让选题有新意的一个常见办法是选择当下较新较热门的作品进行分析,而且要找准此作品最值得研究的特点去挖掘。例如《新媒体时代的电影营销策略分析——以〈地球最后的夜晚〉为例》,这个选题就没有像很多研究者一样落入俗套,以小众艺术片的视角去剖析其艺术特色,而是从营销手段的角度去研究这部艺术电影是如何破圈的。此选题落到了实处,抓取一部现象级电影的营销手段展开研究,方向明晰,有很强的实践指导作用。

二、立论不准确

观点是学术论文的灵魂,如果观点是经不起推敲的甚至是荒谬和错误的,那么论文的价值则无从谈起。无论是什么学科,以错误价值观为导向的论文选题千万不要碰。例如,选择一个日本军国主义时期的导演为了宣传军国主义思想而拍摄的作品序列,用大段的篇幅去赞美和分析这些作品所取得的艺术成就和美学风格,是万万不可取的,因为影片的价值观是反人类的,除非你是从文化批判的角度去评判和批评,否则任何赞美都会被视为负面的伤害。再比如论文观点偏颇,未能全面科学地认识问题,或以偏概全,或对作品研究的范围把握不够精准,都会造成读者对问题的曲解和误读。例如《20世纪70年代以来美国电影中的中国文化元素探析》一文,从标题和内容观点的匹配上看就有问题。文中研究的电影文本基本都是好莱坞类型片,而标题却把美国电影等同于好莱坞类型片,电影文本的研究范围都没有搞清楚,导致文章中一些观点过于主观,结论比较片面。最后,文章结语部分出现了"建立中国文化品牌形象有助于打破西方世界对中国的刻板印象,从而提升中国电影在国际市场上的地位和竞争力,并逐步突破西方电影对中国电影的压制,创建中西方电影平等共处的局面"这样贻笑大方的观点。本论文研究的是美国电影中的中国文化元素,本质上研究的是西方电影文本中对中国文化元素的运用和呈现,但结语部分的观点却把中国本土创作的电影混同进来比较,事实上,"本土"电影的发展壮大和"走出去"电影的强大根本就是两个不同的问题。

三、缺乏创新性

一篇优秀的毕业论文往往会让答辩老师看到选题之后眼前一亮。哪怕内容是旧瓶装新酒,也要体现出一个新的思路、新的研究路径和解决办法,即使在标题上换个切入视角,也会让你的论文看上去焕然一新,具有冲击力。例如,有学生提出来要研究电影节获奖电影,这个角度就很好,一般学生只会选择某导演或者某类别的创作,换个角度研究电影节的获奖影片,选定特定的时间范围和具体的几个类别相近的电影节(比如国际 A 类电影节),把获奖电影的个案放到一起归类总结其特征,有助于了解世界影坛在那个阶段的创作特征和潮流。

四、学理性欠缺

在大多数情况下,一篇优秀的毕业论文一定是在学理性方面比较突出的,即研究成果的结构、话语、论证达到了深入、有序的程度。学理性强的论文一般都要做到理论基础扎实,立论基础明确,论证策略合理,逻辑语言通顺,思维评价正确。其中,理论基础是论文专业性的根本体现,影视方向论文的理论基础当然是建立在影视学的理论知识之上的,经典的理论基础需要从经典的著作和经典文献中去寻找。影视学作为一门教授广播电视节目策划以及影视作品创作、后期制作等方面的专业知识,培养具备较高的政治水平、理论修养和艺术鉴赏与创作方面能力人才的学科,由于不同属性院校培养方向存在着较大的差异,在影视行业的实际工作中,理论和实践操作很大程度上是割裂的。综合院校培养的影视方向的学生,扎实的影视理论基础其实是能够帮助学生在以后的影视行业的工作岗位上发挥积极的作用的。普通院校戏剧影视文学方向的毕业论文要求和艺术院校的要求有所差异,例如不能把剧本作为毕业论文,必须是一篇能够综合运用戏剧影视理论知识和实践技能来分析和研究本专业相关问题的学术性较强、具有原创性观点的论文。

第二节 戏剧影视文学毕业论文如何确定选题

一、如何找准戏剧影视文学论文的选题

(一)选题来源

戏剧影视文学专业毕业论文的选题一般都是从自身的研究兴趣或经常关注或涉猎的影视作品或者导演创作出发,结合所学的理论知识,通过与导师的讨论和斟酌确定下

来的。一般情况下,如果导师对学生所提出的研究方向不太熟悉的话,会让学生先去查询一下和选题相关的文献资料,如果文献资料过多或过少,都要进一步仔细分析研究是否要替换选题内容。如果选题来自导师熟悉的研究范围和方向,则导师能更好地对选题的具体研究方向提出更具建设性的分析意见。但此处需要谨慎的是,如果选题是你的导师或者将来的答辩老师非常熟悉或者正在研究的领域,那么在参考相关文献资料时,最好要把导师或者答辩老师的相关论文进行剖析,以求在熟悉他们研究方法的基础上,对他们的研究做出补充,如果找不到新的切入点和突破口,则要适当把选题的具体方向做一个微调,最好要有全新的研究视角,答辩时才能够从容应对。

(二)选题方向

1. 热播影视作品研究

戏剧影视专业可以研究的方向很多,在学生理论知识不太扎实的情况下,可以选择当下大家比较关注的影视剧作品,如结合热播的电视剧或者爆款电影进行研究,会有大量新鲜的资料,关注度也会高一些,即使理论水平没那么高,也能写出一篇具有现实指导意义、研究时效性比较强的毕业论文,在答辩中多一些讨论的空间。例如,在电视剧领域,最近几年大女主剧比较盛行,无论是现代剧(《都挺好》《三十而已》)还是古装剧(《延禧攻略》《上阳赋》)等,可以结合近几年女权运动的大背景,对满足女性消费群体需求的同一类别电视剧文本进行研究。这一热点也可以延伸到电影创作领域,2021年初春节档创造票房奇迹的电影《你好,李焕英》以及本来毫不起眼的清明档上映的电影《我的姐姐》都在各自的档期获得了票房第一,虽然两部电影主题不同,但都讨论了关于女性的议题,如果同学们能关注到以上这些作品成功或者受关注的一些共性,就可以切中热点,写出有新鲜原创观点的论文。

2. 创作者研究

另外,学生论文中最常见的就是以导演为切入点的研究。当然,也有围绕其他创作人员展开的,比如编剧、摄像、制片人、电视节目编导等等。一般这样的选题,首先应该把你所选创作者的所有作品都找到并通读一遍,再慢下来做拉片,如果仅仅对这些创作者的某一部作品感兴趣,而没有了解其所有的创作序列作品,往往会导致对其作品的理解存在局限,甚至看过所有作品后发现找不到一个统一的研究思路,因为可能有些导演创作的作品类别包罗万象,看上去并没有统一的风格(例如斯坦利·库布里克导演)。这种情况下,在通读了创作者所有作品以后,在他的创作思路中寻找待研究的空间,是相对好控制的一个方向。以创作者为方向的论文在写作前,需要尽可能了解关于创作者的所有研究成果,包括研究创作者本人和其作品的所有文献。如果研究的是国外导演,也要搜集相关的外文文献。关于电影作者的论文,在实际的研究中一般分为几个方向,一是论文只涉及导演或者编剧的4—5个电影,详细论述一个特征,可以是主题、技法或叙事策略等;二是把导演的创作序列做一个全面的梳理,提炼出该导演的总体创作风格或分析其代表的文化现象。例如,论文《克里斯托弗·诺兰的叙事技巧》属于第一种,论文《文化政治视野中的奉俊昊与韩式大片》就属于第二种。当然,还有很多其他的切入角度,例如《伍迪·艾伦与伍迪·艾伦——娱乐的双重机制》,这篇论文的标题很有新意,其实研究的是伍迪·艾伦的创作游走在主流和非主流、娱乐和商业内外的双重机制的矛盾中。当然,在选择研究对象时往往会遇到一个悖论,著名导演的研究材料多,前人研究已经非常详细,很难找到新颖的选题,比如希区柯克、李安、贝托鲁奇、侯孝贤、王家卫等,且这些导演没有创作最新的作品,如果没有找到自己独到的见解和全新的解读视角,建议放弃研究;而小众导演或者编剧的作品往往不多,研究材料有限,在选择研究角度的时候更需要多花一些心思。

3. 类型和思潮研究

以不同类型或者不同创作思潮的影视作品作为研究对象的论文选题也很常见。特别在近年的影视创作活动中,本土类型化已经成为一个热门话题,从历史、文化、空间角度对这种创作现象做出阐释和分析的论文在当下影视学界的热度有增无减。其实,从电影研究的历史来看,类型电影研究作为既老又新的理论对象,有明显的泛在性特征和文化工业属性,在研究的基础性范式的规划与指认上进一步梳理和寻找到基础学理的逻辑脉络,并进一步演绎为研究所遵循的基础性范式,是保证类型电影研究具有科学性和普遍适应性的关键所在。对中国电影理论研究而言,类型电影研究是一个既老又新的研究领域。由于历史的惯性,电影理论研究一直以来都把触角更多地伸向了艺术电影或作者电影,在美学的聚焦中寻求深度模式与价值判断的阐释。这使得面对商业类型电影的电影理论与批评话语呈现出大面积的错位与失语。而随着消费时代的到来,影视作品作为文化产品,对类型的需求越来越旺盛,类型电影的关注和研究也越来越盛行,对于汉语言文学专业的学生来说,没有经过系统的影视理论知识的学习,可以更多地结合文学理论、美学理论等去解读,可以从影视作品的类型演变、更替,类型的融合、亚类型的产生和分化、类型电影中的叙事学母题、类型与题材、类型与神话、类型与道德、类型与政治、类型与结构主义、类型与意识形态等方面进行研究。例如,有学生提出想对近年的青春片进行梳理,其实这个类型无论在西方或者日韩,都已经是一个比较成熟且经历了好几次类型变革的已经不再是热门的电影类型。但大陆青春片受到台湾电影《那些年,我们一起追的女孩》的影响,从《致我们终将逝去的青春》开始,青春片一直是电影市场上受关注的类型。如果我们梳理一下这个类型的发展轨迹,可以发现这一类型仍旧处于一个初步发展的阶段,我们注意到当下的很多青春片都是根据热门网络小说改编的,那么作为中文系的学生,就可以结合青春片原著网络小说谈一谈改编策略和技巧。当然,除了类型影视剧作品,也可以研究散文电影、乌托邦电影、交互性纪录片、伪纪录片、社会问题剧,还可以研究热门的电视综艺节目等等。

(三) 确定标题

标题字数最好控制在 20 字以内,千万不要试图在标题中表达论文观点和结论,标题展示的是论文的研究方向和内容定位。例如，为了体现专业性，不要在标题中出现“浅析”“浅谈”“浅论”“简评”“概论”等字眼，而要用“研究”“策略”等包容性强、充满自信的字眼，在标题中表明你要阐释的内容方向和需要解决的问题。例如，《中国第六代导演与青年亚文化研究》这个标题体现的就是研究对象——“中国第六代导演”和青年亚文化之间的关系，概括得非常清晰准确。

二、如何查找戏剧影视文学论文的参考资料

学生可以用查资料的方式来寻找合适的选题。检索资料尽量要参考核心和权威期刊的论文，普通期刊的论文参考价值不大。例如，打开中国知网“期刊”一栏，选择文献分类目录“哲学与人文科学”下的“戏剧电影与电视艺术”，选择检索条件“核心期刊”“CSSCI”“CSCD”，“更新时间”栏选择“最近一年”，就会弹出 5383 篇论文的标题列表。

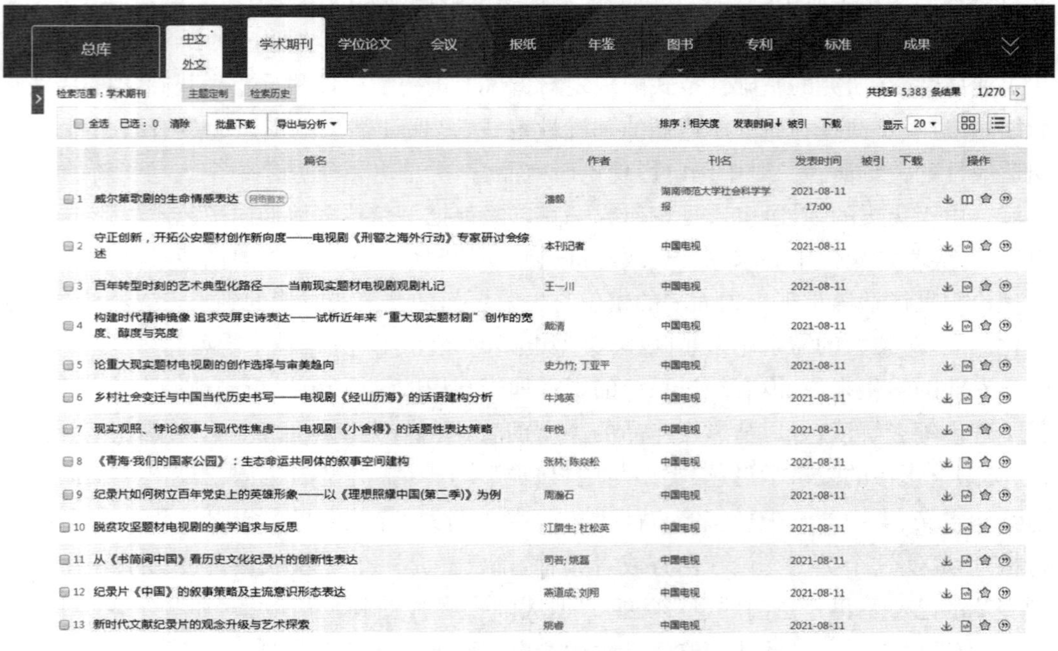

	篇名	作者	刊名	发表时间	被引	下载	操作
1	威尔第歌剧的生命情感表达 网络首发	潘毅	湖南师范大学社会科学学报	2021-08-11 17:00			
2	守正创新，开拓公安题材创作新向度——电视剧《刑警之海外行动》专家研讨会综述	本刊记者	中国电视	2021-08-11			
3	百年转型时刻的艺术典型化路径——当前现实题材电视剧观剧札记	王一川	中国电视	2021-08-11			
4	构建时代精神镜像 追求荧屏史诗表达——试析近年来“重大现实题材剧”创作的宽度、醇度与亮度	戴清	中国电视	2021-08-11			
5	论重大现实题材电视剧的创作选择与审美趋向	史力竹; 丁亚平	中国电视	2021-08-11			
6	乡村社会变迁与中国当代历史书写——电视剧《经山历海》的话语建构分析	牛鸿英	中国电视	2021-08-11			
7	现实观照、悖论叙事与现代性焦虑——电视剧《小舍得》的话题性表达策略	年悦	中国电视	2021-08-11			
8	《青海·我们的国家公园》：生态命运共同体的叙事空间建构	张林; 陈焱松	中国电视	2021-08-11			
9	纪录片如何树立百年党史上的英雄形象——以《理想照耀中国(第二季)》为例	周瀚石	中国电视	2021-08-11			
10	脱贫攻坚题材电视剧的美学追求与反思	江鹏生; 杜松英	中国电视	2021-08-11			
11	从《书简阅中国》看历史文化纪录片的创新性表达	司若; 姚磊	中国电视	2021-08-11			
12	纪录片《中国》的叙事策略及主流意识形态表达	蒋道成; 刘翔	中国电视	2021-08-11			
13	新时代文献纪录片的观念升级与艺术探索	姚睿	中国电视	2021-08-11			

图 12－1　中国知网相关论文的标题列表

如果同学们没有找到自己想写的方向，可以从知网系统里按照以下方法操作，迅速知晓学界最近的研究热点，帮助自己找到适合的选题方向。点击“发表时间”，可以从上图检索结果中看出，2021 年上半年以来，学界对热播的《觉醒年代》《理想照耀中国》等主旋律电视剧的关注度较高，进一步拓展开来，新主流影视作品的创作潮流，正是近几年行业创作的新热点。掌握了这个方向，如果你也对此类电视剧作品感兴趣，就可以提炼出感兴趣的研究方向。例如，你对这类电视剧的叙事策略有想法，可以通过和 20 世纪主旋律电视剧叙事策略的对比，发现当下这类电视剧新的表达策略。

再比如，我们点击“被引”一栏，论文就会按照被引用的次数从高到低依次排列。一篇论文被引的次数越多，说明该论文的质量和权威性越高，也意味着这个选题在近期的关注度更高，有较多学者正在关注这些研究。从图 12－2 中排名靠前的被引论文来看，管虎导演、张艺谋导演的访谈文章排在前列，可以看出导演创作的第一手采访资料是影视论文非常重要的参考资料。其实，影视行业比较特殊，除了论文、剧本等文字资料以外，互联网上还存在着大量的视频采访资料，甚至是某电影的拍摄纪录片(例如张艺谋导演在拍电影时，几乎都会套拍电影的纪录片作为制作特辑)、电影的导演剪辑版等也是论文研究不可或缺的参考资料。

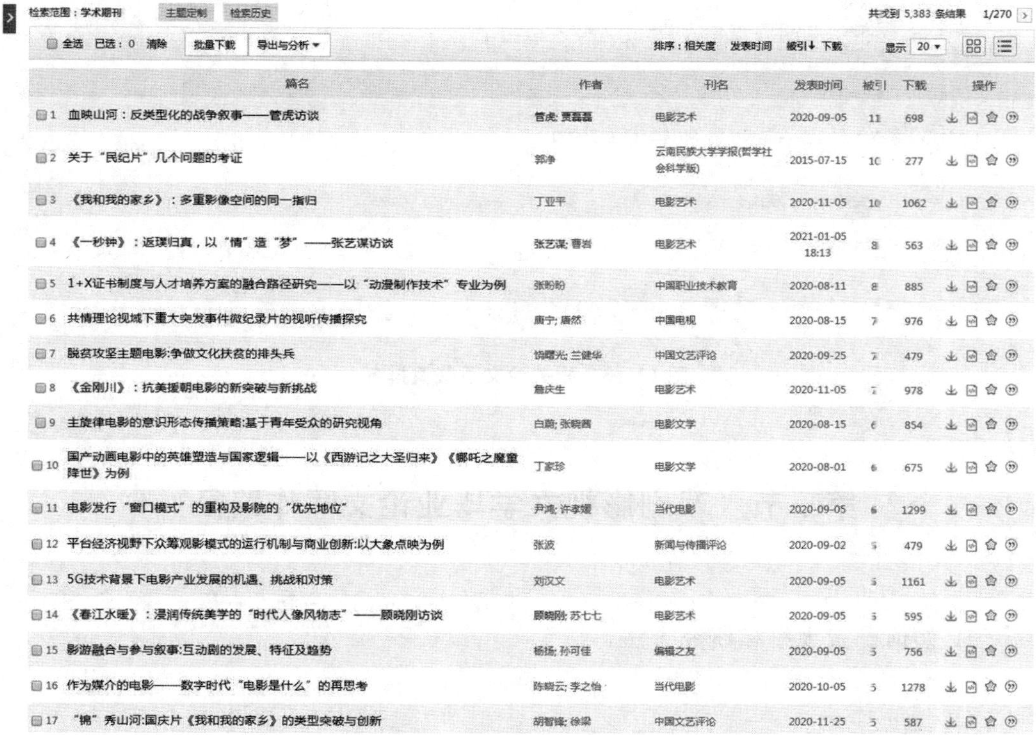
检索范围：学术期刊　主题定制　检索历史　共找到 5,383 条结果　1/270

全选　已选：0　清除　批量下载　导出与分析　排序：相关度　发表时间　被引↓　下载　显示 20

篇名	作者	刊名	发表时间	被引	下载	操作
1 血映山河：反类型化的战争叙事——管虎访谈	管虎; 贾磊磊	电影艺术	2020-09-05	11	698	
2 关于“民纪片”几个问题的考证	郭净	云南民族大学学报(哲学社会科学版)	2015-07-15	10	277	
3 《我和我的家乡》：多重影像空间的同一指归	丁亚平	电影艺术	2020-11-05	10	1062	
4 《一秒钟》：返璞归真，以“情”造“梦”——张艺谋访谈	张艺谋; 曹岩	电影艺术	2021-01-05 18:13	8	563	
5 1+X证书制度与人才培养方案的融合路径研究——以“动漫制作技术”专业为例	张盼盼	中国职业技术教育	2020-08-11	8	885	
6 共情理论视域下重大突发事件微纪录片的视听传播探究	唐宁; 唐然	中国电视	2020-08-15	7	976	
7 脱贫攻坚主题电影:争做文化扶贫的排头兵	饶曙光; 兰健华	中国文艺评论	2020-09-25	7	479	
8 《金刚川》：抗美援朝电影的新突破与新挑战	詹庆生	电影艺术	2020-11-05	7	978	
9 主旋律电影的意识形态传播策略:基于青年受众的研究视角	白蔚; 张晓茜	电影文学	2020-08-15	6	854	
10 国产动画电影中的英雄塑造与国家逻辑——以《西游记之大圣归来》《哪吒之魔童降世》为例	丁家珍	电影文学	2020-08-01	6	675	
11 电影发行“窗口模式”的重构及影院的“优先地位”	尹鸿; 许孝媛	当代电影	2020-09-05	6	1299	
12 平台经济视野下众筹观影模式的运行机制与商业创新:以大象点映为例	张波	新闻与传播评论	2020-09-02	5	479	
13 5G技术背景下电影产业发展的机遇、挑战和对策	刘汉文	电影艺术	2020-09-05	5	1161	
14 《春江水暖》：浸润传统美学的“时代人像风物志”——顾晓刚访谈	顾晓刚; 苏七七	电影艺术	2020-09-05	5	595	
15 影游融合与参与叙事:互动剧的发展、特征及趋势	杨扬; 孙可佳	编辑之友	2020-09-05	5	756	
16 作为媒介的电影——数字时代“电影是什么”的再思考	陈晓云; 李之怡	当代电影	2020-10-05	5	1278	
17 “锦”秀山河:国庆片《我和我的家乡》的类型突破与创新	胡智锋; 徐梁	中国文艺评论	2020-11-25	5	587	

图 12－2　论文被引量排名

同样，可以通过点击“下载”量来判断有哪些热点选题值得参考。从下图排名前列的选题来看，“后疫情时代”“新主流影视剧”“动画电影产业”“短视频”等都是当下最热的研究话题。同学们如果掌握了以上的检索方法，相信能够有效地找到这个领域的优质文献，并迅速找到自己的研究方向。同理，如果找到了自己确切的研究选题，就可以通过对相关关键词、主题的搜索去寻找参考资料，在这里要注意的是，如果你研究的是国外的电影或者导演的作品，可以去外文文献检索系统(http://www.jstor.org、http://www.tandfonline.com、Web of Science、万方数据外文文献等)寻找相关资料，而不是一味地去看二手的研究资料，对于电影类论文，《世界电影》期刊很值得参考，每期都会刊发大量的国外文献资料的翻译论文。

	篇名	作者	刊名	发表时间	被引	下载	操作
1	疫情纪录片的叙事创新与国际传播效果研究——以CGTN《武汉战疫纪》为例	李宁; 徐嘉伟	中国电视	2020-09-15	4	2253	
2	叙事转向、技术升级与作者风格留存：《八佰》与国家战争影像制作	杨俊蕾	当代电影	2020-09-05	3	2191	
3	历史与美学的统一：重大历史题材创作方法论探索——以《觉醒年代》为例	尹鸿; 杨慧	中国电视	2021-06-15		1963	
4	影视行业商誉"地雷"探因——以华谊兄弟为例	曾爱民; 杨震; 何婷	会计之友	2021-01-20 17:39		1935	
5	从亚文化到主流文化的成功改编——以《陈情令》为例	李胜利; 李子佳	山东社会科学	2020-10-05	3	1930	
6	我国耽美改编网络影视剧兴盛原因与发展对策——以《镇魂》《陈情令》爆红为例	孙芊芊	电影评介	2020-05-30		1856	
7	《八佰》：只解沙场为国死	赵宁宇	电影艺术	2020-09-05	4	1686	
8	思想的光芒照耀岁月长空——论电视剧《觉醒年代》的历史叙事	刘永昶	中国电视	2021-06-15		1634	
9	"后疫情时代"短视频对公众心理的调适作用	薛可; 鲁晓天	中国电视	2020-08-15	3	1576	
10	空间建构、符号拼贴和场域转换——赛博朋克电影的二元对立美学探析	周立均	当代电影	2020-08-05		1564	
11	网络口碑对国产与进口动画电影票房的影响：以2009-2018年为例	姜照君; 吴志斌; 孙吴优	国际新闻界	2020-08-23	1	1556	

图 12-3　相关论文下载量排名

第三节　戏剧影视文学毕业论文写作路径

一、如何确定大纲和研究方法

（一）确定大纲

标题定下来以后，第一步就是拟定论文大纲，即搭建论文框架。大部分毕业论文主要包括题目、摘要、关键词、正文、参考文献、致谢以及相关补充资料等部分。结构合理、逻辑通顺的论文一般都符合两个特征：

一是纲举目张，完整和谐。首先确定好中心思想（论题），使之足以统帅各分论点，还要选择一个确定的角度，决定议论沿着什么方向、什么途径展开。例如《西方文化语境下的奇幻电影》一文，主要从西方文化语境入手研究奇幻电影的发展。论文从西方文学源流说起，分析了奇幻电影的几个发展时期和三大具体题材，罗列了奇幻电影的类型特征和视听呈现，进而深入探析奇幻电影对当下时代寓言的指涉，并把奇幻电影作为全球化消费时代银幕奇观和品牌商业符号的特征分析得十分到位。接着就要选用有说服力的材料或分论点论证既定的中心思想，使之有秩序、有层次、有步骤地表达中心思想。论文对奇幻电影的类型特征做出了"带有宿命色彩的人物""以宝物母题为主线的叙事"以及"旅程模式的闭合故事结构""视觉风格源于欧洲民间传说,具有哥特风格"等明确分析以后,得出了奇幻电影具有重构以西方文明为中心的英雄主题和当代寓言的特征。以上论证就做到了有理有据地逐层展开、表达鲜明的观点和主张。只有做到了这点,"纲"抓住了,"目"清楚了,议论展开的途径、方向和联系线索都找到了,才能连成一篇逻辑通顺、严密的好论文。

在一篇论文中,纲与目要有机结合,高度统一,精心安排,使之完整和谐。如果结构中出现割裂、疏漏、顾此失彼或残缺破碎,甚至前后矛盾,就会影响论文的形式美,降低甚至破坏论文的逻辑力量,让人看得摸不着头脑。例如以下所示《朱塞佩·托纳多雷电影风格研究》论文目录第 3 章提到托纳多雷的电影具有现实主义和浪漫主义风格交织的特点,而到了最后对其电影独特风格的研究价值的章节研究中又写到其电影独特的研究价值在于新现实主义和好莱坞文化的融合。我们暂且不去论某个导演的电影风格可不可以变化多样,但一篇论文中两个最核心的章节中,对同一导演的电影风格的概述分为四个完全不同的种类,既没有深入论证其作品风格变化的特征和缘由,也没有重点论证某个最主要的特征,而是眉毛胡子一把抓,让读者看得一头雾水,不明就里。这样的论文,单看目录就知道研究者根本没有深入地去研究导演的作品序列,都是泛泛而谈,研究价值较低。

第 1 章　绪 论
 1.1　托纳多雷的电影之路
 1.2　托纳多雷电影的研究意义
 1.3　托纳多雷作品的研究现状
第 2 章　艰难成长与追忆家园
 2.1　苦难的成长
 2.2　时光的回忆
 2.3　故土的眷恋
第 3 章　现实主义与浪漫主义的交织
 3.1　托纳多雷的现实主义风格
  3.1.1　时空的真实再现
  3.1.2　镜头的语言表述
 3.3　托纳多雷的浪漫主义风格
  3.2.1　浪漫的意象
  3.2.2　心理蒙太奇
 3.3　现实与浪漫的交织
  3.3.1　爱情的魔力

3.3.2　美妙的音乐
　第4章　托纳多雷电影独特风格的研究价值
　　4.1　对费里尼的继承和与贝尼尼的对比
　　4.2　新现实主义与好莱坞文化的融合
　第5章　结论
　参考文献
　致谢

　　二是层次合理，脉络清晰。一篇毕业论文是由大小论点组成的论证系统。写论文一定要对大小论点分类排列，哪些论点相互并列，哪些论点从属于其他论点；哪些论点处于第一层级，哪些论点处于第二层级，以此类推；哪些论点应先写，哪些论点应后写，哪些论点是对此而言，哪些论点是对彼而言；哪些论点应该比较接近，哪些论点得另起章节论述。把这些理顺了，层次就会合理，脉络就会更清楚，才能合乎思维活动规律推进和展开自己的议论，提出一个问题，逼近一个目标；交代一层关系，引出一类讨论；走完这一步阶梯，再攀爬更高的阶梯，不至于几层意思混在一起，或思想任意跳跃，脉络不清，语无伦次，词不达意。

　　掌握了以上两个要点，具体到操作层面，在一般情况下，本科毕业论文的正文部分由5个章节组成，主要内容分为引言、理论基础、研究假设、论证过程、研究结论、研究的不足与展望等。例如，《国内视频网站自制娱乐谈话节目研究》一文，分为五个章节：第1章《绪论》——主要分析选题背景及意义以及国内外研究现状，第2章《国内视频网站自制娱乐谈话节目概述》——主要研究国内视频网站自制娱乐谈话节目的产生及其背景、现状以及传播特征，第3章《国内视频网站自制娱乐谈话节目的优势与缺陷》，第4章《国内视频网站自制娱乐谈话节目的发展方向》——从节目内容、节目营销、节目监管等方面入手分析，第5章《结论与展望》。这篇论文的结构比较合理，内容也完整，问题意识较强，并且论证过程严密有逻辑，且用了很新的权威数据来支撑观点，研究结果有一定的现实指导意义。

　　（二）找准研究方法

　　戏剧影视文学方向论文的研究方法主要有：文献研究法、跨学科研究法、比较分析法、调查法、分析归纳法、归纳演绎法等。其中，绝大多数论文都会用到文献研究法，根据拟定的选题查询相关参考文献材料，全方位掌握关于选题的一切既有资料，最好在毕业论文撰写前，写一个该选题的论文综述，会为毕业论文的最终研究打下良好的基础。例如，《文化政治视野中的奉俊昊与韩式大片》一文，查阅和搜集了国内外有关奉俊昊电影的论文、报纸文摘、书籍、讲座、导演采访文字以及外文文献等，系统地了解了本课题的研究动态和发展趋势。论文在附录部分列出了2015年之前奉俊昊导演所有的作品，包括参与编剧和监制的作品：

附录：奉俊昊作品一览表
导演作品：

《白色人》(1994年,短片)
《镜头里的记忆》(1994年,短片)
《支离破碎》(1994年,短片)
《绑架门口狗》(2000年)
《杀人回忆》(2003年)
《流感》(2004年,《三人三色》其中之一短片)
《汉江怪物》(2006年)
《东京》(2008年,由莱奥·卡拉克斯、米歇尔·冈瑞、奉俊昊三位导演联合执导)
《母亲》(2009年)
《雪国列车》(2013年)

编剧作品：

《镜头里的记忆》(1994年,短片)
《支离破碎》(1994年,短片)
《仙人草旅馆》(1997年)
《幽灵号潜艇》(1999年)
《杀人回忆》(2003年)
《南极日记》(2005年)
《汉江怪物》(2006年)
《东京》(2008年)
《母亲》(2009年)
《雪国列车》(2013年)
《海雾》(2014年)

监制作品：

《海雾》(2014年)

至于其他研究方法,由于篇幅有限,在此不一一赘述。

二、如何展开理论探讨

影视方向的课程支脉繁复,有影视艺术概论、中外电影史、影视美学、视听语言、表演与导演基础、电影批评等,涉及的理论知识很庞杂,但影视方向论文最常用到的是影视艺术本体方面的相关理论,例如影视视听语言、影视叙事等相关理论。例如《新世纪韩国动作片的混杂性》一文,主要从韩国动作片的视听语言方面的理论入手,对韩国动作片中的视觉设计和视觉风格进行了分析,还结合好莱坞动作类型片进行比较,对韩国动作片的混杂性做出了详细的辨析。《当下我国电影作品中的丧文化——以〈大象席地而坐〉为例》一文,以胡波导演的遗作《大象席地而坐》为个案,研究了近期中国电影中"丧文化"的表现形式、产生机制、传播效果以及消解策略等,研究了电影和文化潮流之间的某种关系。上文已提及的论文《克里斯托弗·诺兰的叙事技巧》主要结合的就是叙事学的理论,重点研究诺兰电影在时间和空间中的非线性、非整体化的碎片化叙述,以及叙事视点等特征。《我国短视频广告发展研究:特征、现状与趋势》一文,集中研究了近几年蓬勃发展的短视频广告作为一种重要的传播媒介的传播效果、传播特征、困境以及发展策略。

下面重点介绍经常运用到的相关理论。

(一)传统批评理论

传统批评有政治批评,例如我国电影批评史上就有一篇非常重要的论文,开启了新中国电影政治批评的先河——刊载于《人民日报》的社论《应当重视电影〈武训传〉的讨论》,很好地体现了政治批评的原则是把意识形态含义的解读和评判作为电影批评的主要任务。传统批评还有现实主义批评,其实这一批评理论是现实主义文学批评在影视领域里的泛化运用,从电影诞生初期西方电影史就把电影的方向分为技术主义与写实主义两个传统,认为电影的本质是"物质现实的复原"(德国电影理论家齐格弗里德·克拉考尔在其1960年出版的图书《电影的本性》中提出),现实主义批评理论围绕现实主义题材影视作品是否真实、准确地反映当下或符合历史现实、影视创作风格是否符合现实或历史逻辑,是否对现实生活具有指导意义和价值展开。当下很多社会问题电视剧(如《小别离》《安家》)以及现实主义题材的电影(如《我不是药神》《嘉年华》)都可以用现实主义批评理论去评析。

传统批评还有两种类型更为常见,就是类型批评和作者批评。类型批评是影视作品切入的最普遍的角度,因为近十年内国产影视剧发展的最主要的特征就是类型片的创作逐渐走向成熟。类型批评主要致力于认定、挑选、描述和诠释某一类型影视作品的特性、历史演变,通过主题、视听语言、结构、叙事等类型模式分析,对这一类型的相关影视文本进行剖析,甚至还有在原来类型的基础上,进行反类型模式的研究,例如《制造敌人:好莱坞科幻电影中的他者想象》《论韩国丧尸题材电影的价值内核》《新世纪韩国动作片的混杂性》《新世纪大陆校园青春题材电影研究》等等,都属于类型批评的研究范畴。和类型批评相对应的是作者批评,一般是以某一导演的影视作品作为研究对象,对他们某一时期或某一类或某一创作倾向的作品,或者是导演全部作品序列的综合研究。在此需要强调的是,在学术期刊上发表的论文可以就某一导演的某一部作品进行集中分析,而毕业论文如果只分析一部作品,未免显得过于单薄,不足以展现和支撑大学期间所思所学。

作者批评一般要针对导演本人的生平和作品进行全面了解和解读，对其作品题材、内容、艺术风格等逐一剖析，例如对李安导演进行研究的话，一定要熟悉他的成长背景，他是如何在传统的父权制家庭和西方的文化理念之间取得平衡的，他早期的"父亲三部曲"是如何展现东西方文化冲突的，对于导演的家庭、求学、婚姻生活等经历的梳理以及导演自身的生命体验、文化修养、艺术感受和审美兴趣等的了解程度和深度，往往决定了研究者对其作品的理解高度。中国电影艺术研究中心研究员陈墨的论文《生命的呢喃——王家卫电影阅读阐释》，就有意识地借助了作者批评的方法来阐释王家卫导演作品的艺术特征。文章分析了王家卫电影影像语言的新颖性和独创性，以及在这些充满了个人印记和恍惚时空的影像背后，蕴含着的王家卫一贯的主题表达，那就是香港末世情绪、怀旧情绪以及人与人之间游离的关系，在确定了王家卫电影作者性特征的基础上，又阐明了这种创作倾向的根本原因在于他的个人经历，而这些作品正是他本人人生体验和感知的视觉外化。其他毕业论文如《论诺兰电影的迷宫叙事》《"作者电影"理论视域下的王家卫后现代主义风格电影研究》《是枝裕和与日本家庭的重建》《大卫·林奇影视创作中的超现实主义风格研究》《姜文电影的美学风格》《斯皮尔伯格电影中的未成年人形象》都是从作者批评的角度切入，或研究导演的美学风格，或研究导演作品中某一类人物形象。

（二）现代批评理论

相对于传统批评，还有一类是现代批评，包含符号学批评、结构主义批评、精神分析和女性主义批评、社会学批评、意识形态学批评、后现代主义批评、第三世界和后殖民主义批评、大众文化批评，还有运用叙事学理论进行影片的解读分析。其中，符号学和叙事学批评是影视方向论文中比较专业的批评话语，叙事研究在当代电影理论以及批评实践中显得尤为重要，因为电影艺术和电视艺术本身就是全新的叙述系统，是一门新的"语言"，电影的叙事研究不仅在于对影片所讲述内容的研究，更是需要研究电影的"框架"，即结构。遗憾的是，目前的毕业论文中，虽然有一些是关于电影的叙事研究，但很少有同学能够运用结构语义学家格雷马斯的叙事分析模式对影片的角色、任务、故事进程等做分析，基本都仅限于对导演叙事技巧的表层理解。符号学批评主要是以文本为中心进行探讨，将影视作品视为一套惯例和符码系统，观察影视文本、解读文本中的符号系统是如何产生意义的。符号学批评最常用的是法国电影理论家麦茨关于好莱坞的符号学系统理论（八大组合段），在符号学中，最小的故事片段和最小的叙事单元称作语义段或组合段，就像个别镜头的不同组合可以改变场景的意义。

另外，女性主义批评和精神分析批评也是重要的批评角度。精神分析批评也被称为"第二符号学"，即以精神分析作为主要的理论性框架，注重电影人物的精神分析研究，该理论借助了弗洛伊德的精神分析学相关理论，如潜意识理论、人格发展理论等，还有拉康的镜像阶段、想象和符号等理论。特别是拉康的精神分析理论强调本能冲动、无意识和主体等概念，将心理分析、哲学传统等结合在一起，强调了影视剧观众作为主体是如何被"召唤"的，电影和梦的关系是什么等关于电影本质的理解。而女性主义批评是20世纪70年代以来西方电影研究兴起的重要的社会运动和文化批评话语系统。由于女性形象历来是影视作品中被看的那类形象,在性别意识形态中,女性一般被作为被物化的主体,附加在其身上的被固化的性别角色、父权制、夫权制以及被男性凝视的角色,使得电影批评者讨论被摄影框定的角度和情节中女性是不是被窥视或者凝视的对象。女性主义批评的方法一般可以运用于研究表现女性议题的影视作品,或者就某一导演作品中的女性形象进行梳理。例如,毕业论文《小妞电影文本的符号与叙事分析》,就综合运用了女性主义批评理论以及符号学与叙事学理论进行分析。另外,《李安电影中女性形象的类型化探析》则运用了女性主义批评和类型批评理论进行探讨。

  以上主要从选题、大纲、理论三个方面论述了影视学方向毕业论文的主要切入角度和研究方法,把握了以上的研究视角和展开途径,结合观点鲜明、简洁明快、通俗精准的文字表达,一定能写出一篇言之有物的毕业论文。

第十三章
音乐与舞蹈学毕业论文写作指导

"音乐与舞蹈学"一级学科旨在培养具有较高学术研究能力和具有创新性、开拓性、时代性创作能力的高素质复合型人才,在强调对艺术本体进行较高层次的学术探索和理论研究的同时,注重培养学生艺术创作过程中的开拓思维和创新理念,并能够从哲学层面掌握音乐、舞蹈艺术的文化学理念和创造性思维方式。

根据教育部最新发布的《普通高等学校本科专业目录》(2020版),"音乐与舞蹈学"一级学科包括音乐表演、音乐学、作曲与作曲技术理论、舞蹈表演、舞蹈学、舞蹈编导、舞蹈教育、航空服务艺术与管理、流行音乐等12个二级学科。尽管该学科的专业面向有所不同,如音乐表演着力培养技能性音乐人才,音乐学和舞蹈学则强调专业理论研究或音乐教育教学研究等等,但整体具有理论与实践相结合的学科特性。因此,毕业论文应充分立足于专业方向,以规范化、学术性的写作语言论述现象性或普适性的现实问题。

纵观国内的专业音乐院校和综合类大学的音乐系科,大多要求学生在凸显专业特点的前提下于毕业环节完成一篇学术论文。而在"新文科"的建设背景下,学术研究日益注重技术化、跨学科性及应用性。鉴于此,本章立足"音乐与舞蹈学"的学科特征,对毕业论文的常见问题加以阐述,并侧重理论性、思辨性写作能力的提升,以期满足不同专业方向毕业论文的写作要求。

第一节 基于理论思辨与实践意义的题目设计

题目是一篇毕业论文的统领,也是毕业论文呈现给读者的第一部分。为了拟定最契合论文主旨的题目,就需要进行最为合理的选题设计。选题是毕业论文前期工作的重要环节。学者温儒敏认为"选题就是选择确定所要提出并研究的课题。选题决定了写作的对象与内容,也在很大程度上决定了论文的价值。选对了题目,就迈出了写论文最关键的一步,就走过来了"。可以说,选题是一篇论文写作主旨的高度概括,直接决定了整篇论文的成败与水准。

"音乐与舞蹈学"二级学科毕业论文的题目应紧扣专业方向,并体现其理论思辨与实践意义。如音乐表演专业的毕业论文《肖邦钢琴作品〈降A大调波兰舞曲〉的版本比较研究——基于演奏方式的视角》,这一题目立足于实践的角度,并融合音乐学分析手法对《降A大调波兰舞曲》的版本加以比较,是典型的紧扣专业并结合理论思辨的音乐综合分析,而且副标题的运用也是点睛之笔,既可减少主标题的字数,又可以强调文章研究的视角,可谓一举多得。再如音乐学专业毕业论文《探析阿尔贝尼兹〈海港〉中西班牙民族音乐元素的运用》,该题目融合了音乐本体的分析以及人文内涵等内容,体现了跨文化研究的学术视野。类似的题目设计还有《民歌编创作品中的方言因素——以〈炎黄风情〉之"太行春秋"部分的创作与表演的可视化分析为例》《费利克斯·门德尔松音乐风格研究——从与范妮·门德尔松的关系切入》《景颇族目瑙纵歌节日舞蹈文化研究》等等,这些题目从不同的主题切入,均体现了较为成熟的学术思辨力。

毕业论文的题目通常需要经过反复的论证与设计,并基于丰富的理论知识和资料文献的积累,表演类论文还要以技能方法的培养为支撑。如果选题无法体现专业的具体方向或选题本身的表述存在逻辑问题,论文的学术价值会大打折扣,甚至影响论文答辩。整体来看,选题的常见错误如下:

(1)题目过大。如《音乐是什么》《论歌唱的方法》《中国民族舞蹈的发展与演变》等等,此类选题着实不适合本科层面的学术研究,因为其要求研究者具备扎实的理论功底和丰富的艺术感悟,还需要较为庞大的研究体量。

(2)题目过长。如《云南省独龙族原生态民歌演唱的创演风格、传承现状、活态保护问题以及应对策略》《从爵士乐、摇滚乐、"中国风"三种音乐形态谈流行音乐风格对于手风琴演奏和音乐编创的影响》。国内高校对毕业论文题目的字数大多限定在20字以内,此类题目因为涉及的对象或维度较多,加上没有采用副标题,大标题的字数自然会相应增加。

(3)题目指涉不明。如《湘西桑植县白族仗鼓舞的体系与对策》《论歌剧〈原野〉中唱段〈啊!我的虎子哥〉》《校园音乐生态的构建——以XX市辅仁中学为例》等等,此类选题往往主题不够明确,或者出现多个关键词导致主题被弱化,这种现象多是由前期的选题论证不够充分造成的。

(4)题目逻辑错误。如《德彪西〈月光〉中大自然抽象形态下的旋律表现研究》《单一和拼贴——电影音乐〈钢的琴〉与〈我的父亲母亲〉的审美再创造对比及音乐编创研究》,此类选题没有充分考虑逻辑上有关外延和内涵的恰当运用,因此表述出现了明显的谬误。

上述题目出现的问题,主要源于研究者对研究对象的认识不够充分,抑或是前期的资料搜集工作以及选题论证不足。因此,毕业论文题目的制定一般需要经过"筛选目标—初拟选题—资料收集—选题论证—定题"五个步骤。与此同时,还要严格对照学校对毕业论文题目的具体要求,如字数、主题关联度等等,这些都是确定论文题目的重要工作。

第二节 立足形式逻辑与艺术规律的前言设计

"新文科"建设的重点在于新专业或新方向、新模式、新课程、新理论的探索与实践,这就要求音乐与舞蹈学的毕业论文在遵从形式逻辑的基础上,充分依托艺术规律而展开,这一点在论文的前言部分就应充分予以设计。

"中文摘要"是一篇毕业论文写作内容的高度浓缩,也是读者短时间内快速了解一篇毕业论文写作内容的窗口。因此,摘要的撰写需要利用有限的字数表达论文的精髓。整体来看,摘要应分别从研究背景、研究内容、研究意义三个方面集中论述其文化内涵与艺术价值。这三个部分涵盖了"因何研究""如何研究""研究何用"等内容,可以将论文写作思路按照纵深的推演进行表达。中文摘要的总字数通常不超过500字。此外,摘要的最后一部分还应另起一段列出关键词。关键词是论文中出现频率最高、同时也是最为核心的词汇,应为公知公用的词和学术术语,不可随意列出,更不可采用自造字词和略写、符号等。其数量3—5个为宜,彼此用分号(;)相隔。

例如《论谭盾第一弦乐四重奏〈风雅颂〉的艺术特色与美学内涵》一文,其摘要与关键词为:

> 谭盾是一位中国作曲史上的标志性人物,曾有多部作品获得世界音乐大奖。在其创作的众多经典作品中,第一弦乐四重奏《风雅颂》当属最具代表性的作品之一。该作将西方音乐视为一种音乐文化,揭示其在中国文化的多样性与适应性内涵中所生发的状态,并结合作品加以展现。
>
> 本文将从谭盾创作的音乐情感角度深入探究该作品的创作背景;从作者的创作素材准备引入音乐本体艺术特色。结合现代中西方音乐创作方法,探究作品的美学中心思想,从曲子的音调素材到曲式结构,再到思维特点,深入剖析《风雅颂》中的美学内涵。
>
> 《风雅颂》作为中西音乐文化交融的典范,对其进行深入的研究可以更好地为中西方作曲风格技法的交融提供依据,让更多的年轻作曲家对古老的中华文化和西方的古典艺术进行探究,创作出更多优秀的作品。也有利于立足中西方音乐史学科理论与学术研究开展热点与重点的研究,因而具有较大的实际应用价值。
>
> 关键词:《风雅颂》;音乐本体;艺术特色;美学内涵

再如《无声的天籁——无锡鸿山遗址乐器考略》的摘要与关键词部分:

> 位于江苏省无锡市新吴区的鸿山遗址墓群是吴越地区墓葬群的重大发现,其7.5平方千米的范围内约有大小墓葬160座,呈扇形分布。墓中共出土文物2300余件,包括玉器、礼器和乐器、明器。目前国内已有一定数量的研究成果,但研究越国社会历史环境对音乐文化影响这一方向还未被涉及。加之人们对越国音乐了解甚少,因而相关的历史与文化研究显得尤为必要。
>
> 首先,本课题将简要介绍各种乐器的形制及纹饰特点,并从中反映出越国乐器的特性。其次,这批陪葬乐器作为极其难得的实物材料,对研究越国当时的音乐观提供了巨大的帮助。最后,结合人类音乐学的研究方法剖析越国当时的社会环境及

其对音乐环境的影响。

  本课题以鸿山越墓为例探究社会历史与音乐环境的关系，旨在能为日后鸿山越墓的相关理论研究提供实践经验和文献材料，故而对日后研究社会历史与音乐的内在联系有重要意义。本课题立足于社会历史对音乐发展的影响，既加深普通民众对越国音乐文化及历史背景的了解，也为音乐考古专业的发展提供助力。

  关键词：无锡鸿山；音乐考古；越国音乐；音乐人类学

以上两则案例，均是按照本文建议的步骤撰写，并收到了较好的评阅反馈。

  Abstract 即英文摘要，其用途为便于其他文摘摘录。Abstract 通常采用第三人称单数，应避免出现用"This paper"作为主语代替作者完成某些研究行为。除必要的强调过往之事或者既定行为需采用过去时、完成时等其他时态之外，基本时态多使用一般现在时。Abstract 中出现的乐器，应使用专有名词，如 Guitar（吉他）、Drum（鼓）、Piano（钢琴）、Violin（小提琴）、Accordion（手风琴）、Flute（笛子）等等。此外，还有一些乐器的英文名称比较特殊，它们有的采用拼音的形式，还有的需要加上前缀，如 Erhu 二胡、Dulcimer 扬琴、Chinese Zither 古筝（Zither 指西方的齐特尔特琴）等等。

  作为中文摘要的英文版本，Abstract 的写作应严格、准确对应中文摘要的内容。有些作者限于自身英文水平，加之对这一部分并不十分看重，往往未能认真面对，甚至通过翻译软件或在线翻译敷衍了事。这种做法是对自己论文不负责任的表现，也增加了论文盲审被否定的风险，建议每位毕业生认真对待。

  目录是论文的大纲，也是论文梗概的外化。正所谓纲举目张、提纲挈领，论文的目录需层次清楚，并依照章节按顺序编好页码，页码居页面的右侧并排列整齐。目录通常按三级标题编写（即：第1章……1.1……1.1.1……或者第一章……第一节……一……）。这是较为主流的编写方式，各个高校均有具体的要求可供学生遵照。

  与其他学科方向有所不同，"音乐与舞蹈学"的毕业论文时常会加入曲谱或分析图谱等内容。这种情况一般不需要在目录中一一体现，可按类别或排序汇总在文末并入附录部分。目录中标题的内容应与正文中的标题一致，参考文献、致谢及附录应依次列入目录。

  绪论是论文开头说明主旨和内容的部分，亦可叫序、序言、前言、绪言、绪章。绪论主要涵盖以下内容：立题依据、研究现状与述评（即前人这方面已经做了些什么）、研究内容与写作思路、研究创新点、研究意义等。

  1. 立题依据

  立题依据即论文的选题缘由。一篇毕业论文，应首先交代其研究的立足点，或者说是基于什么背景而展开的研究。例如《浅析中学生音乐审美教育的生成机制——以无锡东林中学为个案》一文的绪论部分：

  为了贯彻我国的素质教育政策，中学生的音乐审美教育在教育体系中起到极大的影响。一位作家曾说过:"没有审美力是绝症,知识也解救不了。"而在我国许多的中学里,依然存在着大量忽视音乐审美教育的现象。音乐不仅仅作为一门用来学习技能的课程,其课程开设的更重更深也是最核心的要义在于通过培养学生的审美意识,使学生建立起积极乐观的心态去面对人生中的坎坷,对学生的情操也能够加以陶冶,丰富学生的人生观、价值观、世界观。

随着青少年素质教育理念的不断深入,音乐这门课程也更加得到教育行业和家长的关注。不少学校与当地教育局提出要注重青少年美感的培养,举办许多大型的才艺比拼,如无锡每年举办的中小学"三独"才艺比赛与"百灵鸟"合唱比赛,都是为了提高学生对音乐这门与美育息息相关课程的兴趣与自身音乐素养。为什么笔者研究的对象是中学生的审美教育生成机制呢?因为中学生的生理与心理都在此时逐渐发展成熟,他们对美的触觉也是非常灵敏的,当代少部分青少年也会在这个时期对审美产生错误理解,我们可以通过音乐课程上的审美教育循循善诱。

在中学时期进行音乐审美教育可完善学生的知识结构,也对他们的情感感悟和对道德规范的自我约束起到助推作用。在中学实习期间,笔者对音乐美育的生成机制颇为关注,并对实施美育的方法和增强中学生审美体验的路径做出实践与理论相结合的探索。为了探索中学生美育的生成机制,笔者以无锡东林中学为个案,因其作为特色艺术文化学校,培养学生审美意识的目标较为鲜明。笔者借助实习机会实地调研校园里自身的艺术建设、校方对美育的重视程度、教学配置等,立足实习深入东林中学音乐课堂的教学经验。在广泛查阅国内相关资料的基础上,总结东林中学在重视美育的政策下,其音乐课程中培养学生审美能力的过人之处。希望这篇文章能够让更多的人了解中学音乐审美教育的生成机制。

2. 研究现状与述评

论文的立题,某种程度上需建立在现有研究的基础(学术史)之上,也就是说作者应围绕论文的研究主题,充分搜集和梳理已有的学术成果,从而使自己提出的议题有据可依;此外,在对现有成果展开梳理的过程中,还应该依据维度、面向或者主题的不同,将其划分为若干个问题域,并借此将现有成果加以分类。最后,需要另起一段列出现有成果的述评,这一部分既要总结出规律和共性,还要提出现有成果的不足之处,而这个不足之处恰恰是该篇毕业论文致力于攻克或解决的。这样,就实现了既有依托,又有突破。参见《歌剧〈野火春风斗古城〉人物塑造的音乐诠释——以唱段〈永远的花样年华〉为例》一文的"研究现状与述评":

作为一部具有爱国情怀的中国民族歌剧,《野》剧创作于2005年。此后,与其相关的理论研究,随着该剧受众群体的不断扩大而渐趋丰富和深入。概观已有的学术成果,多集中于演唱技巧和艺术特征等维度,相关成果根据研究面向的不同,可分类如下:

(1) 歌曲演唱探析：2018年井一然发表于《戏剧之家》期刊上的《〈野火春风斗古城〉中金环的唱段分析》；2017年郑佳音发表于《当代音乐》期刊上的《歌剧选段〈永远的花样年华〉的演唱分析》；2013年南京艺术学院余玲玲的硕士论文《〈永远的花样年华〉的分析与演绎》；2012年刘娟发表于《歌唱艺术》期刊上的《民族歌剧唱段〈永远的花样年华〉教学浅谈》；2012年何丽君发表于《音乐创作》期刊上的《歌剧〈野火春风斗古城〉中金环咏叹调的诠释》；2010年曹彦莉发表于《大众文艺》期刊上的《〈永远的花样年华〉演唱艺术探析》。

(2) 艺术及美学特征：2018年徐婉舒发表于《北方音乐》期刊上的《歌剧〈永远的花样年华〉艺术赏析》；2016年云南艺术学院桑雪的硕士论文《民族声乐演唱情感美的研究——以作品〈永远的花样年华〉为例》；2015年曹雪发表于《音乐时空》期刊上的《歌剧〈永远的花样年华〉的艺术特征浅析》；2015年哈尔滨师范大学陈琦的硕士论文《民族歌剧〈野火春风斗古城〉中女高音咏叹调主要唱段的音乐特征与演唱分析》；2014年张赵蒙发表于《北方音乐》期刊上的《浅谈歌剧〈野火春风斗古城〉中〈永远的花样年华〉的艺术特点》；2012年方迪星发表于《咸宁学院学报》上的《浅析歌剧选段〈永远的花样年华〉艺术特征》。

(3) 人物塑造：2017年聊城大学崔俊飞的硕士论文《〈永远的花样年华〉中"金环"的角色塑造及演唱分析》；2018年内蒙古大学宋龙艳的硕士论文《论〈野火春风斗古城〉歌剧人物形象塑造——以杨晓冬唱段〈抖落征尘抬眼望〉〈不能尽孝愧对娘〉为例》；2020年上海音乐学院王梦鸾的硕士论文《浅论现代民族歌剧〈野火春风斗古城〉中"金环"的人物塑造——以〈胜利时再闻花儿香〉等两首唱段为例》。

通过以上对学术史的梳理，可知相关成果在研究角度方面不乏交叉，但侧重点多聚焦于上述三个面向，对人物塑造与音乐之间的互渗所做的研究仍有较大的待勘空间。本文即以此展开研究，相信会有新的突破。

以上案例是按照常用的研究现状与述评的写作模式完成的，写作思路也较为清晰。唯一的不足，是未对列举的现有成果进行阐释，仅仅是将题目做了罗列。当然，毕业论文受限于总字数的要求，所以这一点供大家参考，可根据论文的实际情况加以深入。

3. 研究内容与写作思路

绪论中的研究内容与写作思路可视作摘要中的研究内容的进一步扩充。这是因为摘要受限于字数，需要以简明扼要的表述体现研究的主要内容，而绪论则可以将这一部分内容加以展开和补充，并以此展现论文的整体写作思路。参见《无声的天籁——无锡鸿山遗址乐器考略》一文绪论部分的"研究内容"：

目前春秋战国时期各国文化交流以及古越国的乐悬制度两个方面的研究成果丰硕且拥有较成熟的理论著作。而对越国社会历史环境对音乐文化和审美影响的研究仍有较大的待勘空间，笔者将以此为方向展开研究。本文共分为三章阐述：第一章简要陈述无锡鸿山越墓出土乐器的材质、用途和音乐特性,解读"无声的天籁"的艺术形态。第二章笔者将追溯春秋战国时期越人的音乐观,凸显"无声的天籁"之内在机理。第三章笔者论说了春秋战国时期越国社会历史环境的变化,及其对音乐、造物审美和文化交融的深远影响,阐释"无声的天籁"之人文内涵。

写作思路部分的写作一般没有较为严格的限定,可以通过研究内容的梳理加以体现,也可以单独通过文字表述或图表展现。但主旨应该立足于研究内容。

4. 研究创新点

创新点指的是区别于其他同类文章并且具备原创性的一种特点,是在前人的基础上乃至高于前人的研究上得出的一种较为独到的观点。研究创新点主要包括理论创新、视角创新、方法创新、形式创新、内容创新等等。整体而言,音乐与舞蹈学毕业论文很难在理论、视角、方法上形成突破,其多是在形式、内容方面寻求创新,例如《论舞蹈作品〈一荤一素〉的编创手法》,其创新点就体现于这两点:

> 对于创新的叙述,笔者从内容与形式两个方面来阐述,第一是内容上,三人舞的创作其实是舞蹈创作中比较难突破的舞蹈形式,而三人舞的内容一般分为两种,一种是人物间的矛盾冲突,如舞剧《天路》中的三人舞片段表现的是父亲母亲和孩子间的矛盾冲突,另一种就是三个个性风格完全不同的人或物,如作品《邵多丽》表现的是三个个性鲜明且风格不同的傣族小姑娘。而作为独立剧目一般第二种占大多数。在时长不足的舞蹈剧目中想要清晰地表现出第一种矛盾冲突是比较困难的,所以第一种内容在舞剧中出现得比较多。而作品《一荤一素》在内容上,采取了第一种且作为独立舞蹈作品呈现。笔者运用了戏剧中的结构方式,将"孩子回忆,父母重现与三口之家团聚,幻境破碎,孩子成长"的内容串联起来,形成开端、发展、高潮、结尾一体式结构,清晰明确地交代了作品内容达到主题思想的呈现。
>
> 第二为形式上的创新,一般体现在作品表现手段中。当创作者完成第一步创作构思后接下来就马上进入了创作中最重要的第二步——走入实践。观者走进剧场后看到的正是第二步的成果,同样也是看到了第二步的展现,才可以更好地感受作品内容乃至思想。笔者为更好地体现亲情这一主题利用调度来进行时空转化,使得生活场景的重现更加直观地体现家庭的温暖,而在灯光的色彩选择上摒弃以传统的各种色彩的变换来烘托气氛。生活多彩,有时处处充满惊喜,有时却处处不如意,但是日子是平淡的,一个家庭多数是处于平淡生活的状态,蓝白调是《一荤一素》在舞台上的灯光主调,没有多余的颜色变换,一是可以使舞台画面干净让观者更注重作品本身,二是这样的色调更符合笔者心中家庭的样子。作品最后利用了抽离技术使孩子从环境中跳脱出来,父母变成了幻影,孩子通过圆调度围着父母跑动却始终抓不到真实的父母从而将舞蹈推向高潮。整个作品中的很多细节都是由笔者思考良久并与指导老师反复探讨,才形成从内容到形式上的创新。

5. 研究意义

相较于前几点，研究意义一般没有固定的模式，其重在表明研究内容对理论研究有哪些贡献，或对实践具有哪些帮助和指导，即此项研究价值几何。

第三节　兼具艺术本体与人文内涵的正文写作

论文的正文部分需基于整体架构的设计，合理且清晰的架构应该纲举目张、和而不同。纲举目张是指各个章节的内在逻辑应建立在环环紧扣、纵横兼顾的基础之上，给阅读者以深入浅出的亲切之感；和而不同则要求各个章节在符合毕业论文基本要求的前提下呈现出一定的外在张力。由此来看，设计毕业论文的架构，既要遵从"范式"，又要塑造"个性"，从而实现兼具艺术本体与人文内涵。

就"范式"而言，亦可被理解为模板。国内高校对本科毕业论文的总字数多限定在5000—8000之间，在这有限的区间内既要明确研究主题，又要设计逻辑结构，亦要体现出研究创新点，没有较强的理论功底恐怕难以较好地实现。因此，顺应毕业论文章节的写作范式，是相对快速而合理的主要捷径。整体而言，毕业论文的组成部分主要包括题目、摘要、目录、绪论、章、节、结语、参考文献、附录、致谢等等。其中绪论又可下设课题来源、研究内容、概念界定、研究意义、研究创新点等等；参考文献主要包括专著、期刊论文、学位论文、地方志、报刊等等；附录则可以涵盖乐谱、调研问卷、图片、表格等内容。当然，此类材料需根据论文的实际内容具体设计，但基本的架构多是如此。

"个性"主要是针对论文各章节的安排。从宏观的层面来看，各章标题彼此之间的关系可设计为"并列式"和"递进式"两种。所谓"并列式"，是指各章的标题是彼此平行的，虽互为支撑却不存在过多的交叉，各章节从不同的维度共同构筑了论文的整体。例如《贝多芬第八钢琴奏鸣曲〈悲怆〉的创作特征与演奏分析》一文，其第一章节标题为：第一乐章的曲式结构，第二章节标题为：第二乐章的技巧与情感，第三章节标题为：第三乐章的创作技法。这三个章节既自成一体，又可以有机组合，进而共同构成了该首奏鸣曲的创作特征与演奏分析等内容。所谓"递进式"，是指各章内容逐级深入，彼此之间通过链接和推进构成叙事张力的变化。如于润洋先生撰写的《歌剧〈特里斯坦与伊索尔德〉前奏曲与终曲的音乐学分析》一文，四个章节的标题依次为：一般情况、音乐本体的艺术分析、音乐内涵的社会历史分析、结语。这四个章节从音乐的技巧和叙事手段切入，再将对音乐学的本体分析放在作曲家所处的社会、经济、文化的大背景中，使艺术作品的分析更加深刻。

从微观的层面来看，各章标题彼此之间的关系又可被设计为"思辨型"，如《"和"的内涵在中国古代音乐美学中的深远意义》；"叙述型"，如《记谱法在中国音乐史中的发展》；"解读型"，如《乔治·罗奇伯格的后现代音乐观念及其对新浪漫主义音乐的推动》；"自我作品论述型"，如《论当代舞蹈〈安全区〉的编创手法》等等。当然，因研究对象、研究方法以及作者的个人取向的不同,毕业论文的局部结构模式并不局限于以上几点,特别在细节之处会千差万别。为了更好地完成毕业论文的写作,除了设计清晰的架构以外,还需明确毕业论文的写作规范。

结语即围绕本论文所创作的结束语,应概括全文的要点部分,凸显研究的价值与意义。结语与摘要、绪论部分最大的不同,在于前者需对分析或论证的问题加以概括,或者对论题未来的发展趋势进行自我分析与判断,进而引申为结语。例如《论谭盾第一弦乐四重奏〈风雅颂〉的艺术特色与美学内涵》一文的结语部分:

> 谭盾的作品《风雅颂》,将中国传统文化与西方现代艺术形式完美交融,为国人打开了中西音乐文化交融的新篇章。虽然时代的变革推动了审美的变迁,但中国传统文化却在这一过程中历久弥新,《风雅颂》无疑是印证此历程的佳作。笔者希望通过拙文,促进中国传统音乐文化在新的时代与西方音乐文化碰撞出新的火花,在时代大潮中迸发新的力量,继而为后续分析谭盾其他作品创立基础。
>
> 对音乐作品加以曲式本体研究与美学分析,是解构一部音乐作品的首推路径,本文也正是依照此思路逐步深入的。如本文从作者的音乐生成进入,介绍了其生平及此曲的创作背景,进而分析了作品中整体性与个案性的曲式结构,再提升至作品的美学内涵探究,并提出自身观点,以求更为直观地展现谭盾艺术作品的创作之"美"。
>
> 虽进行宏观分析,但对《雅》中曲调方面的探究尚不够深入,这也令本课题尚存缺憾。同时,除国内研究成果以外,国际上对此作品的理论研究纸端难觅,日后需要进行更多资料的收集,以求将探究与实践推进到更深的层次。

"音乐与舞蹈学"的毕业论文还存在一种情况,便是针对自己的原创作品加以分析和阐释。此类文章的结语需从"主位观"和"客位观"两个层面进行论述,其中"主位观"要求作者从原创的角度对作品进行较为全面的品析,包括立意、价值、现实意义等等;"客位观"则要求作者在宏观的学术语境下,对作品进行客观的评价。如有学生基于原创作品所撰写的《论舞蹈作品〈一荤一素〉的编创手法》的结语部分:

> 作品《一荤一素》的创作区别于一般的舞蹈创作,编导在编创时的第一步一般都是创作构思,从而解决题材类型、结构内容等问题再投入实践中,而由于此作品的雏形只是三人舞编导课上的技法练习,因此此作品是由身体先行而后套入主题思想,依据划分的结构打破舞段重塑,最终形成完整的作品。其实此法对学生而言很难把控好度,容易出现很多细节不足的部分,所以在创作时主题先行会让创作者更加明确创作的方向。
>
> 通过此课题的研究,笔者观看作品反复揣摩其中的细节,发现了在创作时没有发现的部分。如一片段描绘了父亲、母亲、孩子围绕一个中心各自在自己的轨道里快速流动,如同宇宙中的行星一般,在各自的轨道里工作互不干涉,但所有的行星都

有一个相似点那就是围绕太阳公转。在这一段舞蹈的呈现中,中心点如同作品的主题亲情,而父亲、母亲和孩子就像其中的行星,围绕亲情公转,即使血脉相融但终究是不同的个体,每个人都有自己的生活,谁也无法替谁去感受人生,但是三者又有共同的牵绊那就是亲情。起初这一片段的编排没有按照这个思路创作,最初只是为了连接下一片段的一个小流动,当本人再次反复观看时却有了这样的感悟。

作品中这样的地方还有很多,分析自己作品的编创手法可以使自己重新审视自己的作品,这其实是一个提升自我的过程,让自己可以发现作品中的闪光点,同时也能看见作品中很多不足的地方。唐代画家张璪曾说过"外师造化,中得心源","造化"指的是大自然,"心源"指的是作者内心的感悟,整句话讲的就是艺术创作来源于对大自然的师法,但是自然的美需要通过艺术家经由内心的感悟与情思将其转化后表达,这句话是中国艺术创作理论中的核心观点。舞蹈艺术创作同样要关注"造化"和"心源",只有关注到了自然、社会、现实、情感后所触发的来自创作者内心深处的感悟才最为珍贵,作为编导再将这珍贵的感悟以自我独特的形式表达出来才会使作品更有意义。随着编导年龄的增长,所见事与物的增多,随之而来的感悟也将极其丰富,《一荤一素》只是笔者在编导生涯中最初迈开的一步,这一步包含了所有编导的心血、指导老师的耐心教导,才有这不大不小的一步的迈开。在今后的创作中,笔者会根据此作品的创作经验再度进行创作,也希望此作品的创作分析可以给其他年轻的编导们带来一些启示或是借鉴意义。

参考文献、**致谢**、**附录**是毕业论文的最后组成部分。"音乐与舞蹈学"专业的毕业论文这些环节的写作与其他文科类专业论文并无太大的区别,只是有可能涉及一些谱例或图片,而此类材料通常建议置于论文的附录部分,并通过编号与正文内容对应。

参考文献

[1] 白焕然.应用写作[M].北京:中国政法大学出版社,2004.
[2] 岱峻.风过华西坝:战时教会五大学纪[M].南京:江苏文艺出版社,2013.
[3] 戴庆厦.语言调查教程[M].北京:商务印书馆,2013.
[4] 顾黔.语言学学术规范与方法论研究[M].南京:南京大学出版社,2018.
[5] 国家标准局.文摘编写规则:GB 6447—86[S].北京:中国标准出版社,1986.
[6] 国务院学位委员会第六届学科评议组.学位授予和人才培养一级学科简介[M].北京:高等教育出版社,2013.
[7] 黄弗同.理论语言学基础[M].武汉:华中师范大学出版社,1988.
[8] 李长海.科学研究方法学习指导[M].天津:天津大学出版社,2012.
[9] 李景山.社会科学研究方法[M].哈尔滨:哈尔滨工程大学出版社,2011.
[10] 刘锡庆,朱金顺,李维国,吴炫.写作论谭[M].北京:中央广播电视大学出版社,1983.
[11] 刘颖.统计语言学[M].北京:清华大学出版社,2014.
[12] 梁茂成,李文中,许家金.语料库应用教程[M].北京:外语教学与研究出版社,2010.
[13] 孙国强.管理研究方法[M].上海:上海人民出版社,2007.
[14] 吴继刚.汉语言文字学专业普通学术论文的写作[J].鞍山师范学院学报,2019,21(1).
[15] 徐通锵.历史语言学[M].北京:商务印书馆,1991.
[16] 杨惠中.语料库语言学导论[M].上海:上海外语教育出版社,2002.
[17] 叶继元,等.图书馆学学术规范与方法论研究[M].北京:科学出版社,2014.
[18] 张蓉.社会调查研究方法[M].北京:高等教育出版社,2005.
[19] 周毅.研究生学位论文选题原则及方法[J].学位与研究生教育,2009(10).

附录 1
新文科毕业设计（论文）管理办法

毕业设计（论文）是高等学校完成教学计划、实现本科教育培养目标的一个重要教学环节，是学习深化与升华的重要过程，它不仅是学生毕业及学位资格论证的重要依据，而且是衡量高等学校教学质量和办学效益的重要根据。为适应深化教育改革、全面推进素质教育新的要求，进一步规范学院毕业设计（论文）工作管理，不断提高毕业设计（论文）质量，对本科毕业设计（论文）规定如下。

一、基本要求

毕业设计（论文）要求学生综合运用所学的基础理论、基本技能和专业知识进行与本专业相关的课题研究，提高分析和解决实际问题的能力，加强科学研究方法的基本训练。通过毕业设计（论文）进一步培养学生提出问题、调查研究、查阅中外文献资料、综合分析、设计和计算、试验研究、数据处理、计算机应用绘图、拟定科学文件、口头表达等方面的能力，提高综合素质。

二、组织领导

成立院、系两级领导小组，加强对毕业设计（论文）工作的领导。

（一）学院毕业设计（论文）工作领导小组由学院负责人、专业负责人、教学秘书等组成，并负责：

1. 根据学院、学科特点制定本学院毕业设计（论文）管理工作细则；
2. 制定毕业设计（论文）工作计划，并落实毕业设计（论文）任务；
3. 审定本学院各专业毕业设计（论文）指导教师资格；
4. 审定在校外单位做毕业设计（论文）学生的申请，并同校外单位及学生签订联合指导协议及安全协议；
5. 组织开展毕业设计（论文）的动员、专题讲座、中期检查等工作，监督并检查毕业设计（论文）的工作进度及完成质量；
6. 确定学院答辩委员会及各专业答辩小组人选，组织和检查答辩工作；
7. 总结本年毕业设计（论文）工作，上报总结材料，并完成毕业设计（论文）的材料归档工作；

8. 组织并落实与毕业设计(论文)工作相关的其他工作。

(二)各专业毕业设计(论文)工作：

1. 组织选题，安排指导教师和评阅教师，审定毕业设计(论文)任务书；
2. 组织学生开题并填写开题报告；
3. 研究提高毕业设计(论文)教学质量的措施，并组织实施；
4. 组织毕业设计(论文)的答辩和成绩评定、审查，推荐优秀毕业设计(论文)；
5. 组织并落实与毕业设计(论文)工作相关的其他工作。

三、选题原则

(一)毕业设计(论文)的选题必须符合本专业培养目标要求，达到综合训练的目的。

(二)课题的工作量及难易程度适中，有明确的阶段性成果，使学生在指导教师的指导下经过努力，在规定时间内完成。

(三)毕业设计(论文)题目由指导教师提出，经专业负责人审定后下达供学生选题使用。

(四)选题确定后，原则上不得更改；确因特殊情况需更改时，必须由学生本人提出申请，经指导教师同意，学院批准后，报教务处备案。毕业设计(论文)进入答辩环节后，原则上不得更改课题。

四、指导教师

(一)毕业设计(论文)指导教师必须由讲师以上(含讲师)或相当专业技术职务的人员担任，实验师系列的中级专业技术人员可协助指导毕业设计(论文)，一般不作为第一指导教师。各专业每位教师指导论文数由各专业根据自身情况决定，教授、副教授、讲师指导论文数应有差别。鼓励跨专业联合指导。指导教师要注意言传身教，严谨治学。

(二)指导教师每年应更新毕业设计(论文)选题。指导教师应仔细斟酌、拟定恰当的毕业设计(论文)课题名称，课题名称拟定后不得随意更改。

(三)选题确定后，指导教师应周密安排进度计划，制定毕业设计(论文)任务书，经学院审核后下达给学生。

(四)指导学生撰写开题报告并认真审阅，根据需要指定翻译资料、批改译文。

(五)定期与学生进行讨论、交流、答疑等，检查学生的工作进度和完成质量。

(六)认真开展答辩预审，提出明确的审阅意见。

(七)参加毕业设计(论文)答辩。

(八)答辩后检查学生毕业设计(论文)的全部资料、成果，并指导学生按学校要求整理归档。

(九)原则上指导教师应全程指导学生的毕业设计(论文)，因特殊情况需中断指导工作的，时间在2周以内的须经学院分管教学工作的领导批准，超过2周的应报教务处审批，并事先向学生布置好任务或委托其他教师代为临时指导。

五、学生

（一）应充分认识毕业设计（论文）工作的重要性，勇于创新、勤于实践、保质保量完成毕业设计（论文）的各项工作，争取优异成绩。

（二）接到毕业设计（论文）任务书后，在领会课题的基础上，进一步了解任务的范围及涉及的素材，查阅、收集、整理、归纳资料，并向指导教师提呈调查研究提纲。

（三）在充分调研的基础上编写毕业设计（论文）工作计划，列出完成毕业设计（论文）任务所采取的方案与步骤，认真写好开题报告。

（四）结合毕业设计（论文）课题进行必要的外文阅读和翻译，并记好工作记录。

（五）主动接受指导教师的检查，定期向指导教师汇报工作进程，接受指导教师的指导。

（六）在指定地点进行毕业设计（论文）。因事、因病离岗，应事先向指导教师和学院请假，否则作为旷课处理。累计旷课的时间超过全过程 1/4 者，取消答辩资格。

（七）充分发挥主动性和创造性，树立实事求是的科学作风，爱护公物和文献资料，自觉遵守安全技术规程，严格遵守规章制度，坚持节约，杜绝浪费，独立完成毕业设计（论文）任务，坚守学术诚信，严禁抄袭。

（八）毕业设计（论文）答辩后，主动提供毕业设计（论文）的所有材料，对涉密的有关技术资料，学生负有保密责任，未经允许不得擅自对外交流或转让，并协助做好归档工作。

六、时间安排

（一）第 7 学期末，学院应对学生进行毕业设计（论文）工作的动员，公布工作计划与备选课题，学期结束前完成学生选题和任务书下达工作。

（二）第 8 学期开学第 3 周，组织学生毕业设计（论文）开题，完成开题报告的撰写和审核。

（三）第 8 学期中段，完成毕业设计（论文）的中期检查工作。

（四）第 8 学期第 15 周，学生完成毕业设计（论文）撰写，并提交指导教师评阅。

（五）第 8 学期第 15 至 17 周，开展毕业设计（论文）文本检测工作，达标通过者才可进入答辩环节。

（六）第 8 学期第 17 至 18 周，学院组织学生开展毕业设计（论文）答辩，综合评价毕业设计（论文）的成绩，并录入成绩管理系统。

（七）毕业答辩结束后 2 天内，评选出优秀毕业设计（论文），并按要求将有关材料送交教务处。

七、答辩

（一）毕业设计（论文）答辩由各学院答辩委员会负责。学院答辩委员会由学术水平较高的副教授（或相当专业技术职务）及以上的教师担任。答辩委员会的任务是组织领导本学院各专业的答辩工作，确定每个学生毕业设计（论文）的成绩，对有争议的成绩进行裁决，推荐"优秀毕业设计（论文）"。

学院答辩委员会根据需要可设毕业设计（论文）答辩小组，每个答辩小组至少要有3人组成，答辩小组组长原则上应由学院答辩委员会的成员担任，组成人员实行回避制。

（二）答辩时由答辩人报告毕业设计（论文）主要内容，时间为10—15分钟，答辩小组向答辩人提问，对毕业设计（论文）中的关键问题进行质询，考核学生的创新能力、独立解决问题的能力以及对与课题密切相关的基本理论、基本知识和基本技能的掌握，评定答辩成绩。

（三）答辩小组结合指导教师、评阅教师及答辩小组评分综合评价拟定毕业设计（论文）总成绩，提交答辩委员会审定；总成绩的比例为：指导教师评分占30％，评阅教师评分占30％，答辩小组评分占40％（艺术类专业毕业设计（论文）总成绩的比例为：指导教师评分占30％，评阅教师评分占20％，答辩小组评分占50％）。在答辩过程中，如果发现毕业设计（论文）有抄袭或其他严重违规现象，应终止答辩，并把有关情况提交学院答辩委员会裁决。

（四）对毕业设计（论文）总评成绩较好的学生，可采用"争优答辩"的方式在学院范围内进行公开答辩，确定推优人选。

答辩小组评议不及格争议较大时，可公开在全学院进行第二次答辩，采取无记名投票的方式拟定毕业设计（论文）成绩是否合格。

（五）在校外做毕业设计（论文）的学生，必须在规定时间返校，参加由所在学院组织的毕业设计（论文）答辩。

（六）有下列情况的学生，不得参加答辩：

1. 毕业答辩前进行课程学分审核，有学分积欠（除已进入结业、肄业流程）者；
2. 指导教师或评阅教师明确认定不建议答辩者；
3. 累计缺勤时间超过毕业设计（论文）全过程的1/4者；
4. 毕业设计（论文）流程未完成者；
5. 毕业设计（论文）违背学术诚信（包括伪造数据、剽窃他人成果、购买或由他人代写等）者；
6. 毕业设计（论文）文本检测结果未达标者；
7. 经学院答辩委员会认定不可参与答辩的其他情况者。

（七）延期答辩：

1. 凡在正式答辩前被取消答辩资格者，经学院答辩委员会认定达到答辩标准，获得答辩资格的，必须重新提交毕业设计（论文）进行文本检测和评阅，并参加学院组织的延期答辩。答辩成绩不能超过良好。

2. 延期答辩只组织一次,无故不参加延期答辩或未获得延期答辩资格的学生,可随下一届重修毕业设计(论文)。

(八)毕业设计(论文)总评成绩中等以下(不含中等)者,可申请随下一届同专业重修毕业设计(论文)。

八、成绩评定

毕业设计(论文)成绩折算成五级记分(优秀:100—90;良好:89—80;中等:79—70;及格:69—60;不及格:59 及以下);获"优秀"的比例控制在 15%—20%以内。

九、对毕业设计(论文)文本的存档要求

(一)毕业设计(论文)的撰写必须符合学校的要求,毕业设计(论文)工作用表应使用学校统一制订的表格样式,相关毕业设计(论文)工作用表和学生毕业设计(论文)撰写模板可从教务处网站下载。

(二)完整的毕业设计(论文)在形式上应包括封面、任务书、摘要或设计总说明、目录、正文、注释(可选)、参考文献、致谢、附录(可选)。选题表、开题报告书、译文、原文等作为毕业设计(论文)相关材料另行装订。设计中如有图纸也另行装订。

(三)毕业设计(论文)文本存档内容应该包括完整的毕业设计(论文)、毕业设计(论文)相关资料、评审表、答辩记录表以及有关管理材料等。

(四)毕业设计(论文)资料按学校有关规定由学院保存,其中被确定为校级优秀毕业设计(论文)的送校档案馆归档。

(五)各学院按专业长期保存毕业设计(论文)电子文档(可用移动存储介质存储),电子文本存档应与纸质文本存档要求一致。

十、毕业设计(论文)质量的评估

毕业设计(论文)的质量评估是衡量高校教学质量的关键环节之一,是反馈教学质量信息的重要信息源,对优化人才培养过程,提高人才培养质量具有重要意义。

(一)评估的组织工作可分为四个阶段,即评估的准备阶段、中期检查阶段、后期检查阶段及总评阶段,评估的类型可分为校级评估、院级评估及由教学主管部门组织的评估。

(二)毕业设计(论文)教学工作评价按毕业设计(论文)的条件、状态和效果三个方面的有关内容进行评价。也可按某侧重点进行评估,如毕业设计(论文)质量评价,毕业设计(论文)管理工作评价,并分别填写《毕业设计(论文)质量评价表》与《毕业设计(论文)管理工作评价表》(具体可从教务处网站下载)。

(三)毕业设计(论文)教学质量院级评估每1—2年进行一次。

十一、其他

(一)学校将逐步推行毕业设计(论文)盲审制。

(二)毕业设计(论文)工作总结每学年开展一次。

(三)各学院推荐校级优秀毕业设计(论文)比例不超过当年应届毕业学生数的5%。由校毕业设计(论文)工作领导小组委托教务处审核并公布校级优秀毕业设计(论文),颁发优秀毕业设计(论文)荣誉证书。

(四)"优秀毕业设计(论文)指导教师",每两年评选一次,推荐名额不超过当年应届毕业学生数的1%。

(五)毕业设计(论文)所需经费,由学院的教学经费支出。

(六)学生对不能参加答辩或对毕业设计(论文)成绩有异议的,应当在得到通知或成绩发布后的两个工作日内,由学生本人实名向学院毕业设计(论文)工作领导小组提出书面申诉。由学院毕业设计(论文)工作领导小组做出最终裁决。未在规定时间内申诉的或者未实名提出书面申诉的,不予受理。

十二、本规定自公布之日起施行,由学院教务办负责解释。

附录 2

新文科毕业设计(论文)撰写规范

为了保证本科学生毕业设计(论文)的撰写质量,根据《科学技术报告、学位论文和学术报告的撰写格式》(执行国家现行标准)的有关规定,特制定本规范。

一、毕业设计(论文)资料的组成及装订

毕业论文资料应包括一本毕业论文、一本毕业论文相关资料。

各材料内容及装订顺序如下,未注明纸张的内容采用 A4 打印纸。

(一)毕业设计(论文)内容及装订顺序

1. 封面(白色铜版纸);
2. 毕业设计(论文)任务书;
3. 中外文摘要或设计总说明及关键词(从本页开始编页码);
4. 目录;
5. 正文;
6. 注释(可选);
7. 参考文献;
8. 致谢;
9. 附录(可选)。

(二)毕业设计(论文)相关资料内容及装订顺序

1. 封面(白色铜版纸);
2. 选题表;
3. 开题报告;
4. 译文;
5. 原文。

如有设计图纸,按国家标准折叠整齐,放入资料袋。

以上材料按顺序装订成册,放入资料袋(学校统一印制)。经指导教师评定后交学院归档。毕业设计(论文)资料袋封面按要求认真填写,字迹工整,版面整洁,一律用黑色笔书写。毕业设计(论文)评审表,以及其他毕业设计(论文)管理工作相关表格资料由学院归档。

二、毕业设计(论文)撰写的内容与要求

一份完整的毕业设计(论文)应包括以下几个方面。

(一)标题

标题应该简短、明确、有概括性。标题字数要适当,严格控制在25字以内。

(二)论文摘要或设计总说明及关键词

论文摘要以浓缩的形式概括研究课题的内容,中文摘要不少于400字,
外文摘要与中文内容相同,关键词一般以3—5个为妥,词与词之间以";"为分隔。

(三)目录

目录按三级标题编写(即:第1章……1.1……1.1.1……),要求标题层次清晰。目录中标题的内容应与正文中的标题一致,参考文献、致谢及附录也应依次列入目录。

(四)正文

毕业设计(论文)正文包括绪论、正文主体与结论,其内容分别如下:绪论应说明本课题的意义、目的、研究范围及要达到的技术要求;简述本课题在国内外的发展概况及存在的问题;说明本课题的指导思想;阐述本课题应解决的主要问题。

正文主体是对研究工作的详细表述,根据毕业设计(论文)课题的性质,其内容可包括:问题的提出,研究工作的基本前提、假设和条件;基本概念和理论基础:理论论证及应用,结果讨论等。

结论是对整个研究工作进行归纳和综合而得出的总结,对所得结果与已有结果的比较,课题尚存在的问题以及进一步开展研究的见解与建议。

(五)注释(可选)

毕业设计(论文)中有个别名词或情况需要解释时可加注说明,注释可用页末注(将注文放在加注页的下端),而不可用行中插注(夹在正文中的注)。注释只能写在注释符号出现的同页,不得隔页。

(六)参考文献

参考文献是毕业设计(论文)不可缺少的组成部分,凡有引用他人成果之处,均应按论文中所出现的先后次序列于参考文献中。并且只应列出正文中以标注形式引用或参考的有关著作和论文,引文的标注应在一段引文后的右上角,用小方括号中填写数字表示如:"Buck变换器是单管不隔离型DC-DC变换器中的一种基本结构[8]",并与参考文献中的序列号相对应。一篇论著在论文中多处引用时,在参考文献中只应出现一次,序号以第一次出现的位置为准。毕业设计(论文)的中外文参考文献应在15篇以上。

(七)致谢

致谢应以简短的文字对在课题研究和设计(论文)撰写过程中曾直接给予帮助的人员或单位表示自己的谢意,以示对他人劳动的尊重。

(八)附录(可选)

附录是一些不宜放在正文中的内容。当文章中引用的符号较多时,为便于读者查

阅,可以编写一个符号说明,注明符号代表的意义,也可作为附录的内容。附录一般放在全文最后。

三、书写规范与打印要求

(一)毕业设计(论文)文字与字数要求

除外语专业学生和留学生外,一般应用国家公布的规范汉字书写。字数等要求如下:

1. 理论研究类:撰写 10000 字以上的毕业设计或论文;参考文献不低于 15 篇,其中外文文献要在 2 篇以上;

2. 实验研究类:撰写 10000 字以上的论文;参考文献不少于 15 篇,其中外文文献要在 4 篇以上;

3. 艺术类:撰写一篇 5000—10000 字的论文;一定数量的参考文献。艺术类专业毕业设计(论文)的文本格式可根据专业自身特点确定。

每位学生在完成毕业设计(论文)的同时要求:① 翻译 2000 个以上外文单词或译出 5000 汉字以上的有关技术资料或专业文献(艺术类学生也应翻译一定字数的外文文献或写出一定字数的读书报告),内容要尽量结合课题。② 使用计算机进行绘图,或进行数据采集、数据处理、数据分析,或进行文献检索、论文编辑等。

(二)格式设置与打印要求

毕业设计(论文)格式设置要求如下:

1. 封面

所有自填项目均为黑体,其中论文题目字号为二号,其余项目字号均为小二号。"相关资料"总封面与论文(或设计说明书)封面的自填部分格式相同。

2. 毕业设计(论文)主体部分字体字号

全文(包括所有的章节题目)的汉字字体为宋体,章节序号、所有字母与数字的字体为 Times New Roman。一级标题(指中英文摘要标题、各章标题、致谢、参考文献及附录标题)字号为三号加粗;二级标题为四号加粗;三级标题为小四号加粗;正文为小四号。

标题层次

毕业设计(论文)的正文全部标题格式如下所示:

第 1 章(居中,空一格写标题内容)

2.1(顶格,空一格写标题内容)

2.1.1(顶格,空一格写标题内容)

页面设置格式

A4 幅面,双面印刷;行距:1.25 倍;页码:居中;边距:上下左右各空 2 cm,装订线位于左侧,0.5 cm;页眉:奇数页为毕业(设计)论文的题目,偶数页为"XX 大学学士学位论文",宋体小五号;正文的每一章章节题目为从奇数页面第一行起始。

四、毕业设计(论文)的写作细则

(一)标点符号

毕业设计(论文)中的标点符号应按新闻出版署公布的"标点符号用法"使用。

(二)名词、名称

科学技术名词术语尽量采用全国自然科学名词审定委员会公布的规范词或国家标准中规定的名称,尚未统一规定或叫法有争议的名词术语,可采用惯用的名称。使用外文缩写代替某一名词术语时,首次出现时应在括号内注明其含义。外国人名一般采用英文原名,按名前姓后的原则书写。为人熟知的外国人名(如牛顿、达尔文、马克思等)可按通常标准译法写译名。

(三)量和单位

量和单位必须采用中华人民共和国的现行国家标准。

(四)数字

毕业设计(论文)中的测量统计数据一律用阿拉伯数字;在叙述中,一般不宜用阿拉伯数字。

(五)公式

公式应居中书写,公式较长时最好在"="处转行,如难实现,则可在＋、－、×、÷运算符号处转行,运算符号应写在转行后的行首。公式的编号用圆括号括起放在公式右边行末,公式编号包括章编号与公式序号,如第 3 章出现的第一个公式,编号为"(3-1)"。公式和编号之间不加虚线,编号中的括号、短划线与数字字体须为 Times new Roman,字号为五号。

(六)表格

所有表格要求三线表,上下边线宽 0.053 厘米(3/2 磅),表头与内容之间的分隔线宽 0.0265 厘米(3/4 磅)。每个表格应有表序和表题,表序和表题应写在表格上方正中,表序后空一格书写表题。表格允许下页接写,表题可省略,表头应重复写,并在右上方写"续表"。表序编排与公式编号规则相同,如第 3 章第 1 张表格序号为"表 3-1,表题、内容的字号均为五号。

(七)插图

毕业设计(论文)的插图必须精心制作,线条粗细要合适,图面要整洁美观。每幅插图应有图序和图题,图序和图题应放在图位下方居中处。图序编排与公式编号规则相同,如第 3 章第 1 幅图序号为"图 3-1",图题、内容的字号均为五号。

(八)注释

页末注中注释只能写在注释符号出现的同页,不得隔页。篇末注应放入附录中。

(九)参考文献

参考文献一律放在文后,参考文献的书写格式要按现行国家标准规定。参考文献按文中出现的先后统一用阿拉伯数字进行自然编号,一般序码宜用方括号括起。

各类参考文献条目的编排格式及示例如下。

1. 专著著录格式

主要责任人.题名:其他题名信息[文献类型标识/文献载体标识].其他责任者.版本项.出版地:出版者,出版年:引文页码[引用日期].获取和访问路径.数字对象唯一标识符.

[1] 钱穆.两汉经学今古文平议[M].北京:商务印书馆,2001:50.

2. 专著中析出的文献著录格式

析出文献主要责任者.析出文献题名[文献类型标识/文献载体标识].析出文献其他责任者//专著主要责任者.专著题名:其他题名信息.版本项.出版地:出版者,出版年:析出文献的页码[引用日期].获取和访问路径.数字对象唯一标识符.

[2] 程根伟.1998年长江洪水的成因与减灾对策[M]//许厚泽,赵其国.长江流域洪涝灾害与科技对策.北京:科学出版社,1999:32-36.

[3] 贾东琴,柯平.面向数字素养的高校图书馆数字服务体系研究[C]//中国图书馆学会年会论文集:2011年卷.北京:国家图书馆出版社,2011:45-52.

3. 连续出版物中的析出文献著录格式

析出文献主要责任者.析出文献题名[文献类型标识/文献载体标识].连续出版物题名:其他题名信息,年,卷(期):页码[引用日期]. 获取和访问路径. 数字对象唯一标识符.

[4] 于潇,刘义,柴跃廷,等.互联网药品可信交易环境中主体资质审核备案模式[J].清华大学学报(自然科学版),2012,52(11):1518.

4. 专利文献著录格式

专利申请者或所有者.专利题名:专利号[文献类型标识/文献载体标识]. 公告日期或公开日期[引用日期]. 获取和访问路径.数字对象唯一标识符.

[5] 河北绿洲生态环境科技有限公司.一种荒漠化地区生态植被综合培育种植方法:01129210.5[P/OL].(2001-10-24)[2002-05-28].http://211.152.9.47/sipoasp/zlijs/hy js-yx-new.asp? recid=01129210.5&leixin=0.

5. 学位论文著录格式

[6] CALMS R B.*Infrared spectroscopic studies on solid oxygen* [D].Berkeley:Univ.of California,1965.

6. 报告著录格式

[7] 中国互联网络信息中心.第29次中国互联网络发展现状统计报告[R/OL].(2012-01-16)[2013-03-26].http://www.cnnic.net.cn/hlwfzyj/hlwxzbg/201201/P020120709345264469680.pdf.

7. 报纸中析出文献著录格式

[8] 丁文祥.数字革命与竞争国际化[N].中国青年报,2000-11-20(15).

8. 电子资源著录格式

主要责任者.题名:其他题名信息[文献类型标识/文献载体标识].出版地:出版者,出版年:引用页码(更新或修改日期). 获取和访问路径.数字对象唯一标识符.

[9] HOPKINSON A.*Unimarc and metadata：Dublin core*[EB/OL].(2009-04-22)[2013-03-27].http://archive.ifla.org/IV/ifla64/138-16le.htm.

9. 标准的著录格式

[10] 中国国家标准化管理委员会.卷烟感官质量要求：GB 5606.4-2005[S].北京：中国标准出版社，2005.

艺术类专业如有特殊要求，可根据本规范，制定出适合本专业特点的毕业设计（论文）撰写规范，报学院毕业设计（论文）工作领导小组审批后执行。

附录3
高校优秀本科学位论文题目举例

题目	作者	院校	年份	备注
"神性充盈的自我"——歌德狂飙突进赞歌中的"天才"形象探析	张皓莹	北京大学	2020	北京高校优秀本科毕业论文
明末清初白话小说的乡村书写研究	施楠楠	北京大学	2020	北京高校优秀本科毕业论文
镜像自我的寻根之旅——黑奴题材作品在近现代中国的译介与改编	班皓阳	北京师范大学	2020	北京高校优秀本科毕业论文
李商隐诗歌中的光影书写	上官国风	北京师范大学	2020	北京高校优秀本科毕业论文
言语互动中征询语气词的立场表达——以客家话［xo］为例	黄怡月	北京师范大学	2020	北京高校优秀本科毕业论文
北京丰台火车民俗志	吴 凡	北京师范大学	2020	北京高校优秀本科毕业论文
安大简《诗经》与《毛诗》对比研究——兼论《诗经》先秦与两汉传播之差异	付佳明	首都师范大学	2020	北京高校优秀本科毕业论文
孟浩然"韵高才短"考论——兼谈唐宋诗学中的"才""韵"观	曹瀛月	北京外国语大学	2020	北京高校优秀本科毕业论文
雨果作品经日文转译在晚清的译介——以鲁迅《哀尘》的翻译为例	谭茜婷	北京外国语大学	2020	北京高校优秀本科毕业论文
《左传》中鲁国丧葬文化探析	井泽潭	中国社会科学院大学	2020	北京高校优秀本科毕业论文
早期《诗经》异文计算统计研究	姬 越	中国人民大学	2020	北京高校优秀本科毕业论文
早期北京话"咧"的功能、来源与演变	田青骅	中国人民大学	2020	校优秀论文一等奖

续 表

题目	作者	院校	年份	备注
从《诗经》在法国的译介与传播看中国传统文化迁移	刘 洋	中国人民大学	2019	校优秀论文一等奖
现代主义艺术的逻辑之环——以韦伯的"合理化"思想为基础	刘 颖	中国人民大学	2019	校优秀论文一等奖
乐舞之变与高宗政局	李 奥	中国人民大学	2019	校优秀论文二等奖
笼屋在当代香港电影中的再现	林艺璐	中国人民大学	2019	校优秀论文二等奖
为政者与"文辞"——解读《左传》对弭兵之会的书写	史含章	中国人民大学	2018	校优秀论文一等奖
王禹偁对杜诗的接受及相关问题——从"子美集开诗世界"谈起	杨春萌	中国人民大学	2018	校优秀论文一等奖
元、明汉语中句末"有"的产生、发展和衰落	赵 昕	中国人民大学	2018	校优秀论文一等奖
倍速:在线视频的节奏美学	陈镜好	武汉大学	2021	校优秀论文
象征形式的崩溃与重建——《俄瑞斯提亚》《悲悼》《苍蝇》比较研究	李 言	武汉大学	2021	校优秀论文
先秦至五代史料所载出土文献及古文字信息钩沉	曾 添	武汉大学	2021	校优秀论文
晋语林海方言音系	梁新杰	武汉大学	2021	校优秀论文
重估舍斯托夫的悲剧哲学及其信仰空间——以《陀思妥耶夫斯基与尼采》为中心	朱静宜	武汉大学	2021	校优秀论文
张爱玲的越境体验与漂泊书写	刘诗琦	武汉大学	2021	校优秀论文
赵孟頫《水村图》及其元人题跋研究	郭 一	武汉大学	2021	校优秀论文
王葆心《古文辞通义》中的写作学理论研究	沈钰洁	武汉大学	2021	校优秀论文
明朝皇后册文研究	吴 限	南京大学	2021	校优秀论文
武都方言的人称代词及相关问题研究	杨智翔	南京大学	2021	校优秀论文
互文视角下的弹幕文化研究	王 瑶	南京大学	2021	校优秀论文
《经义考》尔雅类(卷二三七)校考	张 弛	南京大学	2019	江苏省普通高校优秀论文一等奖

续 表

题目	作者	院校	年份	备注
"一龙各表":中国邮票中的"龙"与现代国家形象的构建	程 昊	南京大学	2019	江苏省普通高校优秀论文一等奖
中国手语条件句习得研究	许梦杰	江苏师范大学	2019	江苏省普通高校优秀论文一等奖
机遇与挑战:清末民初昆曲"全福班"上海叙事及文化阐释	曹 然	南京艺术学院	2019	江苏省普通高校优秀论文一等奖
皇帝的"宏图"——清康熙三十五年内府刊本《御制耕织图》研究	章 越	南京艺术学院	2019	江苏省普通高校优秀论文一等奖
《三国演义》插图的文学批评	游思平	东南大学	2019	江苏省普通高校优秀论文二等奖
《二十四诗品》接受史	张 琦	江南大学	2019	江苏省普通高校优秀论文二等奖
中国古代蒙学典籍的海外传播及其影响研究——《孝经》在古代日本	毛天培	江苏大学	2019	江苏省普通高校优秀论文二等奖
新世纪以来舞台和银幕上鲁迅形象的塑造研究	蔡 璇	南京师范大学	2019	江苏省普通高校优秀论文二等奖
公益动画短片设计——《梦魇之夜》	丁 雷	南京工程学院	2019	江苏省普通高校优秀论文二等奖
基于HSK语料库的中亚留学生语气词"了"与"的"的习得偏误研究	章轲楠	淮海工学院	2019	江苏省普通高校优秀论文二等奖
北宋开封元宵节音乐活动探析	陈 诺	南京艺术学院	2019	江苏省普通高校优秀论文二等奖
论舞剧《水月洛神》的创作特色	储长钰	南京艺术学院	2019	江苏省普通高校优秀论文二等奖
意符"虫"的形、音、义演变及其构字能力考察——以《汉语大字典》"虫"部为考察对象	史玉婷	南通大学	2019	江苏省普通高校优秀论文二等奖
小学语文五年级"送别诗"主题群文阅读教学设计	李山英	南通大学	2019	江苏省普通高校优秀论文二等奖
江苏当代小说中的故园母题研究	郑 杰	盐城师范学院	2019	江苏省普通高校优秀论文二等奖
汉唐文献中贾谊形象的建构与演变研究	朱梦欣	淮阴师范学院	2019	江苏省普通高校优秀论文三等奖

续　表

题目	作者	院校	年份	备注
加拿大温尼伯华人言语社区的语言认同与结构模式研究	姚任心语	江苏师范大学	2019	江苏省普通高校优秀论文三等奖
论音乐表演类节目《幻乐之城》的创新模式	李婧娴	南京艺术学院	2019	江苏省普通高校优秀论文三等奖
记忆·场所·耦合——基于"非典型"古村落文脉上的民居再生计划	董飞	南京艺术学院	2019	江苏省普通高校优秀论文三等奖
"新地形摄影"与"超现实手法"的视觉应用研究	陈伊婷	南京艺术学院	2019	江苏省普通高校优秀论文三等奖
鲁迅对文化民粹主义思潮的"超克"——以1919年文化语境下鲁迅的文学活动为中心	白新宇	苏州大学	2019	江苏省普通高校优秀论文三等奖
从《圆圆曲》的情感倾向看吴伟业身仕二朝的心灵悲剧	范佳玥	苏州大学	2019	江苏省普通高校优秀论文三等奖
动画短片《枣树》	徐昊　郑国鼎　周雅琳　陈磊　李昊辰　张雅琪　相晨	南京艺术学院	2019	江苏省普通高校团队优秀毕业设计(论文)
徐州新世纪文学调查与研究	陆佳宇　张慧　薛春　蒋苏栎　李艳　王梦璐　高梦	徐州工程学院	2019	江苏省普通高校团队优秀毕业设计(论文)
儿童绘本的形象与叙事研究	朱荟蓉　郭爽　张悦敏　周雪纯	江苏第二师范学院	2019	江苏省普通高校团队优秀毕业设计(论文)
语内零翻译的文化话语研究	刘露敏　顾祎雯　王婷　虞佩文　郭蕾	江苏理工学院	2019	江苏省普通高校团队优秀毕业设计(论文)
网络舆论中的群体极化现象研究——以"肖战事件"为例	吕姝慧	江南大学	2021	校优秀论文
王度庐武侠小说的悲剧意识探析——以"鹤—铁"系列为中心	王远润	江南大学	2021	校优秀论文
林莽苗长的喃喃之声——痖弦的诗艺探索	付国	江南大学	2021	校优秀论文
威廉·吉布森的赛博朋克小说研究——以《神经漫游者》为例	周妤薇	江南大学	2021	校优秀论文
《搜神记》异类女性形象探析	汪翰琳	江南大学	2021	校优秀论文

续　表

题目	作者	院校	年份	备注
肩水金关汉简饮食词语整理与研究	李岱璇	江南大学	2021	校优秀论文
跨媒介语境中的赛博朋克电影	张　颖	江南大学	2021	校优秀论文
论迟子建长篇小说中的迁徙母题	朱言祺	江南大学	2021	校优秀论文
2018年度汉语媒体新词语研究	叶佳硕	江南大学	2020	校优秀论文
国产影视剧的微博营销	郑晓丽	江南大学	2020	校优秀论文
米兰·昆德拉《玩笑》中的不可靠叙述	商珺恬	江南大学	2020	校优秀论文
"被缚的祖克曼三部曲"的身份意识研析	朱淑雯	江南大学	2020	校优秀论文
论黄仲则诗歌中的生命意识	林　钰	江南大学	2020	校优秀论文
论石黑一雄战争小说创伤叙述	李　梦	江南大学	2020	校优秀论文
论朱天文小说的叙事特征——以《荒人手记》为例	郑潇雨	江南大学	2020	校优秀论文
哈萨克语母语者汉语"是"字句习得偏误分析	阿丽娜·努尔阿得力	江南大学	2020	校优秀论文
新媒介环境下"把关人"之变	顾佳涛	江南大学	2019	校优秀论文
《二十四诗品》接受史	张　琦	江南大学	2019	校优秀论文
《肩水金关汉简》人名整理与研究	朱洪秀	江南大学	2019	校优秀论文
文官政治视角下李东阳的文学创作及文学思想	朱壮眱	江南大学	2019	校优秀论文
《世说新语》"贤媛"之外的女性形象	臧淑娴	江南大学	2019	校优秀论文
论张抗抗小说叙述话语的演变	蒋卡春	江南大学	2019	校优秀论文
严歌苓小说中的战争书写研究	唐小雨	江南大学	2019	校优秀论文

后　记

　　《新文科毕业论文写作》是立足调研实际，经过长时间探索孕育出的成果。虽然国内已经有不少高校编写过论文写作类的教材，但是"新文科"建设方向、学生实际和写作要求的变化，需要与之相匹配的论文写作新教材。学生需要，学科建设需要，双重需要促成了这部教材的编写。

　　参与教材编写的都是有多年教学经验的资深教师。对毕业论文写作的总体把握和各个专业方向的特殊要求，在全书十三个章节中实现了联合。本书有分有总，分总结合，上编对毕业论文写作的一般原则与方法做理论分析和方法总结。下编在对汉语言文学专业二级方向论文写作进行分析的基础上，打破其与艺术学、影视与传播等学科的界限，切实体现新文科建设跨学科的要求。在每一章节的编写中，务求使学生能够明白"优何以为优"，务求使学生知晓具体的学科规范，明晰学位论文与一般鉴赏类文章的区别。"附录"部分注重体现专业学习周期与论文写作之间的逻辑关联，便于同学们合理安排论文写作时间，有条不紊，循序渐进。

　　教材编写过程中，编写组广泛比较现有教材，并向南京大学、南京师范大学、华东师范大学等院校资深教师请教，得到了学界同道的认同。对此深表谢意！

　　教材是老师们牺牲寒暑假时间辛苦撰写而成的。感谢杨晖老师、高侠老师、张喜贵老师、罗兴萍老师、蔡华祥老师、华枫老师、史永霞老师、徐协老师、俞敏武老师、朱磊老师、韩宇瑄老师。同时也要感谢谢坤老师在协同安排上所付出的努力！

　　本教材的写作与出版获得了2021年江南大学重点教材建设项目、汉语言文学专业课程示范专业项目和国家一流专业建设项目的大力支持！

　　感谢南京大学出版社的高军编辑。从教材选题，到写作与出版过程均得到高先生大力支持。他提出许多好的建议与意见，使教材更加完善。

　　欢迎读者朋友们对本教材内容提出建议和意见。